Gustav Engel · DIE WESTFALEN

Gustav Engel

DIE WESTFALEN

Volk, Geschichte, Kultur

WESTFALEN VERLAG

„ Wir wissen, daß auch die radikalste und redlichste
Selbstentäußerung und die schmiegsamste Einfügung
Vergangenes nur annäherungsweise zu deuten vermag.“

Erik Lund: Strömungen und Bestrebungen.
Kopenhagen und Aarhus 1952, S. 47.

CIP-Kurztitelaufnahme der Deutschen Bibliothek

Engel, Gustav:

Die Westfalen: Volk, Geschichte, Kultur/Gustav Engel. –
Bielefeld: Westfalen Verlag, 1987

ISBN 3-88918-051-5

Herstellung J. D. Küster Nachf. + Pressedruck GmbH, KG
Bielefeld

ISBN 3-88918-051-5

INHALT

9

Vorwort

„Westfalen" ist der Welt kaum ein Begriff. Selbst die deutsche Geschichte kennt nicht ein Objekt dieses Namens. Der französische Historiker Pierre Gaxotte, Verfasser einer zweibändigen „Histoire de l'Allemagne" (1963), nennt Westfalen gerade zwei- oder dreimal auch nur als Namen einer Landschaft irgendwo im Nordwesten Deutschlands. Es gibt auch keinen politisch, geographisch, kulturell oder wirtschaftlich abgegrenzten Raum Westfalen. Das vor Jahrzehnten in Angriff genommene, groß konzipierte Werk „Der Raum Westfalen" findet auf seine Fragestellung nicht die letzte Antwort. Wer sind sie überhaupt, die Westfalen? Holländische Humanisten haben ihre ungeschlachten Manieren angeprangert, Voltaire hat sie verspottet, ein Bayernkönig seinen Hofmaler „einen groben Westfalen" genannt. Bismarck war nicht gut auf sie zu sprechen: „Ein Westfale bleibt immer Westfale."

Sie sind aber da, und sie haben eine Geschichte gehabt. Nur: Was ist ihre Geschichte? Eine „unbewältigte Vergangenheit"? Ein Schaukelspiel von großen und kleinen, weltlichen und geistlichen Herren? Ein Köpfe-blutig-Schlagen, weil jeder glaubt tun zu müssen, was er für sein Recht hält? Gar ein Verzicht auf eigenes politisches Wollen? Nur eine überwältigende Entwicklung von Gewerbefleiß zur Industrie?

Man kann sie zerteilen, kann ihre Sachgebiete, auch Gemeinsamkeiten herausstellen und jedes Teil für sich abhandeln; ein Ganzes bringt man so nicht in den Griff. Ihrer Geschichte fehlt der Aufhänger, ein politisches, wirtschaftliches oder geistiges Zentrum. Ein staatliches

Gebilde von einiger Dauer wie Preußen, Bayern, Württemberg, Hessen ist Westfalen nie gewesen. Weder in den Verhandlungen des Westfälischen Friedens noch auf dem Wiener Kongreß ist ein „Westfalen" vertreten, obwohl einschneidende Beschlüsse über es gefaßt werden. Eine „westfälische" Geschichte wie eine preußische, bayerische, württembergische, hessische hätte es im Grunde genommen also gar nicht gegeben? Ein „Westfalen", das Geschichte hätte machen können, hat es in der Tat nicht gegeben. Geschichte gemacht haben die Westfalen. Was sie getan, geplant und gedacht haben, ist ihre Geschichte, die „Geschichte der Westfalen". Wie die Menschen in ihrer Zeit das Geschehen erlebt haben, wie der Wirbel von Glück und Leid in seinem Miteinander und Nebeneinander gleichzeitig auf sie eingedrungen ist, wie Ereignisse und Handlungen spontan aus sich selbst hervorgebrochen sind oder als „challenge and response" sich gegenseitig herausgefordert haben, ist ihre Geschichte. Ihre Darstellung folgt ihrem Ablauf und vermeidet zeitliche Sprünge. Kommendes ist den Lebenden verborgen, und alles Erinnern, ob in Wort oder Schrift, bricht nicht das Schweigen der Toten.

Ein Vorstellungsbild dessen, was hinter uns liegt, erschließt sich aus der Vergegenwärtigung seines Ablaufes besser als aus seinem Zerdenken. Quantifizieren und qualifizieren, institutionalisieren; Identitäten und Pluralitäten suchen sind Aufgaben historischer Seminare. —

Auch in diesem Buche ist von „Großen" mehr die Rede als von „Kleinen". Das ist quellenbedingt. „Caesars Koch ist nicht in die Quellen gekommen, und niemand fragt nach ihm" (Esch). Die vielen „kleinen" Bürger und Bauern, Handwerker und Tagelöhner, Knechte und Mägde, sind die Namenlosen der Geschichte. Einzeln werden sie nicht erfaßt; als Menge haben sie ihren Platz, auch in einer Westfalengeschichte. —

12

Die Anfänge der Westfalen liegen nicht bei Arminius, dem Schwertschwinger auf dem Teutoburger Walde. Er hat das Germanenland nördlich des Maines so gründlich von den Römern befreit, daß dieses Land noch ein halbes Jahrtausend lang in seiner tacitäischen Jungfräulichkeit verbleibt, während an Rhein, Main und Donau in der Pax Augustana die Kultur des Mediterraneum blüht.

Arminius und sein Bruder, der blonde „Flavus", sprechen cheruskisch, wenn sie sich über die Weser hinüber beschimpfen. Zur ihrer Zeit gibt es nirgendwo Menschen, die sich oder die andere „Westfalen" genannt hätten. Deren Vorfahren hat die Völkerwanderung fortgerissen. Ihre Spuren liegen unter der Erde und werden nur stückweise ausgegraben. Erst im 8. Jahrhundert erscheinen sie in der schriftlichen Überlieferung und beginnen ihre Geschichte. –

Geschichte schreiben ist eine brotlose Kunst. Mehr als Vorstellungsbilder, die anzunehmen oder abzulehnen unbenommen bleibt, kann sie nicht geben. Aber sie kann erfreuen und einen „Zweck" erfüllen, ihren einzigen: dem unzähmbaren Wissensdrang der Menschen mit einem Quentchen Erkenntnis gedient zu haben.

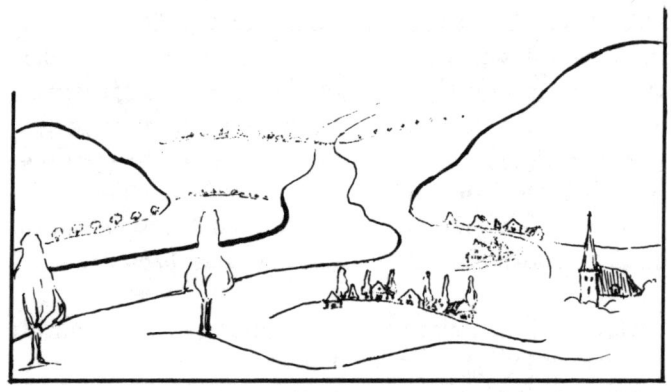

PORTA WESTFALICA
Nach einem farbigen Kupferstich von W. Strack
1826

I.
Ursprünge
(4.—7. Jahrhundert)

Es seien, berichten die Quellen, Gruppen eines Volkes
unter dem „erst kürzlich angenommenen Namen ‚Sachsen‘" aus dem Norden gekommen und hätten die beiderseits der Weser sitzenden Engern — die Angrivarier der
Römer — sich unterworfen. Funde der Archäologen ver-
vollständigen das Bild: Von einem Handelsstützpunkt im
Lande Hadeln aus hätten sie als Händler die südwärts
wohnenden Völkerschaften unterwandert (Hauck). Dann
seien sie als abenteuernde Verbände nach Süden, Südwesten und Südosten vorgestoßen, nicht mit großem Troß,
sondern als kleine, disziplinierte, im Waffengebrauch
geübte Haufen, hätten als „Sachs-", „Messer-" oder
„Kurzschwertleute" Angst und Schrecken verbreitet,
seien, mit Beute beladen, zurückgegangen und später mit
Kind und Kegel wiedergekommen. Sie hätten weder
einen König noch einen Herzog noch Fürsten gehabt;
erkennbar sei lediglich eine Oberschicht („primores"). Die
hätte für die kriegerischen Unternehmungen Führer gestellt,
Grundbesitz an sich gerissen und sich zu einem Adelsstand
erhoben oder erheben lassen (v. Klocke).

Es wird berichtet, daß die Sachsen an einem Ort
Marklo an der Weser regelmäßig eine allgemeine Volks-
versammlung („generale concilium") abhalten. Sie entscheidet über Recht und Gesetz, Krieg und Frieden. Alle Schichten der Bevölkerung sind durch Abgeordnete in ihr vertreten, am stärksten der Adel. Die Staatsform der Sachsen,
wenn man von einer solchen sprechen kann, scheint eine Art
Republik mit Adelsspitze zu sein, eine Form, die in den
Nachbarländern damals unbekannt ist.

Ohne militärische Organisation hätten die Sachsen ihre Eroberungen, die sich aus Einzelaktionen zu regelrechten Eroberungskriegen entwickeln, nicht durchführen können. Auch davon wissen wir nicht mehr, als daß die Sachsen in drei „Heerschaften" zu Felde ziehen, einer ostwärtigen, einer engrischen und einer westlichen. Mit dem Wort „*herescepe*" verbinden sie die geographischen Bezeichnungen ihres Lebens- und Wohnraumes (Bauermann).

Um die Mitte des 4. Jahrhunderts tauchen Teile des Sachsenvolkes zwischen Hase und Hunte auf und haben hier 100 bis 200 Jahre stillgehalten. In der Folgezeit dringen sie bis an die Lippe vor, und jetzt dürfte sich der von Siegern und Besiegten bestimmte Prozeß vollzogen haben, aus dem ein Menschenschlag erwächst, den die Nachbarn „Westleute" *(Westfali)* nennen. Das mag zwischen den Jahren 500 und 700 gewesen sein. Das Wort „fale" scheint nichts anderes zu bedeuten als „Volk", „Leute", „Menschen".

Unangenehme und gefährliche Nachbarn der Sachsen sind die Franken. Es bleibt nicht aus, daß man sich in Angriff und Abwehr ständig herausfordert. Die Franken, Erben der Merowinger, der gallo-romanischen Kultur und des römischen Kriegswesens mit seiner bis in die kleinste Einheit durchgeführten hierarchischen Befehlsgewalt, dem einheitlichen Oberbefehl, einer schon ringgepanzerten Reitertruppe und einer tausendfach erprobten taktischen Kampfführung, dringen unter ihrem

715/718 Hausmeyer Karl Martell zweimal tief gegen die Weser
738 vor und machen die Ostsachsen *(Ostfali)* tributpflichtig. Auch Pippin, sein Sohn, ist wiederholt mit Heeresmacht gen
753 Osten marschiert. Er ist bis Rehme a. d. Weser gekommen. Fünf Jahre später zwingt er die Sachsen zu einem jährlichen Tribut von 300 Pferden und zu dem Zugeständnis, christliche Missionare zu dulden. In diesen Jahrzehnten werden „Westfalen" als selbst handelnd erkennbar.

16

II.
Die Westfalen im Sachsen-Franken-Kriege und im fränkischen Reich (722—875)

Kriegsgründe

Was veranlaßte K a r l , den 25jährigen Sohn Pippins, sich in einen neuen Krieg gegen die Sachsen zu stürzen? Nach dem plötzlichen Tode seines feindlichen Bruders Karlmann ist er Alleinherrscher geworden und hat sich mit Mühe aus den langobardischen Wirren gelöst. Über den letzten Sachsenzug seines Vaters ist kaum ein Jahrzehnt vergangen. Will er den ständigen Beunruhigungen durch das Nachbarvolk einen Riegel vorschieben? Will er das Land der Sachsen erobern und ein großfränkisches Reich errichten und hätte er, um solches Unterfangen dem neuen Papst Hadrian schmackhaft zu machen, den Vorwand gewählt, den „Heiden" im Norden die Heilsbotschaft des Christentums zu bringen?

Noch heute gehen die Sachsenkriege Karls des Großen als „Missionskriege" durch die Geschichtsbücher. Die zeitgenössischen oder zeitnahen Berichte wissen es auch nicht anders. Die sie schreiben, sind Geistliche, zumeist Mönche. Sie schreiben, was sie schreiben s o l l e n . Soldaten sind sie nie gewesen, jedes militärische Denken ist ihnen fremd. Sie glauben alles, was ihnen erzählt wird, kleiden es in ein fromm-erbauliches Gewand in der Hoffnung, der Welt und ihren Auftraggebern damit zu dienen. Alle zeitgenössischen Berichte über die Sachsenkriege Karls des Großen sind von f r ä n k i s c h e n Geistlichen geschrieben; sie lesen sich, mehr als einmal, wie Märchen.

17

Ist dieser erste Sachsenkrieg des neuen Königs der Franken überhaupt ein Krieg? Eine Versammlung der 772 fränkischen Großen in Worms Anfang bis Mitte Juni billigt den Entschluß des Königs, gegen die Sachsen zu marschieren. Er sammelt jetzt, so wird ausdrücklich berichtet, „ein großes Heer".

Bis die Einberufungen die fränkischen Bauernsoldaten erreichen, bis diese ihr Haus bestellen – sie können nicht einfach Schild und Speer vom Haken nehmen und abmarschieren –, sich mit Marschverpflegung versehen, bis die nötigen Fahrzeuge für den Troß des Heeres bereit sind, der Nachschub an Waffen, Pferden und Verpflegung gesichert ist – man lebt zwar „aus dem Lande", weiß aber im voraus nicht, ob und wo man etwas zum Leben findet –, bis Diener, Knechte, Pferdejungen, Zelte und alles, was ein Heer benötigt, zusammengeholt ist, vergehen im günstigsten Falle fünf bis sechs Wochen, selbst wenn man voraussetzt, daß es eine Art Mobkalender gegeben habe. Bis zum ersten Ziel des Vormarsches, der Feste Eresburg (Obermarsberg a. d. Diemel), sind es in der Luftlinie 250 km. Die Landstraße ist eine breit ausgefahrene Wagenspur, schlängelt sich durch Feld und Wald und wird gekreuzt von anderen Spuren zu den Dörfern und Siedlungen rechts und links. Einheimische Ortskundige, zu Führern gezwungen, gehen der Truppe voraus und zeigen den Weg. Bei einer durchschnittlichen Marschleistung von 30 km und mindestens einem Ruhetag für Menschen und Pferde kann das Marschziel kaum vor Anfang August erreicht sein. Am 20. Oktober ist Karl wieder in seiner Pfalz Heristal (Herstal a. d. Maaß, nördlich Lüttich). Der Rückmarsch ist wieder über 250 km gegangen. Für militärische Operationen sind bestenfalls sechs Wochen übrig gewesen.

18

Die völlig überraschten Sachsen geben die Eresburg nach kurzem Kampf auf und müssen geschehen lassen, daß ihre Heiligtümer, die Irmensäulen, zerstört werden. Die Franken lassen nur eine Besatzung auf der Eresburg zurück, keine Sicherungen im Lande und an der Grenze. Mit ihrem König und allem Troß marschieren sie ins Land der Franken zurück. Zu Versuchen christlicher Missionierung kann es kaum gekommen sein. Dieser erste Krieg Karls des Großen gegen die Sachsen ist nur eine Wiederholung der Züge seines Vaters und Großvaters. Er hat keine weitgesteckten Ziele und will im wesentlichen nur, ähnlich den früheren, die Nachbarn durch Entfaltung fränkischer Macht und fränkischer Waffen einschüchtern und warnen.

Im folgenden Jahre ist Karl in Italien wegen der Lan- 773 gobarden, Mitte des folgenden Jahres belagert er den 774 Langobardenkönig Desiderius in Pavia, nimmt ihn gefangen und läßt ihn in Klosterhaft bringen. Fränkische Wehrbauern werden als Dauerbesatzung über das ganze Land verteilt.

Damit gewinnen die Sachsen Zeit, sich auf einen neuen Krieg vorzubereiten. Aber schon jetzt zeigt sich, daß ihnen der innere Halt fehlt. Ihre drei Heerschaften kommen zu keinem Zusammenwirken, die ostwärtige bleibt sogar gänzlich passiv. Trotzdem liegt die Initiative in diesem zweiten Zusammenstoß mit den Franken auf seiten der Sachsen. Die Wiedergewinnung der Eresburg glückt im ersten Anlauf, hat aber eine Verzettelung der Kräfte zur Folge. Die Operationen der Sachsen verlieren sich in einem Krieg um Burgen und befestigte Plätze. Sie dringen über ihre Südgrenze ins Hessische vor, kämpfen mit wechselndem Erfolg um die Sigiburg (Hohensyburg), belagern erfolglos die Büraburg an der Eder und müssen eiligst und unter Aufgabe der Eresburg zurückgezogen werden, als sie sich der in Eilmärschen anrückenden geschlossenen Heeresmacht der Franken gegenübersehen. Ein Versuch der Engern, die Franken bei Brunsberg in der Nähe von Höxter aufzuhalten, scheitert. Karl überschreitet die Weser; er will sich den Ostsachsen zeigen und sie an die vergessene Tributpflicht erinnern. Als Rükkendeckung gegen die Westfalen läßt er auf der linken Weserseite eine schwache Truppe zurück.

Widukind

In dieser Lage wird deutlich, daß der Widerstand der
775 Sachsen gegen die Franken von den Westfalen ausgeht und daß ein einzelner die Seele dieses Widerstandes ist, eines Widerstandes, der, solange er auf das Kriegspotential der Westfalen allein gestellt ist, sich auf Operationen gegen die weichen Stellen des Gegners beschränken muß, dem massierten Feinde gegenüber aber nur hinhaltend kämpfen kann. Dieser einzelne ist Widukind, „einer von den Großen der Westfalen" *(unus ex primoribus Westphalaorum)*, im fränkischen Lager bald als der „gefährlichste Feind" bekannt. Als er den König weit genug weg weiß, jenseits der Weser, greift er den zurückgelassenen, isolierten fränkischen Verband bei Lübbecke *(Hlidbeki)* an und vernichtet ihn. Einhard, ständiger Begleiter des Königs und Führer des Kriegstagebuches, weiß den peinlichen Zwischenfall nicht anders darzustellen, als daß er seinen Ausgang in das Gegenteil verkehrt. Obendrein hängt er ihm den Mantel eines Kindermärchens um: Unter die Futterholer, die frühmorgens aus dem Lager der Franken herauskamen, hätten sich die Westfalen unauffällig, die Waffen unter ihren Bauernkitteln versteckt, gemischt und ins feindliche Lager geschlichen, seien dort wie Manövergäste umherspaziert und über die Franken hergefallen, als diese sich zu einem Mittagsschläfchen hingelegt hatten. Karl, schon auf dem Rückmarsch aus Ostfalen, eilt auf

dem kürzesten Wege durch den Buckigau (Bückeburg) herbei und ist schnell an Ort und Stelle. Sein Erscheinen soll genügt haben, die Lage wiederherzustellen. Er muß es wenigstens geglaubt haben; denn Ende Oktober dieses Jahres ist er wieder in Franzien.

Er irrt sich. Widukind nimmt im neuen Jahre den 776 Kleinkrieg wieder auf, zumal er seinen Gegner in Italien beschäftigt weiß. Aber auch Widukind irrt sich, wenn er glaubt, mit dem Frankenkönig sei seine gesamte Heeresmacht in Italien gebunden. Auf die Nachricht von neuen Unruhen in Sachsen kehrt der König mit kleiner Begleitung im August schnell über die Alpen zurück und führt ein am Niederrhein bereitstehendes Heer über den Hellweg heran, entsetzt die wieder umkämpften Grenzplätze Sigiburg und Eresburg, dringt bis zu den Quellen der Lippe (Lippspringe) vor, bezieht dort ein Lager und befestigt es. – In späteren Berichten erscheint dieses Lager als „Karlsstadt" *(urbs Caroli)* und „Karlsburg", wird neuerdings zum „Triumphalnamen Karlsburg oberhalb (!) der Lippe" erhoben und in einem Atemzug nach Paderborn verlegt.

Die Sachsen, berichten die fränkischen Quellen, seien nun plötzlich zu Verhandlungen bereit gewesen und drängen sich massenhaft zum Empfang der christlichen Taufe. Was dahintersteht, den inneren Zwiespalt des sächsischen Volkes, verschweigen sie. Ein großer Teil des sächsischen Adels steht seit langem in Opposition zu Widukind und zeigt hier sein Gesicht. Mit ihrem Gefolge von Dienstleuten, Knechten, Dienern und abhängigen Bauern, Frauen und Kindern kommen sie und bieten sich an.

Die leichten Erfolge lassen Karl nunmehr die Möglichkeit einer Eroberung des ganzen Sachsenlandes ins Auge fassen. Die militärischen Voraussetzungen scheinen ihm gegeben. Was die Sachsen in diesen vier Jahren an Krieg gemacht haben, ist nach Meinung der mönchischen Quellenschreiber nicht der Rede wert. Die Sachsen, sagen sie, wollen keinen Krieg mehr; sie haben versprochen und geschworen, sie, die die Bedeutung eines christlichen Eides gar nicht kennen, Frieden zu halten. Von einer Eroberung und Vereinnahmung des Sachsenlandes kann indessen noch keine Rede sein. Einstweilen muß Karl sich begnügen, die Macht zu fördern, die seine weit entfernte, zentrale Staatsgewalt wenn nicht ersetzt, doch neben ihr eine Macht eigenster Art darstellt: die Kirche. Hier und jetzt ist der Gedanke der Schwertmission Wirklichkeit geworden — grauenhaft als Wort und Begriff, von Kirchenhistorikern geprägt und gebraucht.

777   Eine allgemeine Reichsversammlung der Franken wird für die Mitte des nächsten Jahres angesetzt. Im Herzen von Westfalen, an den Paderquellen, soll sie stattfinden. Der Talkessel mit den warmen Quellen und Teichen, deren Wasser unentwegt brodeln und wallen, war weit und breit bekannt, eine stadtähnliche Siedlung schon lange dort im Wachsen. Missionsprediger werden aufgeboten und Vertreter der hohen Geistlichkeit. Sie werden dem Heer angeschlossen, derart etwa, daß auf jeden Geistlichen zwei bis drei bewaffnete Krieger kommen. Die Prominenz des fränkischen hohen Adels ist besonders zahlreich herangezogen. Sächsische Große kommen, eingeladen oder aufgefordert. Sie erneuern ihre Versprechungen und Gelöbnisse vom Jahre vorher.

Was ihnen hier vorgesetzt wird: Das Kommen und Gehen fremder Gesandtschaften, darunter eine arabische aus Spanien, das kirchliche Gepränge mit seiner farbigen, fremdartigen hohen Feierlichkeit, nicht zuletzt der starke Eindruck, der von der Person des Königs ausgeht, ist die pomphafte Entfaltung fränkischer Macht. Für die

Sachsen fallen nur ein paar lockere Gespräche ab über eine kirchliche Ordnung ihres Landes, während die ausgesandten Heilsboten vielfach schon, ohne große Erfolge melden zu können, von ihren Reisen zurückkommen. Keiner von ihnen bleibt im Lande. Alle werden dem Heere wieder angeschlossen, als es nach einem Gastspiel von fünf Monaten an den schönen Quellen der Pader im Dezember, bei mildem Wetter, zu den Penaten heimwärts geht.

Auch die Franken nehmen von dieser mit großen Kosten und Mühen unternommenen Expedition eine Enttäuschung mit nach Hause. Ihre größte ist, daß der Mann, auf dessen Erscheinen sie allen Wert gelegt hätten, der Westfale Widukind, sich nicht gezeigt hat. Der Kriegstagebüchler muß seinem Ärger darüber nachdrücklichst Ausdruck geben. Für ihn ist jede Tat, die sich gegen seinen König richtet, ein Verbrechen. „Seiner vielen Untaten bewußt, und weil er deswegen den König fürchtete", schreibt er, sei Widukind — anstatt zu König Karl — zu dem Dänenkönig Siegfried gegangen. Einen König dieses Namens kennt die dänische Geschichte nicht.

Alle über das Jahr 777 von den Zeitgenossen verbreiteten Nachrichten sind konfus und müssen mit Zweifeln aufgenommen werden. Süddeutsche Klosterschreiber wollen wissen, die Franken hätten in diesem Jahre in Paderborn bereits eine Kirche gebaut und sie dem Heiland geweiht. In fünf Monaten kann man keine Kirche bauen, auch nicht eine von diesen vielfach ausgegrabenen kleinen Rechteckkirchen. Ein paar Fundamente kann man in die Erde gelegt und einen Altar darüber errichtet haben. Aber in dieser kleinen „Salvatorkirche" eine große Synode abgehalten zu haben, wie neuerdings glaubhaft gemacht werden soll, braucht es wenigstens vier Wände und ein Dach. Die fallen nicht vom Himmel.

Das „Lied von der Bekehrung der Sachsen" (*Carmen de*

conversione Saxonum), vermutlich von einem Erzbischof geschrieben und ausdrücklich auf das Jahr 777 bezogen, kehrt die Dinge in ihr Gegenteil um. So, als das „triumphale Geschehen in Paderborn 777" und die „Einführung eines Volkes in den Palast Christi als epochales Ereignis" (Freise), liest man es heute. – Die Militär- und Kirchenparade in Paderborn vom Jahre 777 ist ein Wind gewesen. Die Franken sind kaum gegangen, kommen die Sachsen wieder und schlagen alles kurz und klein.

Süntelschlacht/Verden

Der große Krieg beginnt erst fünf Jahre später nach
782 einer erneuten Reichsversammlung in Lippspringe. Die Sachsen sollen durch laute Worte und Entwürfe von Strafbestimmungen eingeschüchtert werden. Da erscheint Widukind wieder. Es gelingt ihm, eine Streitmacht aufzustellen. Er versammelt sie am Nordhang des Berges Süntel (später „Westsüntel", jetzt „Jakobsberg" genannt), vielleicht im sogenannten „Nammer-Lager", einer 25 Hektar großen Umwallung. Ihm gegenüber, links der Weser, wohl auf dem hohen Kampe („Hahnenkamp") über der Weserschleife nördlich Rehme, haben Franken sich gelagert, zwei Abteilungen, die vom Mittel- und Nordrhein her in Marsch gesetzt waren und gegen Sorben im Elbgebiet operieren sollten. Die Quellen vergessen nicht zu bemerken, daß den vom Mittelrhein anmarschierenden Truppen ein Kontingent sächsischer Truppen zugewiesen war, messen dieser Unterstellung sächsischer Krieger unter fränkischen Befehl keine Bedeutung zu. Wußten sie sie nicht?

Die Darstellung der Ereignisse dieses Jahres in den zeitgenössischen Berichten ist voll von Widersprüchen. Mehr als ein mit Vorbehalten aufzunehmendes Vorstellungsbild ist nicht zu gewinnen. Vorab ist zu fragen: Wer

24

sind diese Sachsen, die hier Seite an Seite mit den Franken erscheinen? Wehrpflichtige, von den Franken Aufgebotene, können es nicht gewesen sein. So weit waren die Franken noch nicht. Dann können es nur Aufgebote jener Sachsen gewesen sein, die schon 776 mit den Franken liebäugelten und 777 mit ihrem Anhang nach Paderborn gekommen waren, eine Widukind feindliche Gruppe des westfälisch-engrischen Adels.

Die Dinge mögen etwa so abgelaufen sein: Eine fränkische Truppe aus Ripuarien unter dem Grafen Dietrich marschiert vom Niederrhein her nach Osten gegen feindliche Sorben an der Elbe, eine andere unter dem Kämmerer Adalgis, dem Marschall Geilo und dem Pfalzgrafen Worad mit dem ihm zugeteilten sächsischen Kontingent rückt von Südwesten her, wohl über den Hellweg, mit demselben Auftrag nach Osten. Als Späher dem Grafen Dietrich die Nachricht von sächsischen Truppenkonzentrationen jenseits der Weser bringen, veranlaßt er, daß Adalgis, Geilo und Worad ihren Marsch nach Osten aufgeben und nach Norden umschwenken. Beide Gruppen vereinigen sich. Die Führer halten Kriegsrat und beschließen, die Sachsen umfassend anzugreifen. Die Gruppe Adalgis-Geilo-Worad soll die Weser ein Stück südwärts, durch die bekannte Furt bei Vlotho, überschreiten, den Bergzug durch die Pässe bei Steinbergen überqueren und die Sachsen von Südosten her angreifen, während Dietrich den Weserübergang von seinem Standlager aus erzwingen und gleichzeitig von Nordwesten angreifen soll.

Der Plan macht dem strategischen Denken der fränkischen Militärs Ehre, wird aber von Adalgis-Geilo-Worad zuschanden gemacht. Sie lassen ihre sächsische Hilfstruppe, die ja nicht gegen Sachsen, sondern gegen die slavischen Sorben kämpfen soll, bei Dietrich zurück, gewinnen leicht den Übergang über Fluß und Berg, warten aber nicht ab, daß auch Dietrich das rechte Weserufer gewinnt. Sie beschließen, so wird berichtet, die Früchte des nahe geglaubten Sieges allein zu pflücken und greifen aus der Marschkolonne heraus an. Sie treffen die Sachsen, denen die fränkischen Bewegungen nicht verborgen geblieben sind, in wohlvorbereiteter Schlachtordnung an. Sie werden vernichtend geschlagen. Adalgis, Geilo und vier fränkische Grafen fallen im Kampfe, nur Reste fluten über den Berg zurück, überqueren schwimmend ein zweites Mal die Weser und werden von Dietrich aufgenommen. — Der ausdrücklich berichtete z w e i t e Weserübergang der Gruppe Adalgis-Geilo-Worad ist allen Deutungsversuchen das größte Rätsel gewesen.

Der nächste und die übernächsten Tage schon wenden das Blatt. Der bedächtige Dietrich kann nicht untätig bleiben, wenn er von seinem hohen Kamp herunter sieht, wie die geschlagenen Franken zurückfluten, sich in die Weser stürzen und das diesseitige Ufer zu erreichen suchen. Als verantwortlicher Führer m u ß Dietrich handeln, und zwar s o g l e i c h , ohne Verzug und wie und wo immer es sich bietet.

Dieses „Wie und wo immer" werden wir nie erfahren. Einhards berichtet lediglich, daß es zu neuen Kämpfen gekommen sei, viele Sachsen gefangen wurden, und schiebt den Erfolg, wie üblich, seinem König zu.

Der König war nach dem Lippspringer Reichstag nach Franzien zurückgekehrt und hielt sich am Rhein auf. Frühestens, allerfrühestens drei Wochen nach Empfang der Unglücksbotschaft vom Süntel, als alles längst vorbei ist, kann er an der Weser sein. Nicht er hat den Süntelkampf zu Ende geführt, sondern Dietrich. Hätte er es nicht getan, wäre er vor ein Kriegsgericht gestellt worden.

Dietrich schafft sich einen behelfsmäßigen Übergang über die Weser. Mit seiner intakten Truppe stößt er, wie und wo, bleibt offen, in Widukinds siegestrunkene Scharen. Sie ergießen sich in die Ebene zwischen Süntel (Jakobsberg) und Weser und schwärmen in aufgelöster Ordnung, wie das bei wilden Verfolgungen zu gehen pflegt, hierhin und dorthin. Dietrich kann ihre einzelnen Gruppen fassen, verjagen, erschlagen und einige hundert, vielleicht einige tausend, gefangennehmen. Die gefangenen Sachsen werden von Sachsen, berichtet Einhard, dem König ausgeliefert. Die Auslieferer, keine anderen als die gegen Widukind konspirierenden Adligen seines eigenen Volkes, übergeben sie dem König mit der Bitte, er möge sie töten lassen *(ad occidendum)*. Unter dem Schutz fränkischer Waffen können die Gegner Widukinds aus seinen eigenen Reihen zu einem solchen Schlage ausholen. War das Verruchtheit, Heimtücke, Hinterlist, Verrat? War Karl berechtigt, die Ausgelieferten als Eidbrüchige zu behandeln? Alles Fragen erübrigt sich. Hier ist der Historiker mit seinem Latein am Ende. Einem Verstehenwollen steht die Unmöglichkeit entgegen, so wandelbare Begriffe wie Recht und Unrecht zu unterscheiden.

Einhard hat sich nicht einmal Gedanken gemacht über die Unmöglichkeit einer Massenschlächterei von 4500 Menschen an einem Tage. Für ihn ist das Blutbad von Verden nur ein Anlaß, den Ruhm seines Königs aufs neue zu verkünden. Wie Hammerschläge dröhnen seine Worte: *"Omnes una die decollati sunt".*

Maßlose Übertreibungen von Zahlen Gefangener, Erschlagener und Umgekommener sind nicht nur im Mittelalter ein beliebtes Stilmittel. Alle Versuche, das dunkle Schlußstück des Jahres 782 umzudeuten, zu mildern oder mit Kriegsrecht zu rechtfertigen, sind nutzlos und zwecklos. Selbst die Möglichkeit ins Auge zu fassen, Einhard habe die Schuld den Sachsen zuschieben wollen, damit sein König nicht befleckt würde, ist verfehlt. Die Dramatik dieses Jahres bleibt uns verschlossen.

Die berühmte und berüchtigte *Capitulatio de partibus Saxoniae* ist in Lippspringe noch nicht erlassen, aber entworfen, und ihr Inhalt ist bekanntgeworden. Sie bedroht jeden Verstoß gegen die Gebote des fränkischen Staates und der Kirche mit dem Tode. Eine allgemeine Kirchensteuer, der Zehnt, soll demnächst erhoben werden, alle politischen Versammlungen, im besonderen das große Jahresting in Marklo, werden verboten.

Waren das alles vorerst auch nur Drohungen, denn es war ja noch niemand da, der die Durchführung dieser Gebote hätte überwachen, Verstöße feststellen und den Zehnt erheben können, so verfehlt die Ungeheuerlichkeit dieses Konzeptes nicht seine Wirkung. Eine allgemeine Erregung ergreift das Sachsenvolk; selbst die Opposition der Adelskreise scheint darüber verstummt zu sein. Der unglückliche Ausgang des Süntelkampfes hat die Sachsen keineswegs erschöpft oder entmutigt.

Die Feldschlachten

783   Im Jahre darauf reißt Widukind alle mit sich fort. Das Jahr sieht zwei große, wirkliche Feldschlachten. Es sind die einzigen des langen Krieges. Bei Detmold kämpfen die Parteien vergeblich um den Sieg. Karl bricht den Kampf ab und geht nach Paderborn zurück, um Verstärkungen heranzuziehen. Widukind weicht in der gleichen Absicht nach Nordwesten aus. In der Nähe von Osnabrück, vermutlich auf dem Halerfelde an der Hase, treffen sie kurz darauf erneut aufeinander. Der Kampf dauert drei Tage; eine vernichtende Niederlage der Sachsen ist das Ende.

Der Krieg ist damit entschieden. Karl kann jetzt daran denken, den eroberten Teil des Sachsenlandes durch eine ständige Besatzung militärisch zu sichern. Er greift zu dem sattsam bekannten Mittel. Aus dem Sintfeld bei

Paderborn wird jeder dritte Mann „weggeführt", das heißt, daß jeder dritte Hof geräumt und mit fränkischen Wehrbauern besetzt wird.

Widukinds Taufe

Widukind irrt flüchtig im Lande umher, bis sich ihm die Krankheit bemerkbar macht, die ihn von jeder Tätigkeit ausschalten wird: er kann nicht mehr reiten. Die Franken hören davon. Karl schickt eine Gesandtschaft, bietet Unterhandlungen an und verspricht freies Geleit. Widukind geht darauf ein, läßt sich an den Hof des Königs, nach Attigny, bringen, empfängt die christliche Taufe, ohne die kein Friede möglich gewesen wäre, und kehrt mit 785 kostbaren Geschenken zurück.

Neuerdings will man herausgefunden haben, er sei, wie der Langobardenkönig Desiderius und später der Bayernherzog Tassilo, in ein Kloster gesteckt worden. Der Name Widukind taucht in den derzeitigen Mönchslisten der Reichenau auf. Die These dürfte sich schwerlich behaupten gegen das Ergebnis der jüngsten Ausgrabungen in der Kirche zu Enger. An bevorzugter Stelle der Kirche ist aus einem Grabe das Skelett eines Mannes geborgen, dessen Wirbelsäule starke, zackenartige Auswüchse hat, die Spondylosis hyperostotica. Sie bereitet einem Reiter unerträgliche Schmerzen; jeder Schritt des Pferdes unter ihm geht ihm wie ein Messerstich in den Rücken. Immer wiederholt ist die Frage: Warum hat Widukind aufgegeben, während im Norden noch lange weitergekämpft wird? Hatte er sich von der Überlegenheit der fränkischen Waffen überzeugt? War es die Verzweiflung über die Umtriebe seiner Landsleute und Standesgenossen gegen ihn? Fühlte er sich von seinen Göttern verlassen? Alle Fragen dürfte der Fund hinfällig machen. Wenn Widukind nicht mehr reiten konnte, war ihm jede Möglichkeit, zu führen, genommen.

29

Die Verluste von Detmold, die Niederlage an der Hase und der Ausfall Widukinds haben die Widerstandskraft der Sachsen gelähmt, doch nicht gänzlich gebrochen. Fränkische Abteilungen können wohl bis in die Gegend westlich des Dümmer gelangen, sich nördlich und nordwärts davon, vermutlich auch jenseits der unteren Weser zeigen; aber bleiben können sie dort nicht. Es dürfte übertrieben sein, anzunehmen, daß den Teilnehmern der vierten großen Reichsversammlung in Paderborn ganz Sachsen als erobert und als dem Frankenreiche fest einverleibt gegolten habe (Abel-Simson). Auch die für dieses Jahr berichtete Einteilung des Landes in Verwaltungsbezirke („Grafschaften") und die Bestellung von „Grafen" als Verwaltungsbeamte stehen nicht mit einem Dekret fertig da. Die Grafen werden zum großen Teile aus dem sächsischen Adel, der Opposition Widukinds, genommen. Sie sind landes- und sprachkundig; sie werden nicht gezögert haben, für ihre Parteinahme Erwartungen kundzutun. Einer von ihnen, Ekbert, darf eine entfernte Verwandte des Frankenkönigs heiraten.

Auswahl und Ernennung der Grafen sind einstweilen alles. Ein beliebtes Verfahren im ganzen Mittelalter: Kaiser und Könige ernennen, verleihen, verschenken aus vollen Händen, befehlen und geben mit feierlichen Worten und hängen ein goldenes Siegel an ihre Pergamente. Daß zwischen Schenkung und Empfang, Befehl und Ausführung ein weiter Weg ist, kümmert sie nicht. Auch die Abgrenzung der Grafschaftsbezirke, der in diesem Sinne karolingischen Grafschaften, hängt mehr oder weniger von den Grafen selbst ab. Sie sind größere oder kleinere Grund- oder Gutsherren. Im südlichen Westfalen sind sie zahlreich, ihre Grafschaften entsprechend klein. Aus dem Norden werden wenig Namen von Grafen die-

30

ser Zeit überliefert, ihre Grafschaften sind größer. Feste Grenzen haben weder die einen noch die anderen. In dieser nach fränkischem Muster errichteten Grafschaftsverfassung wird den Grafen die hohe Gerichtsbarkeit übertragen.

Besatzung und fränkische Gesetze

Die Sicherung des eroberten Landes durch eine ständige militärische Besatzung wird nun unerläßlich. Nicht anders als im Langobardenreich halten die Franken ihre Besatzungen in Westfalen. Die besten Höfe werden geräumt und mit jungen fränkischen Wehrbauern besetzt. Es ist ein Kinderglaube, die Franken hätten, was man noch lesen kann, ihre Besatzungssoldaten in die Einöde geschickt, Zelte aufschlagen, roden und Häuser bauen lassen. Besatzung sucht sich immer, gestern wie heute, das Beste aus, jagt die Bewohner von Haus und Hof und legt sich in das gemachte Bett. – Die Quellen sprechen von Deportationen sächsischer Bauern. Ob Sachsenhausen, die Vorstadt von Frankfurt am Main, auf eine Ansiedlung vertriebener Sachsen zurückgeht, wird allerdings bezweifelt, weil der Name „nicht vor 1193 in schriftlichen Zeugnissen vorkommt" (Meinert).

Starke Besatzungen müssen Enger, der Wohnsitz Widukinds nach seiner Taufe, das Land ringsherum und seine stattlichen Höfe aufnehmen. Karl hätte seinen ehedem „gefährlichsten Feind" schwerlich frei im Lande umhergehen lassen. Vertreibungen von der eigenen Scholle und der Marsch ins Elend haben in Enger Spuren hinterlassen: das Patrozinium des Pariser Kirchenheiligen Dionys, das Ramey-Fest (Fest des Remigius, Bischofs von Reims), die königliche Freienschaft des Nordhofes, Hundertschaften *(honschaffen)*, die es sonst in Westfalen nicht gibt, und die Anhäufung von – konfisziertem? – Reichsgut um Enger bekunden das Eindringen fränkischer Elemente.

Haben die Franken so großen Bevölkerungsüberschuß gehabt, daß sie ihre Männer mitsamt ihren Familien für lange Zeit ins Ausland schicken konnten, wenn sie ständig anderswo als Krieger gebraucht werden? Diese Frage wirft Zweifel auf. Hat Karl seine eigenen Zweifel den Nachbarn gegenüber verdecken wollen, wenn er einen hohen Geistlichen nach Rom schickt, die „vollständige Eroberung" des Sachsenlandes verkünden und den Papst bitten läßt, aus Anlaß der Bekehrung Widukinds ein Dankfest für die ganze Christenheit anzuordnen, wenn er dem König Offa in England dieselbe Nachricht durch einen Sonderboten überbringen läßt?

Der Sachsenkrieg ist so gut wie entschieden; beendet ist er noch nicht. Der Kriegszustand Sachsen – Franken besteht weiter. Was in diesen Jahren an „Krieg" berichtet wird, erschöpft sich in Streifzügen fränkischer Abteilungen nach 792 Norden und Nordosten. Entscheidungen haben sie nicht mehr gebracht; der Widerstand ist dort langsam erlahmt. erlahmt.

Im Westfälischen, auf dem Sintfelde, südlich von Paderborn, ist es, wie die Quellen sagen, noch einmal zu 794 „Rebellionen" und „Empörungen" gekommen. Alle Darstellungen westfälischer Geschichte, selbst die modernsten, sprechen es nach. Der Krieg der Sachsen gegen die Franken war ein Krieg um Freiheit, Volk und Land! Waren die „Freiheitskriege" von 1813 eine „Rebellion"? – Daß dieser Krieg die Schreiber in den Klosterzellen nicht mehr interessierte, ist nicht verwunderlich. Es ereignet sich nichts mehr, was an ihrem Himmel das Fanal „ad maiorem Dei gloriam" hätte aufleuchten lassen. Nur wenn irgendwo im Heidenlande ein Kirchlein gebaut, zerstört und wiedergebaut wird, gebrauchen sie ihre Feder. Lobredend berichten sie über die Gründungen von Bistümern für die Westfalen in Paderborn, Osnabrück, Münster und Minden. Hundert-, nein, tausendweise kommen die Sachsen und wollen getauft werden. Kommen sie? Eine einzelne Stimme, der gelehrte und hochangesehene Angelsachse Alkuin, von 781 bis 796 am Hofe Karls in Aachen, erhebt mahnende Worte. Die „unglückliche" Sachsenbekehrung zeige, daß es besser sei, bei einem im Glauben noch ungefestigten Volke behutsam vorzugehen und zunächst auf den Kirchenzehnt zu verzichten. Der Zehnt, habe er gehört, hätte den Glauben der Sachsen wieder umgestürzt, und die unmenschlichen Strafen für kleinste Vergehen schreckte sie davon ab, sich taufen zu lassen (Freise).

Paderborn ist inzwischen das westfälische Aachen geworden. Große Bauten und eine Plattform, auf der bei festlichen Gelegenheiten der Thronsessel des Königs gestanden haben soll, sind ausgegraben.

Karl kann den aus Rom geflüchteten Papst Leo III. in 799 Paderborn empfangen. Der Papst weiht einen Altar in dem in Angriff genommenen Neubau einer Salvatorkirche. Nach den ergrabenen Fundamenten (Henze) sollte er eine große, dreischiffige Basilika werden, ist aber, wie der erste Versuch vom Jahre 777, auch nicht über die Fundamente — unter der heutigen, 1031 geweihten, Abdinghofkirche — hinausgekommen.

Die Durchdringung Westfalens mit fränkischer Besatzung ist inzwischen so weit gediehen, daß die harte „Capitulatio" von 782 durch ein milderes Gesetz, die „Lex Saxonum", ersetzt werden kann. „Königsboten" (missi) sollen das Land durchreisen und die Tätigkeit der Grafen und die Gerichtspflege überwachen. Das Grafschaftssystem für Westfalen und ihre Grafen sind nicht geworden, was sie werden sollten.

In einem dieser Jahre stirbt Widukind. Die Annalisten

33

haben keine Notiz davon genommen, obwohl er nicht vergessen war und obwohl seine Angehörigen nicht, wie die des Desiderius und des Tassilo, in Klosterhaft weiterleben mußten. Die bis vor kurzem in Enger aufbewahrten sehr kostbaren Taufgeschenke und die Ergebnisse der Ausgrabungen von 1972 machen es wahrscheinlich, daß er seinen Lebensabend in Enger verbracht hat und dort, wie die Lebensbeschreibung seiner Urururenkelin Mathilde berichtet, eine „Zelle", ein kleines Kirchlein, hat erbauen lassen. Vor dem Altar d i e s e r später gänzlich überbauten Kirche ist er begraben.

Die Franken sollen in Westfalen und Enger umfängliche Siedlungstätigkeiten entfaltet haben. Die schriftlichen Quellen berichten darüber so gut wie nichts; der Spaten der Archäologen findet Befestigungsformen, den Spitzgraben, Flurformen und ähnliche, typisch f r ä n k i s c h e Anlagen allerwegen in Westfalen. Also müssen die Franken hier eifrig gewirkt haben? Was steht der Annahme entgegen, daß die Westfalen und Engerer gelehrige S c h ü l e r d e r F r a n k e n gewesen sind und übernommen und nachgeahmt haben, was sie den Fremden absahen und für gut befanden? Als gesichert gilt auch die Vorstellung, die Franken hätten an Straßenkreuzungen und sonst wichtigen Stellen g r o ß e H ö f e (curtes) angelegt, teils als Etappenstationen, teils als Beobachtungs- und Verteidigungswerke. Beides ist nicht zweifelsfrei. Daß ein neuer Hof mit Acker und Feld Ertrag bringt, dauert zwei bis drei Jahrzehnte. Die fränkische Herrschaft in Westfalen hat nach Beendigung der Kampfzeit vier, höchstens fünf Jahrzehnte gedauert, und niemand kann sagen, bis zu welchem Maße sie wirksam geworden ist. Ein einzelner Hof mit 10, allenfalls 20 Wehrfähigen besetzt konnte eine anrückende Truppe nicht aufhalten.

Die Geschichte der Westfalen in der ersten Hälfte des

neuen Jahrhunderts ist in der zeitgenössischen Überlieferung ebenso farblos wie die der vergangenen zwei Jahrzehnte.

Als erwähnenswert gelten den Annalisten nur noch die ersten Klostergründungen, die von Werden (790) und Corvey (815−825) und die der Frauenstifte Herford (um 826), Essen (850) und Elten (968).

Aufstand der Stellinga

In Werden soll damals der Dichter des „Heliand" um 830 gelebt haben. Wollte − oder sollte − er das christliche Gedankengut den Westfalen dadurch schmackhaft machen, daß er den Heiland als Kriegshelden darstellte und die Jünger als seine Gefolgschaft? Erfolg hat er damit nicht gehabt, wenigstens nicht zu seinen Lebzeiten; bricht doch in diesen Jahren der Aufstand der zu einer „Stellinga", einem Bauernbunde, verschworenen Sachsen los. Er kann örtlich begrenzt sein; die Berichte lassen aber vermuten, daß die Westfalen ihren Teil, wenn nicht den Hauptteil, daran haben. Dieses Mal ist es eine „Rebellion". Sie richtet sich ausgesprochen gegen die Kirche und den neuen Glauben, gegen die Franken und den Zehnt, den diese für die Kirche erheben, gegen die drohende Minderung des Standesrechtes der Unfreien und Minderfreien durch die fränkischen Gesetze und gegen den eigenen Adel, der aufgrund ebendieser Gesetze sich berechtigt glaubt, seine hörigen Bauern mit erhöhten Forderungen zu bedrücken.

Der Aufstand wird ausgelöst durch den Streit Kaiser Lothars, des Sohnes Ludwigs des Frommen, mit seinem Bruder Ludwig dem Deutschen und seinem Halbbruder Karl II., dem Kahlen. Lothar sucht nach seiner Niederlage bei *Fontenatum* (Fontenay) von Aachen aus Hilfe „bei 841 den Sachsen", d. h. bei den von dort aus am ehesten zu erreichenden Westfalen. Er verspricht ihnen die Rückkehr zu ihren früheren Göttern, Wiederherstellung der alten Gesetze und Rechte und Befreiung von den Bedrückungen des Adels.

Der Bericht über das Ereignis ist in keinem Punkt anzuzweifeln. Nithard, sein Verfasser, Sohn des Alkuin-Schülers, Dichters und Hofgelehrten Angilbert, hervorgegangen aus dessen Liebesbund mit Berta, einer der zahlreichen ehelichen und unehelichen Kinder des großen Karl, hat ihn aus eigenem Miterleben geschrieben. Er hatte bei Fontenay auf seiten Ludwigs und Karls gegen Lothar gekämpft, war schwer verwundet worden und hat auf langem Krankenlager die letzten Seiten seiner auf Veranlassung Karls des Kahlen unternommenen „Historiarum libri IV" niedergeschrieben. Die Ränke des mit dem Kaisertitel geschmückten Lothar und die auf dessen Drängen 843 zustande gekommene Teilung des Reiches Karls des Großen hat er scharf verurteilt und in allen Einzelheiten berichtet. Er ist an den bei Fontenay empfangenen Wunden im Jahre 844 gestorben.

Der Aufstand wird von Ludwig schnell niedergeschlagen. Die Sachsen erheben sich aber zum zweiten Male. Ludwig fürchtet, sie würden sich mit den immer aufsässigen Slaven und den überall an der Rheinmündung und in Westfalen plündernd auftauchenden Wikingern (Nortmanni) verbinden, eilt mit starken Kräften herbei und besiegt sie in einem gräßlichen Gemetzel (nimia caede). Die Rücksicht auf seine königlichen Freunde hat Nithard bewogen, die Schlußtragödie dieses Aufstandes nur anzudeuten.

Ein anderer Mitlebender, der Abt Prudentius von Troyes, auch er ein Gegner Lothars, hat offener gesprochen. Für ihn, den Kirchenmann, ist der Aufstand ein verabscheuungswürdiges Verbrechen. „Auf seiner Flucht kam Lothar nach Aachen", schreibt er, „und suchte von hier aus die Sachsen für sich zu gewinnen, wobei er so weit ging, daß er den ‚Stellingern', die die Mehrzahl in diesem Volke bilden, freistellte, sich unter den Gesetzen und den Einrichtungen der alten Sachsen auszuwählen, was sie haben wollten. Und diese entschieden sich, heidnisches Wesen wieder anzunehmen." Zum nächsten Jahre berichtet er das Ende: „Ludwig, der ganz Sachsen durchzog, unterwarf alle, die ihm bisher widerstanden hatten. Nachdem die Anstifter gefangengenommen waren, ließ er 140 köpfen, 14 am Galgen aufhängen, eine Menge verstümmeln und keinen am Leben, der sich noch gegen ihn auflehnte." Ludwig hat nur einmal wieder Westfalen durchzogen. 851 Auf dem Marsche gegen die Abodriten hat er in Herford und Minden Rast gemacht, hier der Äbtissin, dort dem Bischof auf deren Wunsch ihre Rechte und ihren Besitz bestätigt. Die Westfalen werden ihm, der ihnen ein zweites Verden bereitet hatte, keine Ehrenpforten errichtet haben.

Christianisierung

Der Aufstand der Stellinger ist ein Markstein in der Geschichte der Westfalen. Sein Willenskern liegt in der Ablehnung der neuen, mit Zwangsmitteln verbreiteten Lehre. Verehrten die Christen nicht auch drei Götter: Vater, Sohn und Heiliger Geist? Wodan, Thor und Baldur haben jeder sein Gesicht und geben keine Rätsel auf. Dämonen, Geister und Bösewichter heißen bei den Christen Engel, Heilige und Teufel.

Der heitere Mensch des Mittelmeerraumes ist hilflos, als die Weisen von Athen den Olymp und die schöne Welt der Götter und Göttinnen zum Gespött machen. Er greift begierig nach dem Himmel, wo Engel und Teufel dasselbe Spiel treiben. Der uralte Zauber der Dreizahl öffnet sich ihm. Der Mensch gewordene Gott ist als Mensch gestorben, aber als Gott wiedererstanden, und ein dritter,

37

kein „Gott", sondern ein „Geist" wird zur „dritten Person in Gott" [Dogma der Konzile von Nicäa (325) und
Konstantinopel (381)]. Der Gedanke der christlichen Liebe bleibt überlagert
von Rache und Gewalt. Wer sein „Recht" will, hat auch
Recht auf Gewalt. Die Lösung eines Streites durch Zweikampf, überhaupt jede durch Kampf herbeigeführte Entscheidung gilt als Kundgebung der Götter, wird sogar
von den Christen als „Wille Gottes" ausgelegt. Treue,
Gelöbnis und Eid sind noch leere Formeln, Geiselnahme
das einzige Mittel, sich gegen Ranküne zu sichern.
Die Kirche verkündet ihre Lehre intensiv. Ihre Gottesdienste werden mit Prunk und Pomp und Zauber
umgeben und verfehlen ihre Wirkung nicht. Anziehend ist
gewiß der neue Begriff der göttlichen Gnade. Sie spendet
Trost und Hoffnung. Die Verbindung von Kirche und
Gottkönigtum gibt der Kirche jene Autorität, vor der sich
auch die Großen, selbst die Könige, beugen. Die Lehre
endlich, daß man im Leben etwas tun kann und tun muß
für ein Leben nach dem Leben, diese Ausgeburt der Angst
vor den Gaukeleien der Höllenstrafen und ewigen Ver-
dammnis, ist imstande, die Zweifel in ihr Gegenteil umzu-
kehren. Er hat gerade die Großen und Reichen getroffen.
Als hätten sie plötzlich nichts anderes mehr im Sinne, als
dieser Sorge zu leben, geben sie ihr Vermögen für Schen-
kungen hin. Von den großen Klostergründungen dieser Jahrzehnte sind nicht weniger als sieben vom Adel
ausgegangen: Wildeshausen, Freckenhorst, Vreden,
Herzebrock, Liesborn, Meschede und Nottuln, von der
Kirche nur Böddeken und Neuenheerse. Ihre Stifter
unternehmen kostspielige Reisen, um wundertätige Reli-
quien für ihre Kirchen und Klostergründungen herbeizuschaffen. Widukinds Enkel, Walbert, holt die Gebeine
des hl. Alexander aus Rom nach Wildeshausen für das
von ihm gegründete Stift. Zwei Mönche aus Fulda müssen

zehn Jahre später auf Weisung ihres Erzbischofs eine Beschreibung dieser Reise liefern. Sie soll erbauen und vorgelesen werden. Eingeflochtene Wundergeschichten, Krankenheilungen und himmlische Erscheinungen, die unsterblichen Kinder der Götter und Propheten, sollen ein übriges tun. Mehr als ein Dutzend solcher „Translationen" ist überliefert.

Die ergrabenen Fundamente größerer Bauten der „karolingischen Renaissance" in Paderborn (Salvatorkirche von 799, Königspfalz), Herdecke und Vreden sind von fränkischen Baumeistern „im römischen Stile" *(more romano)* gebaut; Westfalen werden dabei höchstens als Handlanger beschäftigt. Auch das Westwerk der Kirche zu Corvey ist 875 von Franken gebaut. Seine berühmte „Kaiserloge" ist von den karolingischen Kaisern nicht mehr betreten.

König Ludwig der Deutsche ist dem westfälischen und 876 sächsischen Norden seines Reiches fremd geworden. Er stirbt etwa 70jährig. Von seinen Söhnen und Enkeln ist keiner in Westfalen gewesen.

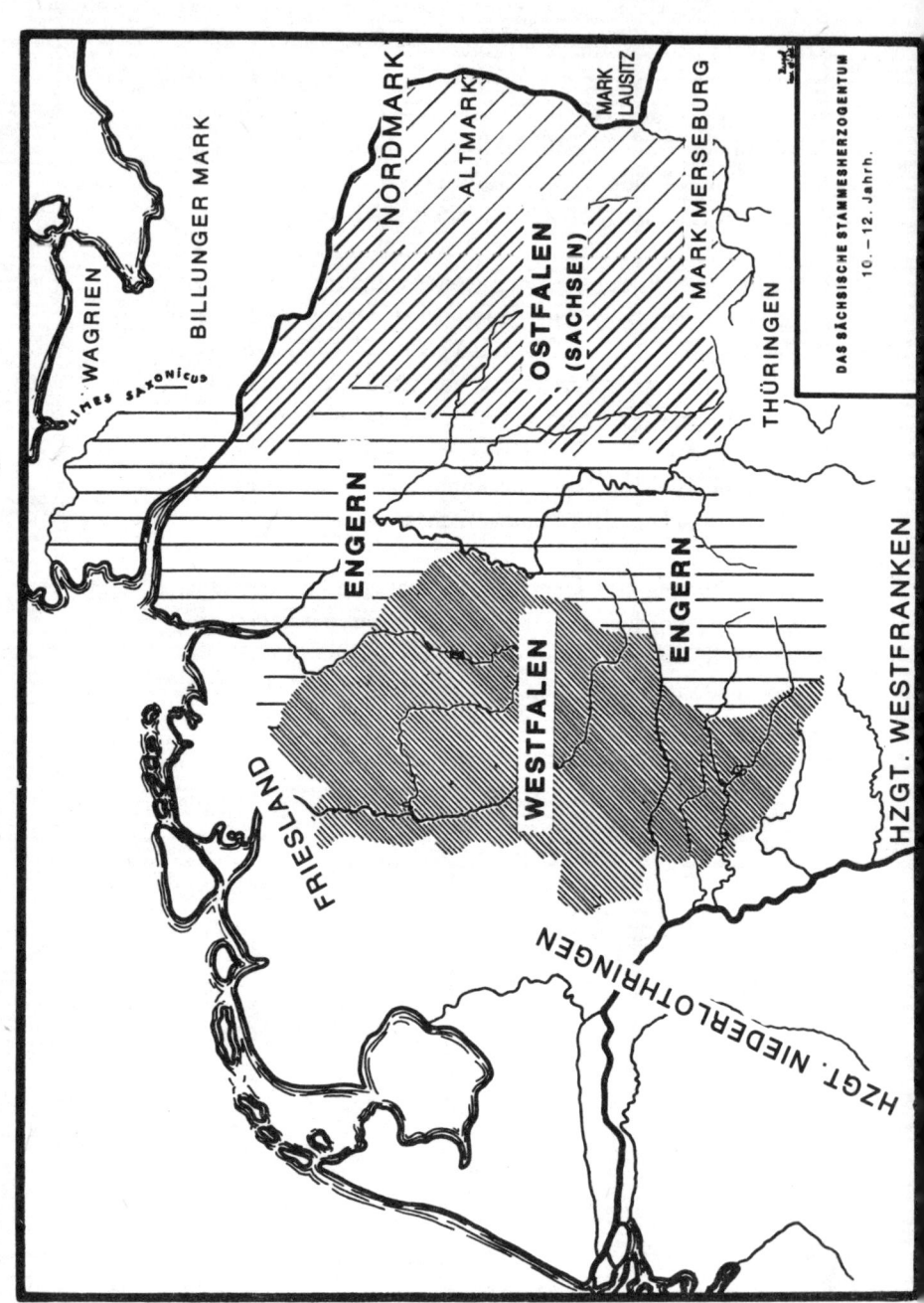

DAS SÄCHSISCHE STAMMESHERZOGTUM
10. – 12. Jahrh.

III. Westfalen im Sächsischen Stammesherzogtum (876 – 1124)

Das Herzogtum der Liudolfinger

Für die Westfalen bleibt nur der einzige, sie politisch umschließende Raum das Herzogtum der ihnen stammverwandten Engern und Ostfalen, das „Stammesherzogtum Sachsen". Unter dem zerfallenden Königtum hatte es sich neben dem der Bayern, Schwaben, Ostfranken und Lothringer herausgebildet. Die Herzogtümer sind aus militärischen Notwendigkeiten hervorgegangen; denn die Bedrohungen von seiten der Normannen, Wikinger, Slaven und Ungarn erforderten die Bereitschaft zum Dienst mit der Waffe. Der Oberbefehl über die Kontingente der sächsischen Heerschaften Westfalen, Engern und Ostfalen hatte sich in dem Geschlecht der ostfälischen Liudolfinger verfestigt. Bruno, der Sohn des Stammvaters Liudolf, fällt in der schlimmen Norman- 880, Febr. 2 nenschlacht. Neben ihm finden zwei Bischöfe, Dietrich von Minden und Markward von Hildesheim, den Tod. Bischof Wolfhar von Minden fällt sechs Jahre später im Kampf gegen die Slaven.

Der zweite Liudolfinger, Otto der Erlauchte, wird schon „dux" (Führer, Heerführer, Herzog) genannt. Er hat es, wie die Herzöge in Bayern, Schwaben usw., verstanden, dieses Heerführertum (Herzogtum) mit Rechten auszustatten, die sonst dem König zukommen.

Es sind aber nur einzelne Rechte, die diese neuen „Herzöge" in einem bestimmten Gebiet ausüben dürfen. Otto der Erlauchte ist, wie seine Nachfolger, nicht „Herzog von Sachsen", sondern „Herzog in Sachsen". Als sol-

41

chem steht ihm das Recht des Aufgebotes zu, d. h. die Einberufung der Wehrfähigen zum Kriegsdienst und ihre Führung im Kriege selbst. Ihm stehen ferner zu: das Recht, Befestigungen (Landwehren, Burgen, Städte, auch Straßen) anzulegen oder ihre Anlage zu genehmigen, die Gerichtsbarkeit als oberste Appellationsinstanz, das Geleit *(conductum)*, d. h. die Sorge für die Sicherheit auf den Straßen, die Einberufung einer Versammlung der Großen des Landes, schließlich auch die Besetzung vakant gewordener Bischofsstühle.

Das ist nicht wenig, doch auch nicht so viel, daß es keine Löcher und Lücken gelassen hätte. Zwischen Königtum und Herzogtum schiebt sich eine dritte Herrschaftsgewalt, der alte Adel. Seine Dienste läßt er sich nicht mit Gold lohnen, sondern mit Lehen. Die Grafen sind nicht mehr ernannte Beamte. Ihre Stellung als Inhaber von Gewalten erwächst ihnen aus ihrem Geblüt (Geblütsrecht) oder sie nehmen sie sich. Aus der Hand des Königs empfangen sie nur die Bestätigung, verbunden mit Lehen in Gestalt von Grund und Boden und Menschen, die den Boden bearbeiten. Es wird bald zur Gewohnheit, daß die Lehen erblich sind; ihr Entzug fordert immer die Entscheidung durch die Waffen heraus. Regelmäßig verfügt der Adel noch über allodialen, lehnsfreien Altbesitz und ist so in der Lage, sich eine dynastische Kleinherrschaft (Mitteis) zu schaffen, die König und Herzog nur dem Namen nach über sich weiß. Beide zusammen, Feudalismus und adeliges Herrentum, durchdringen alle staatlichen Einrichtungen, befördern deren Auflösung und reißen die ausübende Gewalt in die Hände weniger. Sie fühlen sich von niemandem abhängig; ihren ständigen Neid aufeinander toben sie mit der Waffe aus. Sonst führen sie ein einfaches Leben in ihrer festen, aus Granit- und Sandsteinquadern oder aus roh behauenen Bruchsteinen aufgemauerten, von einem Graben oder Sumpf umgebenen Wohnturmburg.

Sogenannter „Heidenturm" zu Ibbenbüren, vermutlich Rest einer Wohnturmburg der Edelherren von Ibbenbüren.

Dem Herzog Otto bleibt wenig Gelegenheit, in dem entlegenen Westfalen Geschichte zu machen. Erfüllt von der Sorge um den Verfall des Königtums und „im Bewußtsein eines notwendigen Zusammenhaltens der Stämme" (Holtzmann), hat er seine ganze Kraft der Reichspolitik gewidmet. Widukind von Corvey (Seite 48) hat gewünscht, daß man ihn, Otto, zum König gewählt hätte, als der letzte ostfränkische Karolinger, Ludwig das 911 Kind, starb; denn für ihn war „Otto immer und überall der oberste Herrscher". Aber Otto fühlt sich zu alt und lehnt ab. Im Jahre darauf stirbt er. Die Wahl Konrads I. 912 hat er entscheidend beeinflußt und damit seinen Teil beigetragen zu einer der folgenreichsten Entwicklungen der europäischen Geschichte, dem Auseinandertreten von Ost- und Westfranken, von Deutschland und Frankreich. In diesen Jahren taucht zum ersten Male in der schriftlichen Überlieferung ein „regnum Teutonicorum" auf.

43

Auch Herzog Ottos Sohn Heinrich ist mehr Sachse
als Westfale, wenn auch kein Fremdling in Westfalen. Auf
einer Reise ein oder zwei Jahre vor dem Tode des Vaters
war ihm in Herford die Urururenkelin Widukinds,
Mathilde, vorgestellt worden. Die liebreizende junge
Dame hatte den Herzogssohn betört. Er warb um sie, er,
der bereits verheiratet war. Seine Frau Hadeburg war, als
er sie heiratete, bereits Witwe aus einer früheren Ehe.
Nach dem Tode ihres ersten Mannes hatte sie den
Schleier genommen und alle damit verbundenen Gelöbnisse getan. Wie Heinrich sie aus dem Kloster herausge-
holt hat, wissen wir nicht. Seine amourösen Abenteuer
und sein Herrentum fügen zu dem Bilde seiner Person
einen Zug, der sich mit dem des biederen Vogelstellers,
zu dem die Überlieferung ihn gemacht hat, nicht recht
verträgt. Hadeburg hatte ihm einen Sohn, Thankmar,
geboren. Jetzt tat die Kirche Heinrich den Gefallen, die
Ehe mit einer Nonne für ungültig zu erklären. So konnte
er die schöne Herforderin heimführen. Sie war „von
sächsischem Stolz, des eigenen Wertes sich bewußt. Wo
alles stand, pflegte sie zu sitzen, und gern schritt sie in
prächtigen Kleidern einher", hat der Verfasser ihrer
„Vita" über sie geschrieben. — Lebensführung und
Rechte der Fürsten sind immer mit eigenen Maßen
gemessen.

Das neue Eheglück wird bald von dem Lärm der Waffen gestört. Gegen Heinrichs Ansprüche auf vermehrte
915 Herzogsrechte schickt König Konrad seinen Bruder
Eberhard ins Feld. Vor der Eresburg treffen die Gegner
aufeinander; Eberhard erleidet eine schwere Niederlage.
Fahrende Sänger tragen die Kunde von Heinrichs Sieg
durch ganz Westfalen und fragen, großsprecherisch wie
immer, wenn es eine Siegesnachricht herumzutragen

gibt, „wo eine Hölle sei, die solche Mengen Gefallener fassen könnte".

Der kinderlose, sterbende König läßt drei Jahre später denselben Eberhard, seinen Erben und voraussichtlichen 918 Thronfolger, die könglichen Insignien dem siegreichen Heinrich überbringen und designiert ihn damit zu seinem Nachfolger. Die Abwehr der Normannen, Ungarn und Slaven und innere Schwierigkeiten haben ihn in ein frühes Grab geworfen.

Die Westfalen müssen geschehen lassen, daß Normannen und Wikinger Jahr für Jahr den Rhein, die Ems und die Weser hinauffahren und die Dörfer in Ufernähe brennen und plündern. Machtlos sind sie gegen die aus den östlichen Steppen hereinbrechenden Reiterscharen der „Awaren". Die wilden Gesellen sind leibhaftige 919 Teufel. Mit ihren Pferden verwachsen, führen sie ihre Waffe, Bogen und Pfeil, mit tödlicher Sicherheit. Sie kommen bis dicht an die Weser, reiten den Strom hinun- 926 ter bis Bremen und sind schließlich mitten in Westfalen. Das reiche Stift Herford lockt sie an. Die entsetzten Stiftsdamen stürzen in kopfloser Flucht davon. In Enger werden sie eingeholt und allesamt umgebracht (Seite 105).

König Heinrich hat Maßnahmen zur Abwehr der 933, März 15 Ungarngefahr getroffen. An der Schlacht bei Riade — wohl das heutige Kalbried an der Unstrut — hat auch das Heeresaufgebot der Westfalen teilgenommen. Heinrichs neue Panzerreiter haben die fremden Pfeilschützen in die Flucht geschlagen.

Adel und Bischof

Zu Heinrichs Zeiten macht sich auch unter den westfälischen Bischöfen die Einmischung in weltliche Dinge bemerkbar. Es fängt damit an, daß zum geistlichen Stande

bestimmte Söhne des hohen Adels in der „Hofkapelle"
des Königs, d. h. in seiner nächsten Umgebung, beschäftigt werden und zu Beratern und hohen Ämtern aufstei-
gen. Von da aus rücken sie leicht, vom König oder Herzog nominiert, auf den Stuhl eines Bischofs. In Münster,
Paderborn, Osnabrück und Minden bauen sie ihre Dome,
bezieht der Bischof seine Bischofsburg und umgibt sie
mit Mauern, Ketten, Wällen und Gräben, wie alle tun, die
in der Vorstellung des Volkes zum Herrschen berufen
sind, herrschen wollen und von Neidern und Gegnern
bedrängt werden.

Grundherrschaft / Schutzherrschaft

Die Bischöfe haben bereits ihre abgegrenzten Wirkungs-
bereiche; die weltlichen Herren, Grafen, Edelherren, Herzöge, müssen innerhalb dieser Diözesen und in dem Streu-
bezirk der großen Reichsabteien und Klöster Herrschaftsbe-
reiche zu begründen suchen. Die einzige reale Grundlage, in
einem solchen Durcheinander und Übereinander Herrschaft
auszuüben, ist in dieser Zeit die Grundherrschaft mit
ihrem Obereigentum am Menschen und Boden (Leib- und
Grundhörigkeit) und ihrer Schutzpflicht *(verdedigung)*
gegenüber der wachsenden Masse der Menschen, die in dieser Zeit des Mangels eines festen, staatlichen Schutzes sich
genötigt sehen, zu einem Herrn, einem Bischof oder einem
Kloster in ein Schutzverhältnis zu treten, das beiderseitige
Verpflichtungen enthält, dem sich Begebenden aber
einen Teil seiner persönlichen Freiheit kostet und ihn in
den Stand der Halbfreien (Minderfreien, Schutzfreien,
Altarfreien) hinabstuft.

Wie weit die Hoffnungen der Schutzfreien erfüllt sind,
steht dahin. Der Kirche fehlt es dafür noch an Machtmit-
teln. Was sie geben kann, ist ihre Autorität. Die wächst
und heischt Respekt; selbst die Könige bedienen sich

46

ihrer, wenn es Auseinandersetzungen mit dem Adel gibt
oder wenn Streitigkeiten im eigenen Hause zu bereinigen
sind.

Mathilde

Den Streit im eigenen Hause haben auch die Söhne
König Heinrichs erfahren. Ihre Mutter, die Herforderin,
stolz und von großtuerischer Frömmigkeit, zeigt sich nach
dem Tode ihres Mannes als böse Intrigantin. Sie bevorzugt
ihren zweiten Sohn Heinrich vor Otto, dem ältesten, der,
als der Vater noch Herzog war, „nicht im Purpur geboren"
wurde. Für Otto, den König, ist das ein Anlaß, die Herzogswürde, die der Vater auch als König beibehalten
hatte, der ostfälischen, auch links der Weser begüterten
Familie der Billunger zu übertragen. Hermann Billung
soll als *„princeps militiae"* auch über das Heeresaufgebot der
Westfalen und Engern verfügen und für die Sicherung der
Nord- und Ostgrenzen des Reiches Sorge tragen.

Mathilde mag erwartet haben, ihr Lieblingssohn Heinrich
hätte die Herzogswürde erhalten. Sie veranlaßt ihn, mit
Eberhard, dem übergangenen Sohn König Konrads, zu
konspirieren. Eberhard liegt gerade im Streit mit einem
Sachsen Bruning, verbrennt dessen Stadt Elmeri (Helmere 937
bei Willebadessen oder Helmarshausen a. d. Diemel) und
tötet die Bewohner. Otto greift ein, verurteilt Eberhard zu
einer Lieferung von Pferden und seine Mittäter zur Schand-
strafe des Hundetragens.

Heinrich und Eberhard verharren aber im Trotz gegen
den König. Zu einem Hoftage des Königs in Steele a. d. 938
Ruhr erscheinen sie nicht. Die Versammlung beschließt
ein Gesetz, nach dem Erbstreitigkeiten durch Zweikampf,
als Gottesurteil, entschieden werden sollen. Mathilde hat
um die Einbringung des Gesetzes gewußt. Jetzt spielt sie
eine neue Karte aus: Sie verbreitet das Gerücht, ihrem

47

Stiefsohn Thankmar, dem Sohn der Hadwig, werde das mütterliche Erbe vorenthalten. Thankmar schlägt sich daraufhin auf die Seite Eberhards. Es kommt zu einem neuen Aufstand gegen den König. In einem Treffen bei Beleke a. d. Möhne hält sich Thankmar und besetzt die Eresburg. Da rückt Otto selbst mit starken Kräften heran. Die Eresburg ergibt sich ihm, Thankmar flüchtet in die Kirche. Während er sich vor dem Altar seiner Verfolger erwehrt, trifft ihn eine durch das Fenster geschleuderte Lanze und tötet ihn.

940 Zwei Jahre später erheben Eberhard und Heinrich erneut die Waffen gegen den König. Heinrichs Anhänger haben die Burg auf dem Burgberg Dortmund besetzt; er selbst und Eberhard lagern in der dorfähnlichen Siedlung (vicus, 952) Dortmund. Die Bewohner aber, eingedenk des Schicksals Thankmars, lassen dem anrückenden König den Weg frei. Die flüchtigen Aufrührer werden am Rhein eingeholt. Eberhard fällt im Kampf, sein Begleiter ertrinkt im Rhein. Heinrich unterwirft sich und wird „in Gnaden" wieder aufgenommen.

War Otto seinem Bruder gegenüber versöhnlich, so kennt er doch keine Nachsicht mehr für die Hand, die den Bruderzwist aufs neue geschürt hat. Er jagt sie, Mathilde, seine Mutter, zum Hause hinaus. Sie wird nach Enger gebracht auf ihr väterliches Gut. Mochte die stolze, an Pracht und Prunk gewöhnte Frau sehen, wie sie dort zur Besinnung kam, im Umgang mit Bauern und armseligen Stiftsherren, die noch hinter dem Pflug hergingen und ihre Stiftsäcker bestellten.

Die Peinlichkeit des Ereignisses — eine Königin wird auf die Straße gesetzt statt, wie üblich, in ein Kloster — ist der Mitwelt bewußt; der Nachwelt sollte sie verborgen bleiben. Mathildes Zeitgenosse, der Mönch Widukind von Corvey, hat es in seiner „Sächsischen Geschichte" verschwiegen, die Königin vielmehr in alle Himmel gehoben wie eine Heilige, die von Singen und Beten lebte und für jeden Armen ein Stück Brot übrig hatte. In der 10 Jahre nach ihrem Tode geschriebenen Lebensgeschichte wird alle Schuld den Söhnen zugeschoben. Noch in der Literatur unseres Jahrhunderts wird sie als eine der großen Frauen und Mütter deutscher Könige und Kaiser gefeiert. Richtig ist, daß sie die erste Westfälin gewesen ist, die versucht hat, in dem politischen Treiben der Männer mitzuspielen. Nur Zwietracht hat sie gesät.

Die Ottonen

An der Ungarnschlacht auf dem Lechfelde sind die 955 Westfalen beteiligt. Ihre Bischöfe und die Abteien Corvey, Herford, Werden und Essen haben Kontingente zum Heere Ottos gestellt. — Ottos jüngster Bruder, Brun, ist Erzbischof von Köln und Herzog von Lothringen. Von einem Feldzug in Frankreich bringt er aus Troyes die Gebeine des hl. Patroklus mit, läßt sie in Soest bestatten und über dem Grabe den mächtigen Patroklidom 964 bauen, eines der imposantesten und herrlichsten Bauwerke Westfalens, jedenfalls das „westfälischste".

Von den westfälischen Bischöfen haben die Mindener Landward († 969) und Milo († 996) den Ottonen beson- 997 ders gedient; Ranwart schreitet, das Kreuz in der Hand, den Westfalen voran in einem Kriege gegen die Wenden.

Zu dem Bilde des früh vollendeten Kaisers Otto III. 1002 fügt sich eine Betrachtung über die Steinplastik auf dem Grabe Widukinds in Enger. Bekleidung und Kopfbedeckung des Dargestellten und andere Einzelheiten entsprächen dem Krönungsornat des jungen Kaisers, wie es in einer zeitgenössischen Abbildung überliefert ist. Das jugendliche Gesicht dazu ließ vermuten, daß der Dargestellte nicht der Herzog sei, sondern der Kaiser. Er habe das Bildwerk der Stiftung seiner Urgroßmutter geschenkt

(G. Angermann). Sollte die Vermutung zutreffen, läge auf dem Grabe die ältesterhaltene deutsche Steinplastik und müßte dann um 100 Jahre früher als bisher datiert werden.

Meinwerk

In der Zeit Kaiser Heinrichs II. gewinnt das geschichtliche Bild Westfalens wieder an Farbe. Aus den Kreisen der westfälischen Großen hebt sich die profilierte Gestalt des Paderborner Bischofs Meinwerk heraus. Dem Widukindschen Geblüt entsprossen, wird er schon als Kind zum geistlichen Stande bestimmt und in den Domschulen von Halberstadt und Hildesheim erzogen. Sein Jugendfreund und vermutlicher Studiengenosse in Hildesheim, der nachmalige Kaiser Heinrich II., übernimmt ihn als
1009 Hofkaplan und erhebt ihn zum Bischof von Paderborn. Der anfänglich Widerstrebende — „Was soll mir dies Bistum? Aus meinen eigenen Gütern kann ich mir ein glänzenderes errichten" — fügt sich dem Befehl. Das Bewußtsein, zum Dienen bestellt zu sein, hat ihn sein Leben lang geleitet.

Weder Heldentum noch Askese werden von ihm berichtet, weder Heidenbekehrungen, Wundergeschichten und Ketzerverfolgungen.

Meinwerk war reich, stolz und selbstbewußt, eine Herrennatur, aber nicht herrisch. Das Kirchenwesen berührt ihn nur soweit, als er darauf bedacht ist, Zucht und Ordnung unter der Geistlichkeit seines Sprengels zu halten. Die Klöster Helmarshausen und Schildesche kann er seiner geistlichen Aufsicht unterstellen; in Corvey bleibt ihm ein gleicher Erfolg versagt. Der Gedanke einer Herrschaft der Kirche über den Staat, wie er sich in der hohen Geistlichkeit cluniazensischer Richtung bereits damals anbahnt, ist ihm fremd. Einen Theologen im Sinne

50

eines Eiferers für die Kirche haben die Halberstädter und Hildesheimer Domscholasten aus ihm nicht gemacht. Selbst von der Sprache der Kirche, dem Latein, haben sie ihm nicht mehr als die Anfangsgründe vermittelt. Bekannt ist die Erzählung von dem Scherz, den der Kaiser sich mit ihm erlaubte. Bei einem Aufenthalte des Hofes in Paderborn bat er den Bischof, für seine, des Kaisers, verstorbenen Eltern eine Seelenmesse zu lesen, und gab ihm dafür ein Meßbuch, in dem er zuvor durch einen Kaplan eine Rasur hatte vornehmen lassen, so daß die Stelle „*ora pro famulis et famulabus Dei*" (bete für die Knechte und Mägde Gottes) sich nunmehr las „*ora pro mulis et mulabus Dei*" (bete für die Esel und Eselinnen Gottes). So las Meinwerk; verbesserte sich aber, wie sein Biograph bemerkt. Als der Kaiser, um den Scherz auszukosten, ihn nach der Messe zur Rede stellte, er habe nicht für Esel und Eselinnen eine Messe bestellt, gab er zur Antwort, er werde sich zu rächen wissen. Alsbald ließ er den Radierer feststellen und ihm, als Substituten des Kaisers, eine Tracht Prügel verabfolgen. Der selbstherrliche Bischof scheute sich nicht, dem Kaiser gegenüber deutlich zu machen, wer er war. Hernach, als sein Zorn verraucht war, schenkte er dem Geschundenen einen neuen Rock als Schmerzensgeld.

Das Kernmotiv dieser Geschichte, die Rasur, scheint im hohen Mittelalter ein verbreiteter Scherz gewesen zu sein. Er findet sich auch in den seit ca. 1185, also etwa gleichzeitig mit der Vita Meinwerci, verfaßten „*Gesta Danorum*" des Saxo Grammaticus, bei der Behandlung der Regierungszeit des Königs Svend Estridson (1047 – 1076).

Meinwerk war nicht gelehrt, aber er kannte den Wert der Bildung. Die Domschule in Paderborn erfreute sich seiner Förderung. In den Künsten hat er sich nicht versucht, aber er hatte Sinn für Kunst. Den Paderborner Dom hat er nach einem Brande wiederaufbauen und das bauliche Kleinod Paderborns, die Bartholomäus-Kapelle, von byzanti-

nischen Künstlern (*„per operarios graecos"*), die er eigens
dazu berief, errichten lassen. Seine Lebensführung hat den
Zeitgenossen keinen Anlaß zum Tadel gegeben, und es mag
ihn tief bekümmert haben, seine eigene Mutter auf verbre-
cherischen Wegen zu sehen. Sie hatte sich zweimal mörderi-
scher Anschläge schuldig gemacht und wurde von ihm, dem
Sohne, vor ein Gericht gezogen. Auf seinen Pfründen aus-
zuruhen ist ihm nicht gegeben. Er fühlt sich wohl, wenn er
das Gut seiner Kirche hüten und mehren kann. Ein Stück
Bauernschläue ist ihm nicht abzusprechen. Ständig unterhält
er einen Stab von Agenten, die im Lande umherreisen und
gegen Vermittlerlohn Leute aufspüren, die in Geld- oder
Gewissensnöten sind und durch Zuspruch oder Überredung
sich bereit finden, ihren Besitz der Kirche zu veräußern.

Meinwerks Sorge für sein Bistum steht noch zurück hinter seinem Dienst am Reich. Als Freund und politischer
Berater zweier Kaiser, Heinrichs II. und Konrads II., ist er
häufig längere Zeit seinem Bistum fern gewesen. Für Heinrich hat er auch einmal eine Heeresabteilung gegen die Slaven geführt. Heinrich hat es ihm und seinem Bistum reich
gelohnt. Auch der weniger gebefreudige Konrad hat ihm
seinen Dank nicht versagt und ausdrücklich betont, daß
Meinwerks Dienst ihm mehr bedeutet habe als der aller
anderen Bischöfe.

Meinwerk besaß aus kaiserlichen Zuwendungen Grafschaftsrechte in nicht weniger als fünf Gauen und den
Forstbann über die Senne und den östlichen Teil des
Osnings bis hinunter zur Diemel. Seine Nachfolger haben
die Grafschaftsrechte nicht halten können, und den weit
inhaltsschwereren Forstbann mit Rodungsrecht und
Herrschaftsgewinn haben sie durch Verlehnung aus der
Hand gegeben. – Meinwerk zählt noch zu den Bischöfen, die sich im Dienst für Kaiser und Reich verzehren,
ohne für sich weltliche Rechte zu erstreben. Insofern
„geht mit ihm eine Zeit zu Ende" (Bauermann).

52

Um die Jahrtausendwende treten die Grafen von Werl hervor. Möglich, daß sie mehr gewesen sind als *primi inter pares;* sie sollen sogar herzogliche Rechte angestrebt haben. Jedenfalls stehen sie im Mittelpunkt allen Geschehens des 11. Jahrhunderts in Westfalen. Eine Heirat mit einer burgundischen Königstochter und ihre Verwandtschaft zu den Ottonen bringt sie zu hohem Ansehen und läßt sie eine größere Reihe von Grafschaften gewinnen, so daß man von einer Werler „Großgrafschaft" gesprochen hat. Das ist eine Überschätzung. Das System der karolingischen Grafschaften ist um diese Zeit schon brüchig und löcherig geworden und gibt vielen die Möglichkeit, neben den Grafen und innerhalb der Grafschaften Herrschaftsrechte auszuüben. Von weit größerem Gewicht ist der Gewinn, den Graf Hermann von Werl mit seiner Berufung zum Vogt des Bistums Paderborn erreicht.

Nachdem allen Bistümern, Reichsabteien und Reichsklöstern von Otto dem Großen und seinen Nachfolgern die Immunität verliehen und damit den vielen kleinen Grafen das Recht genommen war, in geistlichen Besitzungen Gerichtshandlungen auszuüben, werden diese Befugnisse auf Wunsch der Kirche jeweils einem einzelnen übertragen, einem Großen und Mächtigen, der auch imstande ist, den Schutz der Kirche und ihres verstreuten Besitzes zu übernehmen. Er wird vom König selbst dazu herbeigerufen *(advocátus, advócatus, voget).* Der Vogtei obliegt auch die Neubesetzung erbenlos gewordener Hofstätten der Kirche. – Die Befugnisse des Vogtes weiten sich bald aus zu einem Mitspracherecht in allen weltlichen Geschäften der Kirche. Ihm wird damit eine Gewalt in die Hand gegeben, die weit hinausgeht

53

über seine angestammten oder erworbenen Herrschaftsrechte, und verleitet ihn, daraus eigene Herrschaftsan-
sprüche abzuleiten.

Salier und Westfalen

Große Neider kommen den Werlern vom Rhein und von
der Unterweser und spinnen sie in ein Netz von Intrigen.
Die Erzbischöfe Anno von Köln und Adalbert von
Bremen veranlassen ihren Mündel, den jungen König
Heinrich IV., drei größere Werler Grafschaftsbereiche im
1064 Emsgau, in Westfalen und in Engern den Grafen von
Werl abzusprechen und dem Erzbistum Bremen zuzutei-
len. Die Zusammenfügung geistlicher und weltlicher
Herrschaft, gewöhnlich erst 100 Jahre später das große
Ziel, ist hier in vollem Gange.

Dem Erzbischof hat es nicht viel eingebracht; die alte
karolingische Grafschaft hatte ihren Wert verloren. Um
so verwunderlicher scheint es, daß diese Übertragung
sogleich zu den Waffen ruft. So scheint es; ein Werler
läßt sich nichts nehmen. Schwere Kämpfe entbrennen.
Die Werler unterliegen und verlieren ihre Vormacht
in Westfalen. Das ist das Ziel der Erzbischöfe gewesen.
Dem Bremer waren die nördlichen Grafschaften der
Werler zu nahe, dem Kölner sind sie im Sauerland und im
südlichen Westfalen hinderlich.

Noch sind die Grafen von Werl nicht bereit, den Ent-
scheid der Waffen als endgültig hinzunehmen oder ihn, wie
den Zweikampf, als Gottesurteil gelten zu lassen. Von streitenden Parteien verkündet immer nur eine, die obsiegende,
„Gottes Fügung". – Die Werler ziehen sich auf ihre Arnsbergischen Besitzungen zurück. Ein anderes Ungewitter
braut sich inzwischen am politischen Himmel zusammen,
erfordert neue Parteinahme und rät ihnen, abzuwarten.
Der junge König Heinrich IV. hat Schwierigkeiten mit

den Sachsen. In Minden kommt es einmal zu Schlägereien zwischen seinen Leuten und den Einheimischen. Dabei geraten der Dom und die halbe Stadt in Brand. Die Sachsen widersetzen sich den Bemühungen des Königs, das Reichsgut in Ostfalen zur Stütze seiner königlichen Macht zu machen. Bei Homburg a. d. Unstrut kommt es 1075, zu einem Zusammenstoß des Sachsenführers Otto von Juni 9 Northeim mit dem König. Auf die Seite des Königs haben sich die Werler Grafen geschlagen, angeblich auch der Westfale Hermann (II.) von Calvelage, ein Schwiegersohn des Northeimers. Der König gewinnt das Treffen, bestraft die Sachsen, zieht aber Otto von Northeim wieder zu sich heran.

Des Königs bester und treuester Freund und Ratgeber ist der Osnabrücker Bischof Benno aus dem Schwabenlande, ein kluger, vielgewandter und listenreicher Kopf. Er bringt es fertig, mit Hilfe gefälschter Urkunden ein Urteil zu erwirken, aufgrund dessen die Abtei Corvey gezwungen wird, ihre ergiebigen Zehnteinküfte aus dem Osnabrückischen seinem Bistum Osnabrück abzutreten. Corvey hat 100 Jahre lang vergebens darum geklagt. Ein „bellum diplomaticum" mit gefälschten Urkunden hat das Mittelalter nicht aufgeregt.

Der Investiturstreit in Westfalen

Ohne Bennos Rat ist es wohl nicht geschehen, daß Heinrich IV. dem Papst das „Steige herab!" entgegenschleudert. 1076 Der Investiturstreit bricht aus und stellt die westfälischen Bischöfe und viele Große der Westfalen vor schwere Gewissensentscheidungen. Die 4 Bischöfe werden an ein und demselben Tage zur Unterschrift befohlen. Sie haben gewußt: Was sie unterschreiben sollen, ist ein Akt von weltgeschichtlicher Bedeutung und für sie selbst eine Frage von Sein oder Nichtsein. Sie sehen auf ihren Konfrater in Osnabrück, des Königs nächsten Ratgeber. Er tritt entschlossen an den Tisch, ergreift den Federkiel, schreibt. Es mußte getan sein. – Er wendet sich zu Imad, dem Bischof von Paderborn, rückt ihm den Stuhl zurecht und gibt ihm die Feder. Der Greis unterschreibt auch; seine Hand zittert. Der Münsterer kämpft mit sich, der von Minden nicht weniger. Sie sollen wählen zwischen Papst und Kaiser. Unterschreiben sie nicht, kehren sie nicht in ihre Bistümer zurück; der König ist Herr der Kirche.

Zur Lösung des Investiturstreites tragen die Westfalen ihren Teil bei. Bischof Benno eilt dem Kaiser nach Canossa voraus und überzeugt den Papst von der Notwendigkeit, Heinrich zu empfangen und vom Banne zu lösen. Sein Amtsbruder in Münster, Bischof Burchard von Are, hält an der Seite des Kaisers aus und vermittelt in dem Streit des ehrgeizigen, jeden Gefühls baren Kaisersohnes mit dem tief gebeugten Vater. Ein Kirchenmann, angeblich der Osnabrücker Dompropst, späterer Bischof Wido, hat gewagt, in den aufkommenden Streit der Federn um Papst und Kaiser einzugreifen und gegen seinen obersten Herrn zu polemisieren. Seine Schrift „*De unitate ecclesiae conservanda*" verficht den Standpunkt, daß die Macht des Königs unmittelbar von Gott komme, die Kirche lediglich die Gemeinschaft der Gläubigen sei; eine der schärfsten Entgegnungen auf den über ganz Europa verbreiteten „*dictatus papae*" Gregors VII. Er, der „große Revolutionär" fordert die Wahl des Königs nach seiner „*idoneitas*" (Geeignetheit), will dessen Macht der sakralen Würde entkleiden und den Papst ermächtigen, ihn abzusetzen. Den Ausgang des Streites hat er nicht erlebt; den „heiligen Satan" haben die Zeitgenossen ihn genannt.

Frühromanische Kunst

Der Streit zwischen König, Kirche und Satan, der häß-
lichste aller „Streite", hat neben sich und von ihm unberührt
– oder als bewußten Gegenpol? – eine Hochblüte bilden-
der Künste. Der Satz, daß alles Geschehen von der großen
Politik eisern umklammert werde, ist nur bedingt richtig.
Die zeitlose, erhabene Schlichtheit der Paderborner Imad-
Madonna und der Kruzifixus des Mindener Domes,
Abstraktion eines „Es ist vollbracht", ohne einen Rest von
Menschlichkeit, höchste Verkörperung eines Gedankens,
sind nie wieder erreicht. – Roger, Mönch in Hel-
marshausen, schmiedet kirchliches Gerät aus Gold und
Silber, schnitzt Reliquienkästchen, Tragaltäre und Buch-
deckel und schmückt sie mit Goldblech und Edelsteinen.
Sie strahlen den Abglanz eines himmlischen Lichtes aus.

Klosterministeriale

Bischof Burkhard, einer der letzten Getreuen des Königs,
vervollständigt die Richtlinien für den Stand der „Klo-
sterministerialen. Das waren Bauern, Besitzer eines
größeren Hofes *(maioris domus,* Meyerhofes), dem Kloster
zu besonderen Diensten verpflichtet, aber ohne besondere
Rechte. Welcher Art ihre Dienste gewesen sind, ist nicht
ersichtlich. Sicher ist: sie sind Bauern geblieben.

Als Verwalter *(villici)* oder Pächter eines Villikations-
haupthofes werden Söhne angesehener Familien genommen.
Zu deren Pflichten gehören der Dienst mit der Waffe und
das Treuegelöbnis.

Solche Helfer haben auch die weltlichen Herren. Sie
entlohnen sie mit einem Lehen und führen mit ihnen,
den „zu Huld und Treue verpflichteten", ihre Fehden.
Mit einer Handvoll dieser aus dem Stande der Freien
gekommenen ist aber kein Krieg zu gewinnen. Die Her-

ren nehmen daher auch Unfreie als Ministeriale zu reiterlichem Kriegsdienst an. Wie jene Bauern bäuerliche Hörige, sind diese Unfreien unfreie Reiter *(rüter,* Ritter) geblieben.

Werl-Arnsberg

Auf die Ritter angewiesen, versuchen die Grafen von 1092 Werl, das vor 30 Jahren Verlorene, besonders die Grafschaft an der unteren Ems, wiederzugewinnen. In Kämpfen mit den „Moorsäten", den Bewohnern der friesischen Moore um Leer, finden Konrad von Werl-Arnsberg, einer der Schwiegersöhne des früheren Sachsenführers und 1095 Bayernherzogs Otto von Northeim, und sein Sohn Hermann den Tod. Einer der Söhne Ottos von Northeim, Heinrich der Fette, erleidet 3 Jahre später von den Moorsäten dasselbe Schicksal. Die untere Emsgrafschaft ist nicht den benachbarten Grafen von Zutphen zugefallen, auch nicht an Bremen gekommen, sondern als erledigtes Lehen dem König zu neuer Verfügung heimgefallen.

Den Werl-Arnsbergern erblüht in ihrem letzten Sproß, Friedrich, eine neue Hoffnung. Er trägt den Beinamen „der Streitbare". Seine blindwütige Tapferkeit war im Reich kundbar geworden, so daß der König ihn mit dem Recht des Vorstreites auszeichnete. Er ist ein rauhbeiniger Gesell, von allen gefürchtet, bei niemandem beliebt. Niemand ist bereit, ihm Hilfe zu leisten, als der mächtige Kölner Erzbischof Ernst macht und den alten Plan, den 1100 Marsch vom Rhein zur Weser, ins Werk zu setzen 1102 beginnt. Er steht schon an der mittleren Ruhr, baut auf dem Volmarstein eine Burg und erscheint kurz darauf vor Arnsberg. Die Burg geht verloren; Friedrich wird gezwungen, die Hälfte der ihm gebliebenen Grafschaft an Köln abzutreten, und muß wegen Verletzung des Landfriedens für mehrere Jahre außer Landes gehen. Die Rolle des Hauses Werl-Arnsberg ist ausgespielt.

58

Zwei andere Familien, die Grafen von Cappenberg an der Lippe und die Grafen von Calvelage im Osnabrükker Nordlande, haben sich neben ihnen bemerkbar gemacht. Von den letzteren sind nur drei Gleichnamige, Hermann, Vater, Sohn und Enkel, überliefert. Sie sitzen auf der Burg Vechta zwischen Oldenburg, Bremen und Osnabrück. Der alte, unmäßig dicke Turm, 1689 gesprengt, ist der Typus der Kleindynastenburg. Von den Grafen selbst ist nur bekannt, daß der mittlere, Hermann II., auf sächsischer Seite unter Lothar von Süpplingenburg an der entscheidungsschweren Schlacht am Welfenholz gegen den Salier Heinrich V., 1115 den Sohn Heinrichs IV., teilgenommen hat. Hermann war mit Edelinde, einer der Töchter Ottos von Northeim, verheiratet. Aus der Ehe sollen nach dem Bericht des Annalisten Albert von Stade 2 Söhne, Otto und Heinrich, hervorgegangen sein. Albert nennt sie „*comites de Ravensberg*". Sie müßten also, was nicht ganz ungewöhnlich wäre, ihren Namen gewechselt haben. Alberts Genealogie Calvelage-Ravensberg hat bisher als gesichert gegolten, ist aber nicht mehr haltbar, nachdem vor kurzem nachgewiesen ist, daß er in seiner Aufzählung eine Generation übersprungen hat. Aus der Ehe Hermann II. Calvelage/Edelinde Northeim ist nur ein Sohn, Hermann III. von Calvelage, hervorgegangen. Der ist nach kinderloser Ehe verstorben. Die Grafen Otto und Heinrich von Ravensberg müssen daher ihre Abkunft von der dritten Tochter Ottos von Northeim herleiten. Sie hatte Konrad von Arnsberg geheiratet. Er fiel 1092 bei den Moorsäten, und sie, in zweiter Ehe, oder eine ihrer Töchter, müßte dann einen Grafen von Ravensberg, den Vater Ottos und Heinrichs, geheiratet und ihnen einen großen Teil des calvelagischen Erbes zugebracht haben, im besonderen die Burg und

Grafschaft Vechta und die V o g t e i über das ganze.
umfangreiche Gut des Klosters Corvey in der Diözese
Osnabrück. Die Vogtei war eine Untervogtei des Corveyer Hauptvogtes Otto von Northeim. Er hatte sie dem
Ehemann seiner Enkelin Mathilde, dem Grafen Heinrich
von Zutphen, gegeben. Als dieser ohne Erben starb, über-
gab Otto sie seinem Schwiegersohn, dem Calvelager, und
dessen Sohnes Frau vererbt sie den Ravensbergern.

Der Vorgang bestimmt in der Folgezeit das Geschehen
im n ö r d l i c h e n Westfalen. Eine in jüngster Zeit aufge-
stellte These, zwei Töchter aus der Familie der Zutphener
hätten den Calvelage-Ravensbergern und den Tecklenburger Grafen das Zutphener Gut mitsamt der Corveyer
Vogtei zugebracht, ist nicht haltbar. Die beiden Zutphener Töchter hat es nicht gegeben; sie sind e r f u n d e n.

Gottfried von Cappenberg

Im südlichen Westfalen sind die Kölner Erzbischöfe, die
längst das Vest Recklinghausen und Soest mit seiner Börde
unter ihrer Oberhoheit haben, weiterhin bemüht, ihren Weg
nach Osten mit neuen Stützpunkten zu festigen. Von einem
1120 aussterbenden Zweig der Edelherren von P a d b e r g erwerben sie deren Burg, den stärksten Platz im Ittergau
(Waldeck), in demselben Jahre noch die Lehnshoheit über
den Rest der Grafschaft A r n s b e r g. Es ist ihnen leicht
gemacht; denn in dieser Zeit gibt es in Westfalen keine
größeren Machtansammlungen, weder in geistlichen noch
in weltlichen Händen. Auch die reichen Grafen von
C a p p e n b e r g hatten es dazu nicht bringen können. Der
letzte ihres Namens, G o t t f r i e d, verheiratet mit der einzigen Tochter und Erbin Friedrichs des Streitbaren von
Arnsberg, hatte während einer Belagerung der Stadt
Münster durch Lothar von Süpplingenburg, angesichts

60

der rauchenden Trümmer der Stadt und des Elends ihrer Bewohner, einen Schock erlitten, berichtet die 20 Jahre nach seinem Tode geschriebene Vita. Er weiß sich vor Selbstvorwürfen nicht zu retten und will in hemmungslosen, tatenlosen Trübsinn verfallen. Da begegnet ihm ein junger Geistlicher, Norbert aus der Familie der von Gennep bei Xanten. Ärmlich gekleidet, hohlwangig kommt er auf einem Esel dahergeritten, ein Fanatiker der Armut. Als hoch befähigter Kaplan hatte er sich bei Kaiser Heinrich V. bemerkbar gemacht, war plötzlich aber aus dem Hofleben geflüchtet und Einsiedler geworden. Jetzt reist er als Wanderprediger durch die Lande und findet großen Zulauf. Seine mitreißenden Worte lassen in Gottfried den Entschluß reifen, zur Rettung seiner Seele seinen gesamten Besitz mitsamt der Burg Cappenberg zur Gründung eines Frauenklosters und eines Stiftes für Männer des 1122 hohen Adels zu verwenden. Die ganze Familie, er selbst, seine Frau, sein Bruder und dessen Frau und seine Schwester treten in das Stift ein.

Der erboste Schwiegervater, der streitbare Friedrich, möchte den Prediger und seinen Esel aufhängen lassen, kann sie aber nicht fassen. Der kleine Kaplan wird als Norbert von Xanten Erzbischof von Magdeburg. – Friedrich will den Kaiser zu einer Intervention veranlassen. Der Kaiser, von dem Bischof von Münster anders beraten, lehnt ab. Der Bischof hat allen Grund. Gottfried hatte ihm seine gesamte Ministerialität vermacht. Das Ereignis wird von den Zeitgenossen als einmalig, ja als ungeheuerlich empfunden; muß es doch dem Hochstift Münster einen Zuwachs an Macht bringen, der es künftighin im politischen Kräftespiel der Westfalen das entscheidende Wort sprechen lassen wird.

Ein Höhepunkt in der Geschichte der Westfalen ist ohne große Worte gekommen, ohne lange Verhandlungen und ohne die übliche Begleitmusik der Waffen.

61

Der Lärm der Waffen, der seit mehr als 30 Jahren unter den wechselnden Parteiungen des Investiturstreites und dem häufigen Hinübergreifen des Sachsenherzogs Lothars von Süpplingenburg gegen Kaiser Heinrich V. wie ein Bürgerkrieg das Land durchtobt hat, kommt in diesen Jahren, von den kleinen Fehden und Raufereien abgesehen, für ein halbes Jahrhundert einmal zum
1122, Schweigen. Im Investiturstreit wird endlich ein Modus
Sept. 9 vivendi gefunden: das Wormser Konkordat. Beendet ist der Streit damit nicht; er ist nie beendet. Rom hat das Konkordat kaum zur Kenntnis genommen.

Mönche des Klosters Abdinghof in Paderborn lassen das aufgewühlte Geschehen dieser Jahre vorübergleiten, als gehe es sie nichts an. Sie ziehen in die Einsamkeit der lippischen Wälder und hauen in mühevollen, jahrzehntelangen Arbeiten aus den Externsteinen eine Nachbildung der Jerusalemer Grabeskirche heraus. Einer von ihnen meißelt aus dem nackten Fels in lebensgroßen Figuren ein Bild der Kreuzabnahme. Es atmet Trauer, Erbarmen und Frieden. „Unvergeßlich, wie Christus vom Kreuze knickt und über die Schulter des Nikodemus der Mutter entgegenfällt" (Henze).

Auch Friedrich von Arnsbergs Schwert ist gerostet. Er
1124 stirbt 2 Jahre später. „Die Menschen atmen auf, von dieser Pest befreit zu sein", schreibt ein Zeitgenosse. Sein Erbe, die einstmals große Grafschaft Arnsberg, fällt seiner mit Gottfried von Cappenberg verheirateten einzigen Tochter Ida zu. Nach dem frühen Tode Gottfrieds tritt sie, die Stiftsdame, in den weltlichen Stand zurück und
1127 heiratet den holländischen Grafen Gottfried von Cuijk. Der nimmt Idas Geburtsnamen an. Sie beide und ihre Söhne führen die Tradition des Hauses Werl-Arnsberg fort. Eine höhere Karte in der Geschichte der Westfalen wieder auszuspielen, haben sie nicht versucht.

62

IV. Kölns Kampf um ein „Herzogtum Westfalen" (1124 – 1288)

Herausforderung

Im begonnenen 12. Jahrhundert spielen die Westfalen überhaupt nur die kleinen Karten; die Trümpfe halten die Kölner Erzbischöfe. Ist ihrem politischen Willen der Weg dem Rhein entlang verschlossen, weist ein Blick nach Osten ihnen Ziele. Südlich der Lippe, um Recklinghausen, hatte Köln schon im 11. Jahrhundert missioniert, eine Pfarrkirche gebaut und ein Kirchspiel eingerichtet. In Soest hatten die Erzbischöfe, einer Tradition gemäß, bereits in vorkarolingischer Zeit, sicher seit dem 9. und 10. Jahrhundert, eine Art Landeshoheit ausgeübt. Um 1100 ist Soest die bedeutendste Stadt beiderseits des Hellweges, die erste und noch einzige „Stadt" Westfalens, mit Mauern und Toren befestigt. Sie zieht Gewinn aus Salzquellen und treibt Handel mit Korn aus seiner „Börde". Soester Kaufleute schicken Wagenzüge über den Hellweg, die große West-Ost-Achse von der Ruhrmündung über Essen, Dortmund, Soest, Paderborn, Höxter weiter in Richtung Magdeburg.

Ostwärts von Soest freilich ist für Köln fürs erste nichts zu bestellen. Da beginnt der Bereich der Bischöfe von Paderborn, und die unterstehen nicht dem Kölner, sondern dem Mainzer Erzbischof. Hellhörig jedoch wird man in Köln, als aus Corvey, dem Bereich jenseits von Paderborn, ein Hilferuf kommt. Der Corveyer Abt Wibald von Stablo sieht sich, die Hörigen seiner Abtei 1149 und die Stadt Höxter von den Schwalenberger Grafen bedrängt und bittet den Kölner Erzbischof Arnold von

Wied als „das Haupt aller Fürsten in diesem Lande", ihm
zu seinem und des Klosters Schutz Bewaffnete zu senden.
Arnold ist alt und krank und kann nicht helfen. Corveys
Not wird voll, als zwei Schwalenberger Brüder von dem
1152 Sachsenherzog Heinrich dem Löwen, dem nach dem
Tode des letzten northeimischen Vogtes die Corveyer
Vogtei zugesprochen war, als Untervögte eingesetzt wer-
1156 den. Sie fallen erneut über Höxter her, rauben und plündern und erschlagen den Höxterer Stadtgrafen, während
er zu Gericht sitzt und sich weigert, ihnen den Richter-
stuhl einzuräumen. Wibald wendet sich nun an den Kaiser. Der beauftragt den Herzog Heinrich, gegen die
1157 Schwalenberger vorzugehen. Heinrich zögert nicht, verbannt einen der Brüder aus seinem Herzogtum und gebie-
tet ihm, sich bis auf Widerruf jenseits des Rheines aufzuhalten. – Gegen das reiche Kloster Corvey tritt das
Bistum Paderborn immer noch zurück. Ein Mönch des
Klosters Abdinghof schreibt in diesen Jahren die
Lebensgeschichte *(Vita)* des 100 Jahre zuvor verstorbenen
Meinwerk, des großen Bischofs und Gründers seines
Klosters.

Heinrich der Löwe

Ein Herzogtum Sachsen und Bayern, in der Hand eines
Machtbesessenen fast ein Staat im Staate, mit dem Rhein
als Grenze, ist für Köln untragbar, vollends und auch
aus reichspolitischen Gründen für seinen Erzbischof Rai-
nald von Dassel, den Erzkanzler des Reiches, Helfer
und hochgeschätzten Ratgeber des Kaisers. Er schließt
1167 sich der wachsenden Opposition der norddeutschen Für-
1168 sten gegen Heinrich an, wird aber im Jahre darauf in der
Fieberhölle von Tusculanum dahingerafft. Sein Nachfolger auf dem Kölner Stuhle, Erzbischof Philipp von
1173 Heinsberg, übernimmt die Führung der antiwelfischen

Partei. Heinrich, ist ihm zu Ohren gekommen, soll sich auf einem Fürstentag in Paderborn gebrüstet haben, sein Herzogtum reiche bei Deutz einen Lanzenwurf weit in den Rhein. An der Spitze einer Koalition rheinischer und westfälischer Fürsten, unter ihnen die Bischöfe von Osnabrück und Paderborn, die Grafen von Arnsberg und von Ravensberg, tritt er ihm dreimal in offenem Felde entgegen. Heinrichs westfälische Anhänger, Edelherr Bernhard zur Lippe, Freund und Bewunderer des Löwen, die Grafen von Tecklenburg und Graf Adolf von Schaumburg, können zwar ihre isoliert operierenden Gegner in einem Treffen auf dem Halerfelde bei Osnabrück schlagen, eine Entscheidung aber nicht herbeiführen. Die bewaffnete Macht Kölns, verstärkt durch burgundische Söldner, die gefürchteten „Brabanzonen", dringt über Höxter bis Halberstadt vor und zwingt Heinrich zum Rückzug. Ein Reichstag in Magdeburg erklärt ihn in die Acht, ein zweiter in Würzburg spricht ihm die Reichslehen ab, gibt Bayern an das Haus Wittelsbach, Sachsen dem jungen Askanier Bernhard von Anhalt, einem Sohn Albrechts des Bären. Die allodialen, unter keinen Lehnsbindungen stehenden Erbgüter des Hauses der Welfen um Braunschweig und Lüneburg bleiben unberührt.

1179

—, Juni

1180, Januar

Erzbischof Philipp von Heinsberg

Diese dem Denken der Zeit gemäße Konzeption wird von dem Kölner Erzbischof zerrissen. Auf einem dritten Reichstage in Gelnhausen, der das Endurteil über Heinrich den Löwen sprechen soll, tritt Philipp mit einer überraschenden Forderung auf. Er begründet sie mit einem klüglich ausgedachten Argument, das seine kölnische Inspiration nicht verbergen kann. Westfalen und Engern, behauptet Philipp, hätten nie zum Herzogtum Sachsen, überhaupt zu keinem Herzogtum gehört, son-

—, April 13

65

dern seien von den Welfen und deren Vorgängern widerrechtlich für ihre Herzogsbereiche in Anspruch genommen (Hömberg). Sein Antrag, die beiden Länder als neues Herzogtum „Westfalen und Engern" dem Kölner Erzbischof als Reichslehen zu übertragen, findet des Kaisers offenes Ohr, wünschte er doch längst, die alten, zu großen Stammesherzogtümer aufzulösen und sie durch Zerteilung straffer in den Lehnsverband des Reiches einzugliedern. Philipp von Heinsberg wird mit feierlicher Überreichung der Lehnsfahne zum „Herzog von Westfalen und Engern" ernannt, *consentiente Bernhardi*, wie die Gelnhauser Urkunde scheinheilig bemerkt. Der kleine Anhaltiner hat dem nichts entgegenzusetzen. Er und seine Nachfolger haben sich noch „Herzog von Sachsen" genannt und sogar Herzogsrechte in Westfalen geltend gemacht, als die Welfen längst wieder den sächsischen Herzoghut trugen.

Philipp von Heinsbergs Herzogtum „Westfalen und Engern" ist ein königliches Geschenk, das zu erwerben der Schenker dem Beschenkten überläßt. Philipp versucht es mit Geld. Durch ein seltsames Kaufsystem gewinnt er eine große Anzahl von Vasallen, die sich ihm durch Lehnseid verpflichten, indem sie ihre Burgen oder Allodialgüter ihm „verkaufen" und gleichzeitig als Lehen zurückerhalten. Ein Verzeichnis dieser Erwerbungen enthält nicht weniger als 102 Positionen. Besonders abgesehen hat er es auf die Randgebiete seines herzoglichen Sprengels. Allein neun liegen in der Richtung auf die Weser hin, u. a. Pyrmont, Kollerberg und Vlotho; im Süden erwirbt er die Burgen Isenberg, Altena, Hachen, Arnsberg, Waldenburg, Bilstein, Itter und Korbach, im Norden die Tecklenburg, im Westen Ahaus, Bentheim, Dale und Bredevort, im Landinnern Burg und Stadt Lippstadt.

Es handelt sich nicht um Käufe in unserem Sinne. Philipp erwirbt den Vasalleneid seines Geschäftspartners und damit dessen Verpflichtung, seine Burg ihm, dem Herzog, als „Offenhaus", d. h. als militärischen Stützpunkt und zur Aufnahme einer kölnischen Besatzung, jederzeit zur Verfügung zu halten.

Der Vasalleneid war ein persönlicher Eid und ist von den Erben und Rechtsnachfolgern in der Regel nicht wiederholt worden. Darum sind die meisten dieser Erwerbungen von Köln nicht gehalten. Philipp hat die ungeheuerlich hohe Summe von insgesamt 40 700 Mark Silber im Laufe seiner Regierungszeit für diesen Zweck aufgewandt. Das Geld ist nicht zum 1184 Fenster hinausgeworfen. Wenn er zu einem herzoglichen Landtage aufruft, kommen alle. In den Zeugenreihen seiner Urkunden erscheinen von nun alle weltlichen und geistlichen Großen Westfalens, häufig sogar geschlossen — mit einer Ausnahme: Münster. Durch die Cappenberger Schenkung stark geworden, neuerdings obendrein aus der Vogtei der Tecklenburger Grafen durch Kauf und Waffengewalt gelöst, erkennt Münster ein kölnisches Herzogtum nicht an. Sein Bischof behauptet, seit eh und je herzogliche Rechte in seiner Diözese selbst ausgeübt zu haben.

Dem Bistum Münster war als erstem der westfälischen Bistümer die Vogtbefreiung gelungen (1176). Sie hat es in den Stand gesetzt, aus der kleinsten der vier Diözesen das größte Territorium zu entwickeln.

Bernhard II. zu Lippe

Von den westfälischen Gegnern Philipps in den Kämpfen mit Heinrich dem Löwen beharren allein, auch in der Folgezeit, die Grafen von Tecklenburg bei den Welfen. Glücklicher ist Edelherr Bernhard II. zur Lippe, von seinen Landsleuten gern „der Große" genannt, der Gründer von

Lippstadt und Lemgo und Begründer der Anfänge eines „Landes" Lippe. Er wählt das Klügere, bietet dem Erzbischof Lippstadt zum Kauf an, nimmt es als Lehen zusammen mit anderen kölnischen, ihm entzogenen Lehen zurück und erscheint wieder im Gefolge des Erzbischofs. Im Jahre darauf gründet er im Verein mit seinem Vetter Widukind von Rheda und anderen Verwandten das

1185 Zisterzienserkloster Marienfeld. Auf dem hohen Fal-
1186 kenberge bei Berlebeck will Bernhard eine Burg bauen, stößt aber auf den Widerspruch des Bischofs von Paderborn, denn der Berg liegt in dessen Forstbann. Nachdem er dem Bischof, der Form halber, ein Mitbesitzrecht

um 1190 eingeräumt hat, erreicht er dessen Einwilligung und legt damit eine der Wurzeln Lippes in die Erde.

Der Bischof hat das nicht so ernst genommen. Ein anderes ist ihm wichtiger. Ihm geht es um die Vogtei über sein Bistum. Widukind von Schwalenberg, sein Stiftsvogt, leiht sich von ihm eine Summe Geldes, um sich für eine Teilnahme am dritten Kreuzzug auszurüsten. Für den Fall, daß er nicht zurückkehrt, gilt die Schuld als getilgt und seine Vogtei als erloschen. Er ist vor Accon gefallen, Paderborn damit vogtfrei geworden.

Am Dritten Kreuzzug nehmen ferner teil die Westfalen Edelherren Ludolf und Wilbrand von Hallermund, Graf Heinrich von Oldenburg, Widukind von Rheda, Graf Adolf von Schaumburg, der engersche Stiftsministerial Reginbodo von Belke, die Bischöfe von Osnabrück und Minden, die Grafen von Bentheim und von Tecklenburg, einer der Herren von Gesmold, vielleicht auch Graf Hermann von Ravensberg.

Stadt und Land (Gewerbe, Bauer, Kirche)

Das zu Ende gehende Jahrhundert zeigt das Bild Westfalens plastischer und reicher, reicher auch in seinen Äußerungen zum geistigen Leben, zu Kultur und Wirtschaft. Die Stadt Soest, von Erzbischof Philipp gefördert, nimmt eine überraschende Entwicklung. Sie hält das Andenken an den Erzbischof jährlich in der zweiten Januarwoche mit einem „Philippsessen" wach, baut das großartige Westwerk des Patroklidomes als Rathaus und Belfried, umgibt sich mit einer neuen Stadtmauer, errichtet prachtvolle Kirchen und sechs eigene Pfarrgemeinden. Münster, Paderborn und Osnabrück wachsen sich zu rechten Bischofssitzen aus, Minden profitiert von der wachsenden Weserschiffahrt. Im südlichen Westfalen blüht ein Kleingewerbe auf. In Waldschmieden wird das von Hammerwerken gewonnene Osemund-Eisen bearbeitet, Drahtziehereien um Iserlohn liefern das Material für die begehrten Panzerhemden.

Den Bauern, drei Vierteln aller im Lande Lebenden, werden neue Organisationen von der Grundherrschaft aufgeprägt. Sie führen zwar dazu, daß der freie Bauernstand mehr und mehr in die Hörigkeit herabgedrückt wird, bieten ihm aber die Möglichkeit, sich durch freiwillige Begebung in die Abhängigkeit von einem Herrn oder von der Kirche, den Schutz zu finden, den die fehlende Autorität des zu großen Reiches und die Willkür des Adels nicht geben können. Ein Verantwortungsbewußtsein gegenüber den ihm zur Führung anvertrauten Menschen ist dem Adel noch fremd. Weil er nicht nur herrschen will, sondern auch herrschen soll, werden die zu ihm Aufblickenden unsicher und hilflos, wenn er die Achseln zuckt, versagt oder in ihnen nur Knechte sieht.

Den Acker zu bestellen und Vieh zu halten, überläßt der Adel dem Bauern. Der pflügt, sät und erntet für ihn mit. Hafer und Roggen sind die meist angebauten Getreide, gleich wichtig zum Backen und Kochen, neben Fleisch auch die Hauptnahrung. Aus Gerste braut man ein leichtes Bier, das tägliche Getränk, beliebter als Wasser. Erfahrung hat gelehrt, daß im Brunnenwasser der Tod lauert. Der Bauer ist auch sein eigener Handwerker. Er schustert, schneidert, tischlert und töpfert, er spinnt und webt und flicht seine Körbe, backt, braut und schlachtet, müllert auch, wenn er die Genehmigung erhält, denn die Mühle ist ein Staatsregal.

Der einzige Handwerker im Dorf ist der Schmied. Der berufsmäßige Schuster, Schneider usw. erscheint vorerst nur in den wenigen Städten und den noch nicht sehr zahlreichen, geschlossenen Ortschaften. Der Handwerker versorgt alle, die nicht den Acker bauen, die Priester und geistlichen Personen, die Schreiber und öffentlichen Dienste, die Bader, Händler und Höker, Tagelöhner und Gaukler, natürlich auch die Burgmänner und ihr zahlreiches Gesinde; denn fast alle die Orte, die nicht oder nicht mehr den Charakter des Bauerndorfes tragen, haben eine Burg oder ein festes Haus vor oder in ihrem Bereich. Handwerkschaftliche Organisationen wie Zünfte und Gilden gibt es noch nicht. Die in die Stadt gezogenen Handwerker sind größtenteils Unfreie. Der Satz, daß Stadtluft frei mache, gilt — wie später — nur dann, wenn der Leibherr die seiner Grundherrschaft Entwichenen freigibt. Unfreie, städtische Handwerker sind z. B. in Horhusen (Niedermarsberg) bezeugt. Sie sind ihrem Herrn, dem Kloster Corvey, mit Lieferungen von Messern und Feilen verpflichtet.

Die westfälischen Städte dieser Zeit, sieben an der Zahl: Soest, Dortmund, die einzige Reichsstadt Westfalens, Paderborn, Münster, Osnabrück, Minden und Höxter haben sich zwar mit Mauern und Gräben umgeben, sind aber erst wenig mehr als große Dörfer. Die bei den Abteien Herford und Essen entstandenen Ansammlungen

70

von Handwerkern und Händlern sind noch dabei, sich zu Vollstädten auszuwachsen. Alte Ortschaften wie Wiedenbrück, Medebach, Iserlohn, Warendorf, Geseke, Coesfeld, Warburg sind zwar mit Marktrechten ausgestattet, Medebach sogar mit einem Stadtrecht, entbehren aber noch die städtischen Verfassungsrechte. Von den kleinen Suburbien, die sich zu Füßen kurzlebiger kölnischer und anderer Landesburgen angesiedelt haben, wie Brilon, Freudenberg, Erwitte, Geseke, Salzkotten, Sassenberg, steht nur Arnsberg auf dem Wege zur Stadt. Die neuen „Gründungsstädte" vom Ende des Jahrhunderts, Lippstadt und Lemgo, sind mit ihrer Gründung noch nicht fertige Städte. Die 7 Städte Westfalens gewinnen nur langsam ihren Stadt-Status. Soest erreicht eine Einwohnerzahl von 12 000; Dortmund kommt auf 8000 bis 9000, Münster vielleicht auf 6000, Paderborn und Osnabrück auf 8000 bis 9000, Höxter auf 2000. Handel und Wandel über Land und Sand beginnt sich zu regen; aber die großen Märkte sind von den alten Handelshäusern in Augsburg und Nürnberg, in Flandern und England beherrscht. Auch in Städten erwachsen die Keime eines breiteren geistigen Lebens, bisher eine Domäne der Klöster und Kirchen. Man lauscht den wandernden Poeten und Erzählern, hört ihre Sagen und Legenden, formt sie neu und gibt ihnen gern lokales Kolorit. Soest läßt die Nibelungen und König Etzel in seinen Mauern leben, die Haimonskinder wandern nach Dortmund, Siegfried erschlägt den Drachen auf der Gnitaheide bei Korbach, Dietrich von Bern erlegt im Walde von Riemsloh bei Melle einen Elefanten.

Das christlich-kirchliche Wesen hat die Reste alter, heidnischer Vorstellungen abgestreift. Soweit sie noch in einzelnen Worten (Julfest), Sprüchen und Redensarten

71

erhalten sind, ist ihre alte Bedeutung zumeist vergessen. Die handfeste Frömmigkeit, die Sorge um Leben und Sterben, das auf die Praxis gerichtete Tun der Zisterzienser (Hardehausen, Marienfeld, Loccum) und die volkstümliche Predigt der Prämonstratenser ziehen die Westfalen stärker an als die krause Gedankenwelt der Scholastik und Mystik. Die tägliche Arbeit, Familie und Gemeinschaft, das öffentliche Wohl in Dorf und Stadt, jedes Tun und Lassen, alle Handlungen und Geschäfte werden an das Band des göttlichen Segens gebunden. So liest man es in den Urkunden und schriftlichen Äußerungen der Zeit. Die sie geschrieben haben, sind Geistliche. Sie legen ihrer Mitwelt den Mantel um, der ihrem Wunschbild und Denken entspricht. Die Menetekel ihrer Kapuzinerpredigten schüren die Angst der Hilflosen, die Furcht vor dem großen Unbekannten und den manischen Eifer, nichts zu unterlassen, was den göttlichen Arm herbeiführen könnte. Die ständige Beschwörung des Namens Gottes und aller Heiligen steht in schreiendem Gegensatz zu der Rauheit der Sitten, zu den Grausamkeiten und Verbrechen der Großen und Kleinen, zu Mord und Totschlag auf allen Straßen. Was ist echt an dem frommen Gebaren, was Heuchelei oder der verzweifelte Griff nach dem Strohhalm einer Rettung vor den grell gemalten Schrecken von Hölle, Tod und Teufel?

Stadtgründung, Forstbann, Hagen

Das neue 13. Jahrhundert gibt dem politischen Bild des Raumes der Westfalen sein eigenes Gepräge. Das 13. Jahrhundert ist der reichste und reizvollste Teil seiner Geschichte, wenn auch nicht immer der erfreulichste.

Heinrichs des Löwen Ausscheiden macht sich den Westfalen bemerkbar. Er war Vogt gewesen über die Hörigen der Abteien Corvey und Herford und des Bistums Osnabrück. Einige tausend Bauern haben aufgeatmet, als seine Boten nicht mehr kamen und die Vogtgebühren eintrieben. Auch die Herren, von dem Grollen des Löwen befreit, atmen auf. Es ist gewiß kein Zufall, daß die weltlichen Herren, und zunächst nur diese, aufgreifen, was Heinrich der Löwe ihnen gezeigt hatte, seine Gründungen von Lübeck und München, und was sein Freund, der lippische „große" Bernhard, mit Lippstadt und Lemgo zum ersten Male in Westfalen praktiziert hatte, die Stadtgründung. Mit dem Sturz des Löwen entfällt praktisch das herzogliche Recht der Befestigung, das Stadtbau und Stadtbefestigung einschließt. Ein wahres Stadtgründungsfieber breitet sich unter den westfälischen Großen aus. Gündung und Befestigung einer Stadt schafft dem Gründer, abgesehen von der militärischen, fiskalischen und wirtschaftlichen Seite, einen Herrschaftsbezirk, in dem alle Herrschaftsrechte in seine, des Gründers, Hand gelangen. Neue Städte, Hamm, Bielefeld, Rinteln, Oldendorf (Weser), Blomberg, Büren, Stadthagen, Friesoyte u. a. schießen aus der Erde, schon vorhandene Ortschaften werden aus ähnlichen Gründen zu Städten erhoben.

Hand in Hand und mit dem gleichen Ziel der Herrschaftsbildung gehen damit die Gewinnungen des Forstbannes. Er bietet dem Inhaber durch Ausnutzung des im Forstbann enthaltenen Rodungsrechtes hervorragende Möglichkeiten. Rodungsgewinn ist gleichbedeutend mit Herrschaftsgewinn. Aneinandergereihte, gewöhnlich handtuchförmige Stücke Ödland, je 1 bis 2 Hufen (30 bis 60 Morgen) groß, das Ganze von einem Zaun oder einer Hecke (Hagen) eingefriedigt, werden „Hägern" zur Rodung und Urbarmachung übergeben. Für die schwere Rodungsarbeit werden ihnen Erleichterungen in ihren Pflichten gegen den Rodungsherren garantiert.

Die betriebswirtschaftliche Bedeutung des „Hagens"

(indago) springt dem Manne hinter dem Pflug in die Augen, der, anders als sein Nachbar, alles Ackerland „in einem Platze" hat, der vor keinem fremden Richter zu erscheinen braucht, von keinem fremden Beamten erpreßt werden kann, die Willkür junkerlicher Grundherren nicht zu fürchten braucht und weiß, daß er nicht, wie üblich, zwei oder mehr Herren zu gehorchen hat. Die dem Häger gewährte „Freiheit", d.i. Befreiung von bestimmten Pflichten, insbesondere die Freizügigkeit, das nahezu freie Verfügungsrecht über sein Gut, der gemilderte „Sterbfall" (Erbschaftssteuer), die geringen grundherrlichen Leistungen (Hagenzins, Zehnt, Dienste), seine Eximierung aus dem Gogericht – sein Gerichtsstand ist der Hagherr –, nicht zuletzt der erhöhte Rechtsschutz seiner Person heben ihn aus der Masse der „vollschuldigen" Hörigen heraus. Er darf sich mit Stolz „f r e i e r H ä g e r" nennen und pocht auf seine Freiheit, ist diese auch nur eine halbe. Mit seiner Person bleibt er der Hörigkeit verhaftet. – Aus dem Herrschaftsgewinn von Hagengründungen ist die Grafschaft S c h a u m b u r g erwachsen (Seite 170).

Grundherrschaft und Leibherrschaft

Die G r u n d h e r r s c h a f t nimmt festere Formen an. Enthält Grundbesitz von Natur aus eine starke herrschaftliche Komponente, ist er doch keineswegs Herrschaft an sich. Der rechtliche Inhalt der Grundherrschaft, die jetzt den größeren Teil des Grundbesitzes in kirchliche oder weltliche Hände gebracht hat, umfaßt nur das E i g e n t u m s r e c h t *(proprietas)* am Grund und Boden und an den Menschen, die ihn bebauen. Diese haben ein erbliches Nutzungs- und Sitzrecht *(possessio)* am Grund und Boden, auf dem sie wohnen und den sie bebauen.

Große Teile der f r e i e n Bauern begeben sich, in der Regel freiwillig und um ihre Existenz zu sichern, in den

74

Schutz (Munt, Muntschaft) eines Herrn oder einer Kirche. Für die Begebung garantiert der Schutzherr ihnen gegen eine Gebühr, die in kirchlichen Grundherrschaften in Wachs entrichtet wird („Wachszinsichkeit"), persönlichen und rechtlichen Schutz. Der Wachszinser *(cerocensualis)* hat damit einen Teil seiner persönlichen Freiheit und seines Eigentumsrechtes am Grund und Boden zugunsten des Schutzherrn aufgegeben. Er wird zum Halb- oder Minderfreien; verliert aber nicht sein erbliches Sitz- und Nutzungsrecht an seinem Hof.

Der „vollschuldige" hörige, d.h. unfreie Bauer *besitzt* seinen Hof nach dem Recht der bäuerlichen Leihe. Sie verpflichtet ihn zur Arbeitsleistung, Zins, Antrittsgeld (Auffahrt) und Nachlaßsteuer („Sterbfall", Heergewäte und Gerade). Dem Recht des Grundherrn und seiner Schutzpflicht steht das Recht des Hörigen gegenüber. Der westfälische hörige Bauer ist niemals ein rechtloser Knecht.

Die Höfe einer Grundherrschaft liegen fast immer verstreut und werden zu Verwaltungsgruppen (Villikationen) zusammengefaßt. Das geschieht häufig so, daß der Grundherr sein Recht des Stärkeren mißbraucht und durch einen willkürlichen Eingriff in eine Dorfgemeinschaft zwei oder drei Höfe zusammenlegt. Den so entstandenen größeren Hof nimmt er aus der Gemeinwirtschaft der in Streifen aufgeteilten Dorfflur (Esch) heraus und besetzt ihn mit einem Ministerialen oder mit einem Bauern. Dieser soll die von den Höfen seiner Villikation zu leistenden Gebühren einziehen und sie dem Grundherrn zuführen. Seiner neuen Aufgabe entsprechend wird er „der Größere" *(maior,* „Meyer") oder „Schultheiß" (Schulte) genannt.

Der Grundherr hat auch gewisse niedergerichtliche Befugnisse. Gegen säumige Lieferungs- und Leistungspflichtige kann er mit Zwangsmitteln vorgehen. Die Grundherrschaft nähert sich damit der Sphäre des öffentlichen Rechtes. Die Bildung eines Villikationsshauptofes („Meyerhofes", „Schultenhofers") durch Zusammenlegung zweier oder mehrerer Höfe ist ein widerrechtlicher Eingriff der Grundherrschaft in die Besitzrechte einer bäuerlichen Gemeinde. Sie geht in der Regel nicht über die Zeit des Hochmittelalters hinaus, kehrt aber die in der Grundherrschaft enthaltene herrschaftliche Komponente stark heraus. Markenherrschaft kann allein schon zu echter Herrschaft führen.

Das wirkt sich nachdrücklichst aus, wenn es dem Grundherrn gelingt, die Ordnungsgewalt über die gemeine Feldmark einer Gemeinde an sich zu ziehen. Die Mark (Allmende, *mene, meine)* ist der Lebensnerv der bäuerlichen Wirtschaft. In die Mark treibt der Bauer seine Rinder, Schafe und Pferde zur Weide, seine Schweine zur Mast (Eichel- und Buchenmast); aus der Mark holt er sein Bau- und Brennholz, seinen Dünger (Plaggen), Lehm zum Ziegelbrennen und anderes. Die Mark wird durch strenge Ordnungen gehütet und gepflegt und vor Ausbeutung und unerwünschter Benutzung geschützt. Die Markenhoheit gibt ihrem Inhaber eine zwingende Gewalt über alle Bewohner einer bäuerlichen Gemeinde, auch über die fremder Grundherrschaften. Sein Holzgericht („Hölting", Holzgrafschaft) richtet zwar nur über Vergehen gegen die Markenordnung, kann aber strenge, sogar körperliche, Strafen verhängen.

Die Markenordnungen lassen keinerlei Willkür zu. Jedem Markberechtigten wird vorgeschrieben, wann und wieviel Schweine er in die Eichen- und Buchenwälder treiben, wieviel Rinder, Kühe und Pferde er zur Weide schicken und wieviel Brennholz er schlagen darf.

76

In der Entwicklung landeshoheitlich lückenloser territorialer Herrschaften spielt die Gewinnung der Gerichtshoheit eine wichtige, jedoch nicht immer ausschlaggebende Rolle. Die Blutgerichtsbarkeit der karolingischen Grafen verflüchtigt sich mit der Handhabung des Rechtes der Verfolgung der „handhaften Tat". Ein auf frischer Tat ergriffener Verbrecher kann durch die alten Volks- oder „Gogerichte" abgeurteilt werden. Sie wählen ihre Richter selbst und aus ihren Kreisen oder, unter Zwang, aus dem Adel. In dessen Händen werden die Gogerichte zu Hochgerichten entwickelt. Wer diese Gerichtshoheit, die Gewalt über Leben und Tod, an sich bringt, hat viel gewonnen, doch nicht alles.

Auf dem Wege zur Landeshoheit haben viele Territorialherrn die Gerichtshoheit erst am Ende des Mittelalters erworben. Mit der Lösung der Blutgerichtsbarkeit aus der Hand des „Grafen" ist seine Grafschaft noch nicht tot. Ihm bleibt als Sondergerichtsbarkeit das Freigericht, die Gerichtsbarkeit über einen bestimmten Personenkreis. Ob es die fränkischen, im eroberten Westfalen angesiedelten Freien umfaßt oder halbfreie Königszinser, Schutzfreie oder wen sonst und ob das Freigericht Hoch- oder Niedergericht ist oder nur die freiwillige Gerichtsbarkeit ausübt, ist noch eine umstrittene Frage. Entscheidend für die Entwicklung ist, daß die zu dem Sprengel einer Freigrafschaft („Freistuhles") gezogenen Freien *(liberae familiae,* Vollfreie, „Stuhlfreie", „Schutzfreie", „Grafenfreie", „Bischofs-", „Abt-", „Peters-" und andere Freie und Halbfreie oder Minderfreie) dem Stuhlherrn zu regelmäßigen, laufenden Abgaben und Leistungen verpflichtet sind. Die Freigrafschaft ist noch kein geschlossenes Gebilde. Die ihr Zugehörigen wohnen in engerer oder weiterer Streulage, selten beieinander. Aber

daß ihr Freigraf von ihnen etwas fordern kann, was
außerhalb seiner Rechtsprechung liegt, daß er sogar ihre
Höfe verkaufen, verpfänden und belasten kann, gibt ihm,
wie die Markenhoheit, eine zwingende Gewalt über sie,
einen Beitrag zu Herrschaft.

Letzten Endes ist die Erwerbung einer Landeshoheit
nicht die Summierung hoheitlicher, ursprünglich königli-
cher Rechte in einer Hand. Der Landesherr wird nicht wie
König, Papst, Bischof und Bürgermeister gewählt, nicht
belehnt wie Graf und Herzog, nicht ernannt wie Drost und
Rentmeister, nicht von brüllenden Heerhaufen erhoben;
Landesherr wird, wer sich selbst dazu macht. Kein
Gesetz schreibt den Weg vor, der zu ihr führt; sie ist
allein eine Sache des Willens und der Gewalt, die herrschen will und herrschen soll, herrschen zuerst im
Sinne von schützen. Das Mittelalter hat dafür das Wort
verdedigung. Sie enthält vieles, aber nicht einmal dies und
einmal das, sondern alles gleichzeitig: Abwehr von Gewalt,
besonders in Krieg und Fehden, Garantie der Sicherheit
(Polizei, Geleit), Durchsetzung von Ersatzansprüchen aus
Schäden und ungesetzlichen Handlungen, Garantie des
Rechtsschutzes und des Gerichtes, Garantie des Standes und
des Standesrechtes, Wahrung der Interessen eines jeden in
Verhandlungen usw., Wahrung des Landfriedens.

Verdedigung

„Verdedigung" ist kein fester juristischer Begriff,
auch nicht eine staatliche oder privatrechtliche Institution
wie Gericht, Lehen, Vogtei, Stadt, Dorf, Allmende usw.
Sie kann ihren Ursprung in der Grundherrschaft haben,
in der Gefolgschaft, wie überhaupt in jeder Gemeinschaft.
Die gewöhnliche Wiedergabe mit „Schutz und Schirm"
ist eine Ambivalenz. Sie umfaßt zweierlei, im Grunde

Verschiedenes: das Recht auf Schutz und die Pflicht zu Schirm, d. h. zu schützen. Sie entzieht sich einer präzisen Definition. Man kann sie nur als ein Phänomen ansprechen, als ein immer und überall gegenwärtiges, das aber, in der Vorstellungswelt des Mittelalters, gewonnen werden muß. In der Bildung der Territorialherrschaften stehen neben der Summierung von Hoheitsrechten Auftrag und Inanspruchnahme der Verdedigung oft an entscheidender Stelle. Dabei sind Geben und Nehmen nicht immer gleichzeitig und gleichwertig; denn Verdedigung wird weder verliehen noch durch einen Rechtsakt erworben, noch durch ein Gesetz anerkannt. Als eines der Elemente werdender Landeshoheit ist sie weder ein Recht im eigentlichen Sinne noch in ebendem Sinne eine Pflicht und daher nirgends aufgeschrieben. Einer nimmt sie sich, weil er schützen, d. h. herrschen will, der andere erbittet sie, weil er beschützt – beherrscht – werden will und weil er will, daß einer, der Mächtigste, Klügste, Stärkste, herrschen und schützen soll. Der eine will nicht, der andere kann nicht ohne sie leben. Der eine will die Verdedigung, der andere braucht sie; sie liegt zwischen Recht und Gesetz. Sie wird nicht durch Verträge erworben und kann weder verschenkt noch verkauft werden. Sie ist oder sie ist nicht.

Dem, der sie hat und ausübt, kann daraus auch eine neue Einnahmequelle erwachsen, die obendrein den Vorteil hat, daß sie von keiner ständischen Korporation oder ähnlichen Mitregierung genehmigt zu werden braucht. Von seinen Schützlingen erhebt er das „Beschirmungs-" oder „Knechtegeld", auch „Schirmsgeld" genannt – (im 16. Jhrd. verunstaltet zu „kermißgeld"). Beliebt als Gebühr und Anerkennung des Schutzes war die jährliche Lieferung eines Huhnes. Aus fast jeder Grundherrschaft und herrschaftlichen Verwaltung sind solche „Hühnerlisten" erhalten. Es ging nicht um Hühner, sondern um Recht und

Pflicht. Warum hätte man sonst um dieses Hühnervolk eine Schreiberei gemacht, die die Mühe nicht lohnte?

Erzbischof Engelbert von Berg

In der ersten Hälfte des 13. Jahrhunderts steht das politische Geschehen bei den Westfalen wieder unter der Führung der Erzbischöfe von Köln. Zwar bleibt ihre Haltung wie auch die der westfälischen Bischöfe in dem Thronstreit 1214 der Welfen und Staufen schwankend. Bei Bouvines, wo Ottos IV., des Welfen, Macht vernichtet wird, sind nur zwei Westfalen beteiligt: Graf Otto von Tecklenburg und „Herr" Bernhard von Horstmar, *„eyn die beste by synen dagen".* Sie verteidigen den Fahnenwagen des flüchtenden Kaisers, werden aus Wunden blutend zu Gefangenen gemacht und in Paris herumgeführt und angestaunt. Für Engelbert von Berg, der jetzt auf den Kölner Erzstuhl gelangt, ist das „Herzogtum von Westfalen und Engern" kein bloßer Titel. „Genau wie Philipp von Heinsberg betrachtet auch er die westfälischen Grafen und Herren als ihm, dem Herzog, unterstellt. Kam er nach Westfalen, sammelte er sie auf seinen Hoftagen um sich, und sie kamen" (Hömberg).

Auf dem Wege nach Osten und in der Durchsetzung seines Herzogtums sieht Engelbert sich behindert durch das Bistum Paderborn. Es gehört nicht zu seinen Diözesen, sondern zu denen des Erzbischofs von Mainz. Sehr zum Verdruß des Paderborner Bischofs nimmt Engelbert die Stadt Paderborn in seinen „Schutz" und beginnt, rings um das Bistum herum eine Reihe von Burgen (Schnellenberg, Schmallenberg) und kleine, befestigte Städte (Rüthen, Brilon, Obermarsberg, Attendorn, Wipperfürth u. a.) als militärische Stützpunkte und Straßensperren zu bauen, verpflichtet sich erneut die Herren von Padberg, gewinnt Helmarshausen an der Diemelmün-

dung und besetzt den steilen Desenberg bei Warburg.
Gemeinsam mit der Herforder Äbtissin Gertrud zur
Lippe, der Tochter des „großen" Bernhard, gründet er
die Neustadt Herford und greift als Herzog mit einem
Schiedsspruch in den inzwischen zur Erbfeindschaft aus-
gearteten Streit der Ravensberger und Tecklenburger ein. Er weiß Vetternwirtschaft mit Machtpolitik zu
verbinden, wenn er seines Bruders Söhne Dietrich und
Engelhard auf die Bischofsstühle von Münster und Osnabrück bringt.

Die Isenberger Verschwörung

Zum Verhängnis wird ihm, als er versucht, den Grafen
Friedrich von Isenberg aus der ertragreichen Vogtei
über das hochadelige Frauenstift Essen zu verdrängen.
Das ist ein Alarmsignal und setzt seinen Eigenmächtigkeiten und herzoglichem Gebaren gegen alle und in allem
die Krone auf. Selbst seine Vettern, die Bischöfe Dietrich
und Engelhard, die ihre Mitren ihm verdanken, schlagen
sich auf die Seite seiner Gegner. Der Osnabrücker im
besonderen hätte Grund gehabt, den Intrigen gegen den
Erzbischof fernzubleiben, hatte er doch in ebendiesen
Tagen die Urkunde empfangen, die der Erzbischof als 1225,
Reichsverweser und Vormund des Kaisersohnes Hein- Sept. 3
rich, der als „Römischer König" in Deutschland regieren
sollte, durch den jungen König hatte ausstellen lassen und
die den Bischof ermächtigte, alle Gogerichte seiner
Diözese mit seinen Leuten zu besetzen. Neben der um
diese Zeit bestrebten und wenig später erreichten
Befreiung von der Vogtei ist dies der entscheidende
Schritt zur Ausbildung eines Territoriums Osnabrück
gewesen.

Verhandlungen einer Gruppe von Fürsten mit Engelbert in Soest bleiben erfolglos. Da bringt der Isenberger

81

eine Verschwörung gegen den Erzbischof zustande. Man beschließt, Engelbert hinterrücks zu überfallen und gefangenzunehmen und ihn zum Verzicht auf sein Vorhaben zu zwingen. In einem Hohlweg bei Gevelsberg, südw. Hagen, fallen sie nächtlicherweise über ihn her 1225, und, als er sich gegen die Gefangennahme mit der Waffe Nov. 7 in der Hand wehrt, erschlagen sie ihn.

Die Tat wird dem verabscheuungswürdigsten Verbrechen des Königsmordes gleichgehalten — die deutsche Geschichte kennt, anders als alle europäischen, nur zwei Königsmorde —, denn Engelbert war während der dauernden Abwesenheit des Kaisers Reichsverweser. Die Tat wird grausam gesühnt. Friedrich von Isenberg begibt sich nach Rom, bittet den Papst vergebens um Absolution, wird auf der Rückreise in Köln erkannt und auf unmenschliche Weise hingerichtet. Seine Parteigänger von Tecklenburg, von Schwalenberg u. a. werden unter Verfolgung gesetzt. Die Bischöfe Dietrich und Engelhard verlieren ihre Ämter.

Köln — Paderborn

Nur ein kleiner Teil der Isenbergischen Güter wird von Friedrichs Schwiegervater, dem Herzog Walram von Limburg, für Friedrichs Sohn Dietrich zurückbehalten. Den größeren Teil, die kölnischen Lehen, beansprucht der zielstrebende Graf Adolf von Altena. Durch die Untat Friedrichs, seines Verwandten, sieht er seinen Namen geschändet und nennt sich von jetzt an nach seiner Burg Mark „Graf von der Mark". Sein Aufkommen und das Erscheinen einer neuen Macht zwischen Emscher, Ruhr und Oberlauf der Wupper wird von Köln mit argwöhnischen Augen gesehen, zumal die so systematisch verfolgte Ostpolitik unter Engelberts Nachfolgern keineswegs aufgegeben wird. Corvey ist nach wie vor ihr golde-

ner Apfel, wird zu einem Schutzbündnis eingeladen und
überläßt dem Erzbischof dafür den halben Berg Eresburg
und die halbe Burg Lichtenfels. Paderborn gilt weiterhin 1230
als der Stehimwege. Sein Bischof soll zur Verantwortung
gezogen werden, weil er ohne die herzogliche, d. h. kölnische, Genehmigung die Burg Vilsen baut und den Ort
Salzkotten befestigt. Der Bischof Bernhard, einer der
fünf Söhne des „großen" Bernhard,

> der jüngste erbte die lippische Herrschaft, zwei
> wurden Bischöfe, der dritte Erzbischof von Bre-
> men. Er weihte seinen alten Vater zum Bischof
> von Semgallen. Dieser hatte nach schwerer
> Erkrankung der Welt Lebewohl gesagt und war
> Mönch in Marienfeld, seiner Mitgründung,
> geworden. In Marienfeld hielt er es aber nicht aus.
> Von der Krankheit genesen, ging er, der die
> Mönchsgelübde abgelegt hatte, in den Osten und
> durfte wieder kämpfen — gegen die „Heiden".
> Von seinen sechs Töchtern heirateten nur zwei;
> die anderen vier nahmen den Schleier und wurden
> Äbtissinnen.
> Eine Sage erzählt, Bernhard habe aus dem Klo-
> ster Freckenhorst eine rote Fahne mit weißem
> Kreuz mitgehen lassen und sie nach einem Siege
> über die Ungläubigen dänischen Kriegern, die ihm
> geholfen hatten, geschenkt. Diese hätten sie mit
> nach Hause genommen. Sie ist noch das Wahrzei-
> chen der Dänen und weht auf allen Straßen, in
> allen Gärten, auf Häusern und öffentlichen
> Gebäuden. — Anderer Überlieferung zufolge soll
> sie in dem Kampf vom Himmel gefallen und von
> den Dänen aufgefangen sein.

gibt nach, verspricht, den Ort zu entfesten, keine neuen
Burgen zu bauen und das herzogliche Recht der Befestigung
künftighin zu respektieren. Er stirbt im Jahre darauf. Der
Realbesitz seines väterlichen Hauses Lippe ist in dieser Zeit
noch nicht erheblich, wird aber ergänzt durch Gerichtsho-

heiten, u. a. in Bünde, und durch die Vogteien über das Stift
Enger, über die Klöster Quernheim, Freckenhorst, Liesborn
und Herzebrock.

Köln muß hinnehmen, daß Adolf von der Mark sich des
herangewachsenen Dietrich, des Sohnes des unglücklichen
Isenbergers, in mehreren Fehden erwehrt, und Dietrich, nun
mit Hilfe Herzog Heinrichs von Limburg, mit einem Streifen Land im Dreieck von Lenne und Ruhr als Herrschaft
1243 Limburg abgefunden wird und dort eine Burg, Hohen-
limburg, baut.

Bartholomäus Anglicus

Niemand nimmt damals wahr, daß ein gelehrter Franziskanermönch, Bartholomäus Anglicus, das Land der
Westfalen durchquert. Er reist von Paris nach Magdeburg; dort soll er als Lehrer in einer Theologieschule seines Ordens wirken. Die unterwegs gesammelten Ein-
drücke fügt er einem enzyklopädischen Werk „De proprie-
tatibus rerum", ein. Seine Mitteilungen über Deutschland im
allgemeinen („De Alemannia") entnimmt er größtenteils dem
damals noch vollgültigen und verbreiteten „Origines", einer
Art Konversationslexikon, des Isidor von Sevilla († 636); der
Abschnitt „De Westvalia" aber gibt vornehmlich eigene
Beobachtungen wieder: für Westfalen die erste und älteste
Beschreibung von Land und Leuten.

Westfalen, schreibt er, sei eine „Provinz" Niederdeutsch-
lands (Germanie inferioris), im Osten an Sachsen, im Süden
an Thüringen und Hessen, im Westen an Köln und dem
Rhein, im Norden an Ozean und den Friesen anliegend,
von Weser und Rhein begrenzt und werde auch „Alt-Sach-
sen" genannt. Das Land sei reich an Wäldern und Weiden,
an Wild, Schweinen, Rindern und Pferden (jumentis), an
Feldfrüchten, Eicheln, Nüssen und Äpfeln, eigne sich aber
besser zur Viehzucht als zum Ackerbau. Seine Menschen

84

schätzten die ehrbare Führung der Ehe hoch und hielten sich von jeder Art Unzucht rein, bestraften sie vielmehr streng. Sie seien von „elegantem" Wuchs, groß und schlank, stark und kühn. Das Land verfüge über eine starke und stets kampfbereite Kriegsmacht *(militia)*. Es gebe auch Salzquellen und erzhaltige Berge, sehr feste Burgen und Städte und Ortschaften *(civitates et oppida)* im Bergland sowohl wie in den Ebenen.

Konrad von Hochstaden

Als der neue Erzbischof von Köln, Konrad von Hochstaden, mit dem Osnabrücker Bischof einen Bündnisvertrag schließt, sind als Zeugen zugegen die Grafen von Berg, von der Mark, von Arnsberg und die von Ravensberg, die Edelherrn von Hörde, dazu eine Anzahl rheinischer Fürsten. Von den westfälischen Großen fehlen die drei lippischen Brüder Bernhard III., regierender Herr zur Lippe, Simon, Bischof von Paderborn, und Otto, Bischof von Münster, der Bischof von Minden und der Graf von Tecklenburg. Die Zeugenreihe läßt eine Parteiung erkennen: die Mehrzahl der westfälischen Großen hält sich zu Köln und stellt sich gegen die lippischen Brüder.

Verkauf des Emslandes

Während hier eine politische Willensbildung spricht, wird — zur Verwunderung der Zeitgenossen — kund, wie am anderen Ende Westfalens, im Norden, zwischen Ems und Hunte, eine große Chance mit leichter Hand vertan wird. Die Erbin der Hälfte des großen calvelage-ravensbergischen Besitzes, d. i. die „Emsgrafschaft" (beiderseits der Ems zwischen Meppen und Aschendorf) und Vechta, Jutta, heiratet nach einer nicht vollzogenen Kinderehe mit einem

85

früh verstorbenen Tecklenburger Junggrafen den Edelherrn Walram von Monschau, verkauft ihr Erbe und
nimmt damit ihrem väterlichen Hause die Aussicht, mächtige Herren in Westfalen zu werden. Wie sie an den
Herrn aus der Eifel gekommen ist, weiß man nicht — ihr
Urgroßvater soll mit einer Heinsbergerin (Rheinland)
verheiratet gewesen sein — ; Grund ihres Verkaufes ist
sicherlich gewesen, daß sie mit ihrem Onkel (Vaterbru-
der), dem unruhigen, zänkischen Grafen Ludwig, schon
vom Vater her hoffnungslos verfeindet ist. Osnabrücks
Bischof, dem der Kauf zuerst angeboten wird, kann sich
nicht entschließen. Er fürchtet, aus solchem Verkauf
könnten Verwicklungen mit den Nachbarn entstehen, findet auch den geforderten Preis zu hoch und lehnt ab. Der
Münsterer Bischof aus dem bauernschlauen Hause der
Lipper greift ohne Besinnen zu, schafft aus allen mögli-
chen Quellen die ungeheuerlich hohe Kaufsumme von
40 000 Mark Silber zusammen und versteht, langfristige
Zahlungsbedingungen herauszuschlagen. Er weiß, was er
tut. Münster wird damit das größte der Territorien und
die Vormacht Westfalens.

Wülferichskamp/Rhein. Städtebund

Bischof Simon von Paderborn, auch er ein Lipper,
Bruder des Münsterer Hirten, hat richtiger gesehen, was
Konrad von Hochstaden im Schilde führt. Er geht sofort
daran, seine Westgrenze wieder zu befestigen und fordert
die Entscheidung heraus. Als der Erzbischof am Rhein
engagiert ist, rückt Simon im Bunde mit Kölns Erzfeind,
dem Grafen von Jülich, in kölnisches Gebiet ein und
bricht den Krieg vom Zaune. Aber er hat die Macht Kölns
unterschätzt und den Neid seiner westfälischen Landsleute, Grafen und Herren. Was er nicht erwartet hat,
geschieht: Die gesammelte Macht der Grafen von Arns-

86

berg, Altena und Mark, der Edelherrn von Büren, Bilstein und Hörde und des Schultheißen von Soest steht gegen ihn auf. Ob ein Befehl des Erzbischofs den Ausschlag gegeben hat? Auf dem Wülferichskampe bei Brechten, 1254 unweit Dortmund, treffen die Gegner aufeinander. Simon unterliegt, wird gefangen und dem Erzbischof ausgeliefert. Zwei Jahre später muß er in Essen einen schweren 1256 Frieden unterschreiben.

Die Turbulenz dieser Jahre mag dazu beigetragen haben, daß fast alle westfälischen Städte dem „Rheinischen Städtebund" beitreten. Er soll, wie der große „Mainzer Landfriede" von 1235 und die beiden gegen fürstliche Willkür gerichteten westfälischen Städtebündnisse, der „Ladberger Bund" von 1246 und der „Werner Bund an der Lippebrücke" von 1253, in erster Linie zur Wahrung des Landfriedens dienen. König Wilhelm übernimmt die Führung des Bundes und betraut einen westfälischen Grafen, Adolf von Waldeck, als „Hofrichter" mit der obersten Instanz in allen Klagen über Bruch des Landfriedens. Er schafft damit zum ersten Male eine „Zentralbehörde, die mit Blut- und Kriminalgerichtsbarkeit in die Immunitäts- und Herrschaftsgebiete der kirchlichen und weltlichen Herrn eingreifen kann" (Bosl).

Dichtkunst

Es sieht aus, als hätten diese Maßnahmen wirklich, zumindest vorerst, geholfen. Die Städte, von denen ja die Bewegung ausgegangen ist, haben sie offenbar, jedenfalls eine Zeitlang, vor Störungen, Überfällen und feindlichen Gewalten bewahrt; denn in ihren Mauern regt sich gerade jetzt, hier und dort und nicht wenig überraschend, ein lebendiges geistiges Leben. In der Stadt Münster schreibt der Magister Bernhard von der Geist ein lateinisches

Gedicht in Form von Zwiegesprächen, betitelt „Palpanista"
(Der Schmeichler). Er schmeichelt aber gar nicht, spöttelt
vielmehr und höchst lebendig über seine Zeit und seine
münsterschen Mitbürger, über den alten Höfling und den
reichen (!) Bauern, über den Geldprotz der „Erbmänner",
über die alte Naturalwirtschaft und die neue Geldwirtschaft.
„In der Weinschenke am Markt prahlt der Kaufmann von
den Städten und Meeren, die er gesehen hat, pocht der
Handwerker auf seinen Wohlstand: er baut sich ein steiner-
nes Haus, kleidet seine Frau in Samt und Seide, trinkt Wein
und reitet auf stolzem Roß" (Prinz).

1260   In Lippstadt versucht sich der Magister Justinus in
lateinischen Hexametern an einem Heldengedicht „Lippi-
florium" (Lippischer Blumengarten). Er will nicht
Geschichtsschreiber sein, sondern Dichter. Den Begründer seiner Stadt an der Lippe, Bernhard II., will er ver-
herrlichen, „quantum fama docet", und dessen reiches Leben
besingen, das im Herzen Westfalens begonnen hatte, von
einem Erzbischof, seinem Sohn, mit der Mitra eines
Bischofs geschmückt wurde und fern im Osten, in Livland,
endete.

Der Domdechant Gerhard von Minden († 1278),
auch er ein Dichter, schreibt nach dem Muster des grie-
chischen Fabeldichters Aesop eine ganze Sammlung von
über 100 Tierfabeln zusammen in seiner niederdeutschen
Muttersprache und in richtigen Reimen.

Der Essener Friede

Der Essener Friede ist wieder ein Markstein in der
Geschichte der Westfalen. Dem Erzbischof Konrad von
Hochstaden gelingt es auch, seinen zweiten Gegner zu
neutralisieren: den Herzog Albrecht von Braunschweig, der möglicherweise auf dem Wülferrichskampe
beteiligt gewesen war, seine Parteinahme für den Bischof

Simon von Paderborn jedenfalls offenkundig gemacht hatte. Den Welfen mit der Waffe anzugehen, getraut Konrad sich nicht, doch er bringt ihn an den Verhandlungstisch. Auf der Kogelenburg, in einem *„solempni colloquio"*, wird die Weser als Grenze der beiderseitigen Interessensphären vereinbart. 1260

Die Kogelenburg bei Volkmarsen, südl. Warburg, ist die schönste Burgruine Westfalens. Hier ist der Begriff „Zwischen Rhein und Weser" als des Landes der Westfalen geboren. In dieser Welt müssen sie sich behaupten gegen herzogliche und andere Gewalten.

Was längst die Gemüter bewegt, das Drängen der Kleineren, die Macht mit den Größeren zu teilen, kann jetzt, im Chaos des Interregnums, festere Wurzeln fassen. Der Territorialismus der großen und kleinen Fürsten, der Bischöfe, der großen Abteien (Corvey, Herford, Essen), selbst der Reichsstädte (Dortmund) tritt erkennbar zutage, zumal seitdem Kaiser Friedrich II. sich gezwungen gesehen hatte, mit weitgehenden hoheitsrechtlichen Konzessionen die Gefolgschaft der Fürsten zu erkaufen.

Insofern ist der Essener Friede auch ein Wendepunkt gewesen, jedoch nicht von der Art, als sei von heute auf morgen alles anders geworden. Das politische Geschehen läuft bei den Westfalen jetzt wie in einen Schützengrabenkrieg aus. Es verplempert sich in „Unternehmungen", bald hier, bald da, mit viel Geschrei und Blut. Eine Linie ist darin nicht zu erkennen, höchstens, daß die Grafen von der Mark mit Engelbert I. sich anschicken, unter den weltlichen Fürsten Westfalens die ersten zu werden. Engelbert, der auf dem Wülferichskampe für Konrad von
1261 Hochstaden gekämpft hatte, fehdet gegen dessen Nach-
1267 folger, steht aber bei Zülpich, wo der Kölner jetzt im Bunde mit dem in Essen so gedemütigten Bischof Simon gegen Jülich, den Erbfeind Kölns, kämpft, wieder auf der Seite des Erzbischofs und muß mit den übrigen Verbündeten die Enttäuschung teilen, daß der schwer geschlagene Erzbischof für ihre Forderungen auf die versprochenen Entschädigungen für die in den Kämpfen erlittenen Verluste taube Ohren hat. Seitdem sind die Grafen von der Mark die schärfsten Gegner Kölns.

Der vom Pech verfolgte Bischof Simon war bei Zülpich gefangen und seinem Münsterer Amtsbruder, der auf der Gegenseite stand, ausgeliefert. Die Menschen erleben das Schauspiel, daß ein Bischof den anderen in den Turm wirft.

Glücklicher ist der Graf von Ravensberg, Otto III.
Während seine Standesgenossen sich bei Zülpich für eine
verlorene Sache schlugen, reiste er nach Dänemark
(1265), um dort ein Erbe anzunehmen, das ihm von seinem Stiefbruder, dem Sohn einer deutschen Mutter aus
deren erster Ehe mit einem Verwandten des dänischen
Königshauses, zugefallen war. Er wird an den dänischen
Königshof gezogen, nimmt teil an politischen Tagungen
und knüpft Beziehungen an zum schwedischen Königshaus. Seine Verhandlungen mit skandinavischen Königen
und Großen sind ein seltenes Beispiel von politischer
Betätigung westfälischer Fürsten im Auslande. Er ist mehrere Male in den Norden gereist. Zusammen mit seinem
Neffen Jakob von Halland und König Magnus von Nor-
wegen segelt er von Varberg aus den Vänersee hinauf, 1276
um Unstimmigkeiten zwischen dem Schwedenkönig und
seinen Herzögen zu beheben.

Burg Varberg an der schwedischen Westküste in der

Burg Varberg, Schweden, heute. Nach Fotos von 1972 und einem Kupferstich des 17. Jahrhunderts.

damals noch dänischen Grafschaft Halland ist ein höchst
eindrucksvoller, gut erhaltener Bau. Die ältesten Teile
sind aus mächtigen Quadern gefügt, das Ganze ist in der
Folge mehrfach bastioniert worden. — Graf Otto verheiratet später seine jüngste Tochter mit dem schwedischen
Reichsverweser Torkill Knuttson (1303).

Der Zug der Deutschen und der Westfalen in den Norden und Osten ist nicht immer so freundlichen Motiven
entsprungen. An der Ostbewegung sind die Westfalen
stark beteiligt. Was sie — und andere — im Baltikum
getrieben haben, steht auf anderen Blättern. Die Willkür
der Lokatoren hat Lausitzer, Preußen und Litauer von
Haus und Hof vertrieben. Die Wenden werden, wie der
Sachsenspiegel zeigt, in ihrer rechtlichen Stellung zu
Minderwertigen herabgedrückt. Das alles geschieht unter
dem Zeichen des Kreuzes. In Helmolds *Slavenchronik* ist
es besser nachzulesen als in deutschen Geschichtsbüchern.
— Die Rechnung ist uns präsentiert worden, jetzt, nach
800 Jahren.

Natürlich locken die Rohstoffe des Ostens. Im Handel ist das große Geld zu machen. In Dortmund erscheint
ein Kaufmann aus Kopenhagen, andere kommen aus
Polen, Schweden und England, und westfälische Kaufleute wagen, nachdem sie gebeichtet und ihr Haus bestellt
haben, die kleinen Silberpfennige, das einzige Zahlungs-
mittel, in Tonnen auf ihren Planwagen verstaut sind, die
gefahrvolle Reise über Sand und Land nach Flandern,
Lothringen und Schleswig, ins Baltikum, nach Polen und
Rußland oder segeln von Lübeck nach Gotland, Dänemark und Schweden. In Flandern kaufen sie Tuche, in
Dänemark Ochsen, im Osten Pelze, Fette und Öle, verkaufen die Eisen- und Stahlwaren aus der Grafschaft
Mark, Erze aus den Harzgruben, Wein vom Rhein und

aus Frankreich und anderes. Indessen, sie sind noch Einzelgänger. Flamen, Niederländer, Italiener und Engländer beherrschen die Märkte, und die Unruhe in Westfalen macht die Straßen unsicherer denn je.

Raubritter

Eben daran trägt der niedere Adel, der Landjunker, ein gerüttelt Maß an Schuld. Sind die Herren, deren Beruf der Krieg ist, beschäftigungslos, erliegen sie leicht der Verlokkung, sich an den reisenden Pfeffersäcken schadlos zu halten; kann man sich doch hinter dem eleganten Spruch verschanzen: *„riten und rowen is nine schande, dat dont de besten von dem lande."* Solchem Reiter- und Raubritterspiel wird dennoch auf die Finger gesehen, wenn auch nur mit den unzulänglichen Mitteln des Landfriedens. Das muß die Familie von Langen erfahren. Ein Landfriedensgericht verurteilt mehrere von ihnen zum Tode und 1276 läßt das Urteil vollstrecken. Selbst ein Graf von Ravensberg wird einmal auf das „Wâpen-Geschrei" seiner 1284 Standesgenossen vor ein Landfriedensgericht geladen. Hier dürfte freilich der Grund ein Verstoß gegen das Fehderecht gewesen sein. Der Graf weiß das Verfahren abzubiegen, indem er das Landfriedensgericht für sich und seinen Fall für nicht zuständig erklärt. Er will sich nur vor einem Fürstengericht verantworten. „Ehre" wird groß im Munde geführt, wenn es um die eigene geht. Treue und Glaube schmücken nur die Lieder der Dichter. Die Zeit ist von erbarmungsloser Härte; Herrentum und Gier nach Macht und Besitz kennen keine Grenzen. Gegen die eigenen Stadtherren müssen die Städte sich wehren. Der Bauer findet nicht den Schutz, den er gesucht hat, die Grundherrschaft scheut vor Eigenmächtigkeiten nicht zurück. Ewig fehdende Herren zertrampeln die Felder und treiben den Bauern das Vieh weg.

93

Großes Gewicht bedeutet den Westfalen ein Ereignis, das nicht auf westfälischem Boden abgerollt wird, aber entscheidend die Geschichte der Westfalen berührt. Wegen des nicht geleisteten Schadenersatzes aus der Zülpicher Schlacht treten die Grafen von der Mark, von Tecklenburg, Arnsberg und Waldeck und Edelherr Simon zur Lippe auf die Seite der Gegner des Kölner Erzbischofs und kämpfen gegen ihn, als dieser in den Streit um das Erbe der Herzöge von Limburg eingreift. Bei Worringen wird dem Erzbischof eine vernichtende Niederlage bereitet. Der Graf von der Mark gewinnt dadurch so an Macht, daß Kölns Herzogtum über ganz Westfalen seine Wirkung verliert. Nur noch als Anspruch bleibt es bestehen.

1288,
Juni 5

Der Gedanke des Territoriums, des souveränen, nur im Lehnsverband des Reiches stehenden „Landes", gewinnt weiteren Boden. Die geistlichen Fürsten sind auf diesem Wege einen Schritt voraus, ihre Bereiche bereits festgelegt und, wenn auch nur für die Ausübung geistlicher Handlungen, groblinig abgegrenzt. Weltliche Hoheitsrechte müssen auch sie erst gewinnen. Vorstufen landeshoheitlicher Gewalt geistlicher Herren waren die Vogtbefreiungen Münsters (1176), Paderborns (1190) und Osnabrücks (1236), Osnabrücks Erwerb der Gogerichte seiner Diözese (1225) und Münsters Kauf des ravensbergischen Ems- und Osnabrücker Nordlandes (1252), auf seiten der weltlichen Herrn die Erwerbung von Kirchenvogteien und Freigerichten, auch von Stadt- und Hagengründungen.

Die wachsende Verselbständigung der Fürsten und ihrer Staaten im Staate, die deutsche Kleinstaaterei, geht aus zeitbedingten Notwendigkeiten hervor. Seit dem Tode Kaiser Friedrichs II. ist das „Reich der Deutschen" nicht mehr die tonangebende Macht Europas. Während es in Frankreich und England dem Königtum gelingt, die Gewalten des Feudalstaates durch den unbedingten Treuevorbehalt an sich zu binden und erledigte Lehen an die Krone zu ziehen, erreichen die deutschen Fürsten den Leihezwang ihrer Fahnenlehen (Würde, Amt und Titel) samt dem Beneficium (Nutzungsrecht an Boden und Menschen). Ihr Lehen muß selbst bei Erbenlosigkeit wieder ausgetan werden und bleibt ihrer Verwandtschaft oder Freundschaft erhalten. Ihre Souveränität lockert ihre Bindung an den König. Die Geschichte ihrer „Länder" ist von nun an Deutschlands Geschichte.

Gerichtsplatz der Edelherren von Gesmold (Osnabrück), restauriert.

V. Die westfälischen „Länder"
im sinkenden Mittelalter (1288 – 1510)

Landfriede/Fehden/Sänger

Der Verfall der Reichsgewalt läßt dem Wettlauf der Großen und der Kleinen um die Macht freie Bahn. Sie sind die meiste Zeit unter Waffen. Verhandeln ist ihnen ein umständliches Geschäft, höchstens, daß sie sich herablassen, mit dem Nachbarn über einen Mißbrauch ihres Fehderechtes zu sprechen und wie man dem Straßenraub, der Verunsicherung von Kaufmannszügen und dergleichen Untaten der immer dreister werdenden Landjunker steuern könnte. Nach dem Muster des von der Kirche verkündeten „Gottesfriedens" *(treuga Dei)* schließt man untereinander Verträge
1298 zur Wahrung des L a n d f r i e d e n s auf 2, 3 oder 5 Jahre, nicht länger; man traut sich gegenseitig nicht über den Weg. Eine von Köln, Münster, Mark, Soest und Dortmund unternommene „Exekution" der vereinigten Landfriedenswahrer gegen die Tecklenburger Grafen, die mit Raub und Brand in das Osnabrückische einfallen, bewirkt immerhin, daß der Osnabrücker Bischof vor der Gefangennahme durch die Friedensbrecher bewahrt bleibt. Aber das ist ein Zwischenspiel.

Ein Wirrwar von Fehden kündigt das neue Jahrhundert an. Dem Edelherrn S i m o n z u r L i p p e, Urenkel des „großen" Bernhard, und seinem Drang nach Westen wird von dem Osnabrücker Bischof und dessen ravensbergischen Bruder Halt geboten. Sie kriegen ihn, schleppen ihn
1302 nach Osnabrück und sperren ihn in das berüchtigte, aus groben Eichenbohlen gefügte Gemach des „Buckstur-

mes". Es war gerade so groß, daß man gebückt darin stehen konnte. Herr Simon soll es anderthalb Jahre darin ausgehalten haben, bis sein armes Ländchen das Lösegeld aufgebracht hatte. Seine Burg in Enger wird zerstört. Er muß sich verpflichten, sie nicht wieder aufzubauen. Die kleine Herrschaft Enger mitsamt der Vogtei über das Stift Enger und dessen Besitz lassen sie ihm. Warum? — Ja, warum?

Die Zeitgenossen haben viele Antworten auf unsere Fragen für sich behalten. Es ist ohne Belang, die Gründe dieser Zänkereien und Quälereien zu wissen. Die friedlichen Kinder der Muse werden, wie früher in Münster, Minden und Lippstadt, auch im Norden Westfalens gehört. Boten des Minnesanges und der Heldendichtung haben aus den Ländern der Donau, Main und Rhein den beschwerlichen Weg nach Norden gesucht. Sie wandern von Burg zu Burg, singen, essen und trinken an reichen Tischen und hinterlassen Lobgedichte auf ihre Gastgeber, die das feine Hochdeutsch kaum verstehen. Hermann Damen und Heinrich von Meißen („Frauenlob") sind nacheinander auf Burg Ravensberg zu Gaste gewesen und haben auf Graf Otto III. Verse gemacht. Es sind keine Kunstwerke, diese Verse; sie reden nicht von Taten und Werken, wissen nur die „Milde", Güte und Freigebigkeit ihres Gastgebers zu preisen und lobhudeln ihn als frommen Christen, „auf dessen Ankunft im Himmel die Engel warten"; „fern aller Bosheit" lebt er, fleckenlos in seiner Ehre. — Frauenlob hat auch den Grafen Gerhard von Hoya besucht.

Das Schwergewicht des politischen Geschehens verschiebt sich auf lange hinaus in den Süden Westfalens. Den Grafen von der Mark gelten die Erzbischöfe von Köln als ständige Bedrohung. Anlaß zu einer Kette von

Fehden gibt ein Hilferuf Dortmunds an Graf Eberhard von der Mark um Beistand gegen Kölns Absichten, die inzwischen zu einem kräftigen Handelszentrum erwachsene Stadt sich abhängig zu machen. Eberhard läßt sich nicht lange bitten.

Fensterrose des Mindener Domes.

Sein Sohn, Graf Engelbert II., tatendurstig wie alle Söhne des märkischen Hauses, kämpft auf Seiten der Tecklenburger gegen Osnabrück. Er wird in einem schweren Treffen auf dem alten Schlachtfelde, dem 1308 Halerfelde, gefangen, auf Ritterwort entlassen, bricht sein Wort und steht aufs neue bei den Tecklenburgern, die einen Weg die Ems abwärts suchen zu ihren Bereichen im Osnabrücker Nordlande, um die Osnabrücker von dorther angehen zu können. Des Königs, Ludwigs des Bayern, Versuche, die Zwistigkeiten zu entwirren, halten den Dortmundern die Kölner Erzbischöfe einstweilen vom Halse. Eine Hungersnot ergreift um diese Zeit weite

Teile Europas, bringt in Westfalen die kriegerischen Geister aber nicht zur Ruhe.

Der Staatsgedanke der Westfalen

Ein lokal begrenzter, in Fehde ausgetragener Zwist gewinnt besondere Bedeutung. Seine Lösung erfolgt in einem Rahmen, der zum ersten Male ein eigenes, gesamtwestfälisches Denken offenlegt: Die Herren von Korff bauen im Grenzbereich Münster-Ravensberg an ihrem Haus Harkotten und befestigen es. Der Graf von Ravensberg will den Ausbau und die Befestigung hindern. Darüber kommt es zur Fehde; der Graf unterliegt. In der „Sühne" (Friedensvertrag) wird u. a. bestimmt: Der Graf 1315 wird den Bau nicht weiter behindern. Er darf Harkotten nur dann wieder belagern, wenn die Korffs sich mit ihm erneut verfeindeten wegen eigener Bündnisverpflichtungen gegenüber bestimmten genannten Fürsten und Herren. Genannt und in den Vorbehalt einbezogen werden nicht einzelne, sondern alle westfälischen weltlichen und geistlichen Herren, von dem Erzbischof von Köln als Herzog von Westfalen und den Grafen von der Mark im Süden bis zu den Grafen von Oldenburg und von Hoya im Norden, alle in dem Raume zwischen Rhein und Weser, Wupper und Nordsee (Friesengrenze) Machtgebietenden. Bis auf den Grafen von Waldeck fehlt keiner und kein außerwestfälischer ist unter ihnen.

Eindeutig wird hier die Gesamtheit der westfälischen Länder als ein im politischen Sinne zu verstehendes Faktum herausgestellt und zur Voraussetzung eines politischen Vorganges gemacht. Diese Gesamtheit wird hier als das Umgreifende empfunden und ausgesprochen, als etwas Darüberstehendes, Unantastbares anerkannt, wenn es um Krieg und Frieden, Sein oder Nichtsein geht. Die Länder Westfalens haben in ihrer Gesamt-

99

heit keinen Staat gebildet. Einen Herzog, der über alle
gebieten könnte, haben sie abgelehnt, und allen Versuchen der Kölner Erzbischöfe nach dieser Richtung hin
sind sie mit der Waffe entgegengetreten. Was sich hier in
seiner klaren politischen Ausprägung manifestiert, ist der
Staatsgedanke der Westfalen.

Dieser Staat der Westfalen ist weder sichtbar noch
greifbar, kein Gebilde, von dem bestimmte und zwingende Machtäußerungen ausgehen können. In seiner
Umgreifung „regiert" er, dem einzelnen soll er vom Leibe
bleiben. Er soll wenig verwalten und so wenig herrschen
wie möglich, mit einem Wort: Er soll nicht Selbstzweck
werden. Die Freiheit des einzelnen soll von ihm unan-
getastet bleiben.

Kein Zweifel, das eine solche Vorstellung als „Staatsgedanke" in mehr als einer Beziehung problematisch, un-
realistisch ist; dennoch: Er hat als Gedanke 300 Jahre
lang bestanden und seine Wirksamkeit immer wieder und
in mancherlei Formen hervorgekehrt.

Papst, König und Graf

Ein neuer Landfriede wird geschlossen zwischen Köln,
Münster, Osnabrück und den „Vierstädten" Dortmund,
Soest, Münster, Osnabrück; aber Engelbert bleibt ihm fern.
Seine Anhängerschaft zu Ludwig dem Bayern bringt ihn
erneut gegen den Kölner Erzbischof auf, da dieser zu dem
schärfsten Gegner des Königs, dem Avignoner Papst Johann
XXII., hält. In einem neuen Waffengang erobert Engelbert,
während der König sich in der Schlacht bei Mühldorf seines
Gegenkönigs, Friedrichs des Schönen, entledigt, das von
1324 Köln um 1100 erbaute und verlehnte *gloriosum castrum* der
Herren von Volmarstein an der Ruhr.

Die Parteinahme Kölns für den Papst findet einen
Widerhall in den Schriften des Magisters Hermann von

Schildesche (ca. 1340 – 1357). Er wirkt als Lesemeister
des Ordens der Augustiner-Eremiten in Köln und Erfurt,
schreibt — unter vielem anderen — einen „Tractatus contra
haereticos regentes immunitatem et iurisdictionem sanctae
ecclesiae" und vertritt mit Nachdruck die päpstliche Forderung, daß die Wahl eines deutschen Königs der Bestätigung
durch den Papst bedürfe.

Der Osnabrücker Dompropst Bernhard aus dem Haus
der Grafen von Ravensberg, auch Propst des heimatli-
chen Stiftes Hermanns, schlägt in diese Kerbe. Von seinem Onkel, dem Magdeburger Erzbischof Otto von Hessen, läßt er sich verleiten, päpstliche, gegen König Ludwig
gerichtete Propagandaschriften auf und ab im Lande zu 1326/27
verteilen. Damit kommt er nicht an. Man lauert ihm auf,
fängt ihn und läßt ihn erst frei gegen eidliche Zusicherung
eines hohen Lösegeldes. Bernhards Hilferuf an den Papst
um Befreiung von der ihm abgenötigten Zahlungspflicht
hat nur den Erfolg, daß der Heilige Vater zwei Bischöfe
beauftragt, die Sache zu regeln. — Bernhard hat von dem
mühsam zusammengeliehenen Lösegeld keinen Pfennig
erstattet erhalten.

Bernhard hatte in Bologna studiert und dort, mit anderen Westfalen zusammen, einer deutschen Landsmann-
schaft („Natio Germanica"), einer Art studentischer Verbindung, angehört. Dem „Procurator" der Verbindung hatte er
als Eintrittsgeld und für ein vergnügliches Eintrittsfest (pro
jocundo introitu), wie es üblich war, ein erkleckliches Stück
Geld gegeben.

Jülich-Berg-Ravensberg

Er ist Geistlicher, hat die hohen Weihen empfangen und
muß, ehelos und kinderlos, nach dem im Jahre zuvor erfolgten Tode seines Bruders die väterliche Grafschaft übernehmen. Der Bruder hat nur zwei Töchter hinterlassen. Die

ältere wird mit einem Braunschweig-Lüneburger verheiratet. Bernhard möchte das Erbe seinen hessischen Freunden und Verwandten zukommen lassen und die zweite Nichte mit einem Sohn des landgräflichen Hauses verheiraten. Seine Absichten werden hinter seinem Rücken durchkreuzt. Ein Sohn des linksrheinischen Hauses der Markgrafen von *Jülich* führt die Erbin der Grafschaft Ravensberg heim. Sie ist von ihrer Mutter her zugleich Erbin der Grafschaft *Berg* beiderseits der Wupper. Die Jülicher stecken sich hinter König Ludwig, nachdem sie sich der Hilfe des Kölner Erzbischofs versichert haben für den Fall, daß es wegen der ravensbergischen Erbschaft zu kriegerischen Auseinandersetzungen kommen sollte. Der König tut nichts lieber, als 1346 seinem alten Gegner das Konzept zu verderben. Noch zu dessen Lebzeiten belehnt er die jungen Eheleute von Reichs wegen mit der Grafschaft Ravensberg. Die Quellen berichten nur, was geschehen ist, nicht weshalb es geschehen ist. Hat Bernhard gefürchtet, daß aus der Verbindung mit dem rheinischen Hause, das stets in die Gegensätzlichkeiten von Köln und dessen westlichen Nachbarn verwickelt war, nichts Gutes kommen könnte?

Heinrich von Herford

Bernhard stirbt noch in diesem Jahre, der König im Jahre 1347 darauf, dem Jahre des Unheils, als die Pest, der Schwarze Tod, über Europa hereinbricht. Ihr Zeitgenosse, der Mindener Dominikaner Heinrich von Herford, hat sie miterlebt und darüber berichtet. Er schreibt an einer Weltgeschichte. Der geschichtliche Ertrag seiner Arbeit ist nicht erheblich. Ihn interessieren vielmehr sonderbare und „besonders bemerkenswerte" Ereignisse und Dinge. Reisende und Pilger, die in seinem Kloster übernachten, die einzigen Nachrichtenträger der Zeit, tragen sie ihm zu. Am liebsten hört er wunderbare Krankenheilungen und haarsträubende Spukgeschichten. Seine gewandte Feder reimt das alles zusammen zu einem „*Liber de rebus memorabilioribus*". Er nimmt aber auch Stellung zu aktuellen Fragen, spricht offen von Mißständen in der Kirche, übt Kritik an seinen Standesgenossen, an der Verfolgung der Juden und dem Treiben der Geißler, die glauben, mit ihrem absonderlichen Tun Gottes Zorn besänftigen zu können. Er macht sich Gedanken über das Freigericht oder die Feme. Sie ist nicht das heimliche Gericht, zu dem die Dichter es gemacht haben, sondern tagt in aller Öffentlichkeit unter freiem Himmel und ohne jede Vermummung der Richter. Sie hat den Namen Westfalens durch das Reich getragen und Kaiser, Könige, Fürsten und Städte zeitweise in ihren Bann gezogen. Sie entspringt dem Sinn der Westfalen für Recht und Gerechtigkeit und macht sich selbst zum Richter, als die höchsten richterlichen Gewalten im Reiche verfallen.

Die viel erörterte Frage, ob die Femegerichte mit den Freigerichten identisch sind, sollte sich zuerst daran orientieren, daß der Inhaber eines Freigerichtes und einer Freigrafschaft weitgehende grundherrschaftliche Rechte an dem zu der Freigrafschaft gehörenden Personenkreis der Freien, Halbfreien, Grafenfreien und deren Besitzungen hat, die Freigrafschaft selbst aber kein territorial geschlossenes Gebilde ist. Ihre Besitzungen (Höfe) liegen in buntem Gemenge mit anderen grundherrschaftlichen oder hoheitsrechtlichen Bereichen. Sie können sich zu Territorialherrschaften entwickeln, tun es aber nicht immer. (Seite 78)

Heinrichs gewandter Stil, sein Reichtum an Worten und seine kühnen Satzbildungen haben in seiner Zeit nicht seinesgleichen. Man muß seinen Bericht über die Pest lesen, um die Kunst seiner Darstellung zu ermessen:
„Es fing damit an, daß der Himmel sich verdunkelte

und die Menschen ängstete. Die Leiber wurden ausgedörrt und von innerem Feuer verzehrt. An empfindlichen Stellen des Körpers entstanden Geschwüre, groß wie eine Nuß. Bald stellte sich unerträgliches Fieber ein und führte nach drei Tagen zum Tode. Nur wer die ersten drei Tage überstand, hatte Hoffnung zu überleben. Überall herrschten Trauer und Tränen. Wer, wie das Volk sagte, dem Verderben entgehen wollte, ergriff die Flucht. Die Häuser wurden leer und Hunden und Katzen überlassen. Die Herden blieben auf den Weiden allein, ohne einen Hirten. War in Städten und Burgen früher ein Gedränge von Menschen, sah man jetzt nur Tote und Sterbende. Alles lag in tiefem Schweigen. Söhne ließen die Leichen der Eltern unbestattet liegen. Allen Gefühlen entfremdete Eltern verließen die fiebernden Kinder. Wen noch das Mitleid trieb, seine Nächsten zu begraben, blieb selbst unbegraben; während er die Totenfeier hielt, starb er selbst. Hielt einer eine Seelenmesse, blieb er selbst ohne sie. Man sah seine Zeit in das alte Schweigen versinken. Keinen Laut hörtest du auf den Feldern, nicht den Pfiff eines Hirten. Kein Zaun war dem Vieh gestellt, verstummt das Gezwitscher der Schwalben und der Gesang der Vögel. Nur das Gekrächze zahlloser Krähen lag den ganzen Tag über Lebendigen und Toten. Die Saat, reif zum Mähen, erwartete vergebens den Mäher. Der Wein verlor seine Blätter, die vollen Trauben glänzten und blieben ungelesen vor dem Winter. Nirgends sah man einen Mörder und dennoch Haufen von Leichen. In den Städten genügten die Friedhöfe nicht mehr; auf den Feldern grub man neue Gräber." (Übertragung aus dem Lateinischen.)

Heinrich von Herford hat, anders als die großen Geschichtsschreiber des Mittelalters, als Einhard, Widukind von Corvey und Levold von Nordhoff, anders auch als die kurz nach ihm lebenden Gobelin Person und Dietrich von Niem, die großen Ereignisse der Zeit nur vom Hörensagen, nicht aus der Nähe erlebt und sein Wissen um die Vergangenheit aus allerhand Schriften zusammengetragen; den Leser mit dem Wort zu fesseln hat keiner ihm gleichgetan. Die Übertragung seines Textes in eine ihm ebenbürtige sprachliche Form, stellenweise so schwierig wie eine Übersetzung des Tacitus, hat leider noch niemand unternommen.

Verwunderlich bleibt, daß er als geborener Herforder – wie sein Name andeutet – nichts berichtet von der Totenfeier, zu der die Herforder Stiftsdamen sich jährlich einmal nach Enger fahren lassen, um ihrer Schwestern zu gedenken, die bei dem Einfall der Ungarn (?) im Jahre 926 dort umgekommen waren (Seite 45). Hat er sie aus einem oder anderem Grunde nicht für berichtenswert gehalten? Der Rentmeister der Herforder Äbtissin hat um eben diese Zeit aufgeschrieben, wie die Feier in allen Einzelheiten gehalten wird und künftighin gehalten werden soll:

„Für jede Stiftsdame soll ein Präbendenbrot (‚Prehmbrot‘, ein besonders gutes Weißbrot), eine halbe Fleischpräbende und Weizen zu der Feier *(stipa)* nach Enger geschickt werden. Damit soll das Gedenken der in Enger getöteten Herforder Stiftsdamen begangen werden. Es müssen im ganzen 3 Scheffel Weizen sein. Von jedem Scheffel sollen 14 Semmeln gebacken werden. ... 2 Timpken *(cuneos)* und 1 Pfennig sollen auf den Altar der engerschen Pfarrkirche niedergelegt werden, ... je 1 den Frauen, die beim Essen aufwarten und 1 dem Koch der Damen. Den Wagen für die Fahrt nach Enger soll der Schulte des Lübberhofes (vor Herford) stellen; dem Kutscher soll 1 Bruststück von einem Schaf (unum boch de ove) und 1 Semmel gegeben werden" (Darpe, IV, S. 152 f.).

1347   In diesem Jahre noch betritt eine der markantesten Persönlichkeiten des westfälischen Mittelalters das Podium der Geschichte: Graf Engelbert III. von der Mark. Erst 14jährig, muß er das Erbe der stolzen Ahnenreihe seines Hauses (Adolf I., Engelbert I., Otto, Eberhard † 1309, Engelbert II. † 1328, Adolf II.) antreten. Sein Erzieher, Levold von Nordhof, Sproß einer rittermäßigen Familie, Geistlicher und Berater des Lütticher Bischofs Adolf, eines Bruders eines der Grafen von der Mark, hat ihn auf seinen Beruf vorbereitet. Levolds berühmte „*Chronica comitum de Marca*" enthält in der Einleitung Anweisungen für den künftigen Regenten, verfaßt nach dem Muster der „Enseignements" König Ludwigs IX., des Heiligen, von Frankreich für seinen Sohn Philipp (um 1270); ein anderer Teil gibt nach Art der „Fürstenspiegel" Anweisungen für Engelberts Bruder Adolf gelegentlich von dessen Wahl zum Bischof von Münster.

Die „Chronik der Grafen von der Mark" ist nicht eine bloße Verherrlichung der großen Reihe der märkischen Grafen; sie stellt die Grafschaft in den Mittelpunkt der Darstellung und wird damit die erste Territorialgeschichte Westfalens. Levold gibt sich selbst als „*fervens celator*" seiner Heimat. Er verbringt seine Tage nicht in der Abgeschiedenheit der Klosterzelle, sondern in der Wirklichkeit des Lebens. Den politischen Entscheidungen seiner Grafen steht er nicht ohne Kritik gegenüber. Er berichtet zuverlässig und gelegentlich mit einem Blick in die große Welt. Sein Werk ist der Höhepunkt mittelalterlicher Geschichtsschreibung in Westfalen.

Engelbert hat die Lehren seines fast zwei Menschenalter vor ihm geborenen welterfahrenen Mentors wohl genutzt. Als Landesherr will er zuerst Herr im Lande sein. Bemühungen um Beschneidung der Rechte und Ansprüche der

„Stände" (Adel, Geistlichkeit, Städte) auf Mitsprache, wenn nicht Mitregierung, füllen die ersten Jahre seiner Regierung aus. Mit dem Problem ist er nicht besser fertig geworden als seine Vorgänger, seine Nachbarn und seine Nachfolger. Dann aber ist er bei allem dabei, was in Westfalen sich regt und tut.

Der eben Neunzehnjährige beginnt seine Bahn mit 1352 einer Fehde gegen Arnsberg, Köln und Dortmund. Sie ist 1353 nie zu einem Ende gekommen. Fast jedes Jahr bringt Anlässe, von neuem anzufangen. Eine Pilgerfahrt ins Heilige Land und eine Kreuzfahrt zu den „heidnischen" Pruzzen werden unternommen, weil das große Mode ist. Bei den Pruzzen in Königsberg besucht er den Hochmeister des Deutschen Ordens und empfängt von ihm den Ritterschlag. Sein prunkvolles Auftreten in dieser feierlichen Handlung erregt Aufsehen. Wieder im Lande, nimmt er den Krieg mit Köln erneut auf. Das hat ihn abgehalten, dem bedrängten Osnabrücker Bischof Johann 1362 Hoet beizuspringen. Der untüchtige Bischof ruft nach allen Seiten um Hilfe gegen seine ewigen Feinde, die Tecklenburger. Sie haben Osnabrücks stärkste Feste, die Iburg, besetzt und richten im Osnabrücker Nordlande und Umgegend, die sie über einen schmalen, mit Osnabrück streitigen Landstreifen längs der Ems kämpfend erreichen müssen, schwere Schäden an. 2371 Kühe, 111 Rinder, 3445 Schafe, 380 fette Schweine, 143 Pferde nehmen sie den Bauern weg, erpressen 60 Mark Kriegssteuer *(dingetal)* und schlagen 3 Menschen tot. Das Schadensverzeichnis (Meppener UB 95) berechnet den Gesamtschaden auf 4460 Mark Silber.

Die Zahlen und Geldwerte sind für 15 verschiedene Orte jeweils präzise angegeben und dürften, wie sonst üblich, nicht oder nicht stark übertrieben sein. Aus den Geldwerten ergeben sich als derzeitige Preise für 1 Kuh 1¼ Mark, für 1 Schaf ¹⁄₁₀ Mark, für ein fettes Schwein ½ Mark, für 1 Pferd

1½ bis 2½ Mark. In der Viehhaltung der emsländischen Bauern überwiegen Kühe und Schafe. Während die Pferdehaltung im mittleren Westfalen um diese Zeit sehr groß, mancherorts geradezu üppig gewesen ist, erscheint sie hier, im Emslande, als niedrig. – Die Aufrechnung ist ein Zeugnis für die Schäden, die die unbeteiligten Bauern in den Fehden der Herren zu erleiden hatten. Die Tecklenburger Grafen freilich scheinen sich immer durch besondere Roheit ausgezeichnet zu haben.

1367 Engelbert hat inzwischen dem Kölner Erzbischof die Herrschaften Bilstein und Fredeburg abgewonnen. Sein Territorium bleibt aber beschränkt auf die drei voneinander getrennten Stücke südlich der Lippe und Hamm, an der Ruhr bei Schwerte, an der Lenne um Altena, dazu die bedeutenden Vogteien über die Abteien Essen und Werden, die seinem Hause durch den Tod des Isenberger Grafen Friedrich zugefallen waren.

Verkauf der Grafschaft Arnsberg

1368 Durch sein schroffes Auftreten gegen Gottfried von Kuyk, erbenlosen Inhaber der Grafschaft Arnsberg, kann Engelbert nicht verhindern, daß Arnsberg an Köln verkauft wird. Köln rückt damit – und mit dem Vest Recklinghausen – hinter Münster zur zweitgrößten Territorialmacht in Westfalen auf. Die Grafschaft Arnsberg erscheint jetzt als kölnisches ,,Herzogtum Westfalen". Für das entgangene Arnsberg sehen die Märker sich entschädigt durch den Erbanfall der Grafschaft Kleve an Engelbert und seine Brüder Adolf und Dietrich von der Mutter her. Adolf und Dietrich verständigen sich mit ihrem Bruder durch Abfindungen. So wird der Gewinn der reichen Grafschaft Kleve ein bedeutender Machtzuwachs für die Grafschaft Mark. Sie ist nun unter den weltlichen Territorien Westfalens die führende Macht.

Auf Engelberts und des Paderborner Bischofs Anregung 1371
erläßt Kaiser Karl IV. den allgemeinen „Kaiserlichen
Landfrieden". Er mag, wie diese „Landfrieden", die
Sicherheit auf den Landstraßen und den Frieden im
Lande für eine Zeit wenigstens gefördert haben (vgl.
Seite 96); können doch in diesen Jahren die Bürger der
Stadt Münster ihrem 100 Jahre alten Rathause die
prachtvolle hochgotische Schauseite vorsetzen, die das
Gebäude zu einem der schönsten Rathäuser Europas
macht, zu dem unvergleichlichen Zeichen dieser Stadt.
Sicherlich nicht der Westfalen wegen erscheint der
Kaiser selbst ein paar Jahre später in Westfalen. Er durch- 1377
reist das Land auch nur. Sein Ziel ist Paris. Er ist früh
gealtert, 61jährig, weiß, daß er nicht mehr lange zu leben
hat. Verhandlungen mit Frankreich drängen zur Eile. Auf
jeder Station hält er sich nur ein oder zwei Tage auf,
befriedigt alle Bittsteller, gibt und verspricht, ganz gegen
seine Gewohnheit, mit leichter Hand. Auf dem Schach-
brette seiner Politik stehen die Westfalen, wenn überhaupt, unter den kleinen Bauern. Aber er bleibt der Kaiser
und die große Geste. In Minden läßt er das Grab Heinrichs von Herford herrichten, in Herford beruhigt er die
Äbtissin, die, alle Urkunden in einem Zipfel ihres Kleides
zusammengerafft, ihm ihre Ängste vor den bösen Nachbarn klagt, scheut nicht einen Umweg über Enger, um das
Grab Widukinds, von dem man ihm mit großen Worten
erzählt hat, zu sehen. In Paderborn erreicht er die große
Ost-West-Heerstraße, den Hellweg. Während er in
Frieden weiterreist, tobt im Süden des Paderborner Stiftes
nach wie vor die Fehde der Landadligen und der berüchtigten „Bengeler" untereinander und verwandelt die blühende Bauernlandschaft des Sintfeldes in eine men-
schenleere Einöde. Das sieht der Kaiser nicht. Vor Dort-

mund empfängt ihn Engelbert von der Mark mit 50 Reitern und geleitet ihn in die Stadt. Auch in Dortmund, der Reichsstadt, dieselben Beunruhigungen wie in der Reichsabtei Herford, auch hier dieselben Beruhigungen, diesmal aber mit allzu leichter Hand gegeben. In Köln hat er sie schon vergessen. Was er den Dortmundern versprochen hat, den Schutz der Stadt von seiten des Reiches, überträgt er dem Kölner Erzbischof, als der ihn darum bittet, weil er, der Erzbischof, doch der Nächste dazu sei. – Was weiß der Kaiser von den Gelüsten der Kölner Erzbischöfe?

Große Dortmunder Fehde

Die Reise des Kaisers durch Westfalen ist als denkwürdiges Ereignis erzählt und gefeiert. Denkwürdig ist sie, gefeiert zu werden verdient sie nicht. Eine Katastrophe ist die Folge. Sie löst die erste der drei großen westfä-
1388 lischen Fehden aus, die Große Dortmunder Fehde (die beiden anderen, die „Soester Fehde" und die „Münstersche Stiftsfehde", folgen ein halbes Jahrhundert später). – Nur zehn Jahre braucht Kölns Erzbischof, Friedrich von Saarwerden, um seinen alten Gegner, den Grafen Engelbert von der Mark, zwischen ständigen Fehden für seine Pläne zu gewinnen. Als Engelbert sieht, welche Beute winkt, wechselt er die Fahne. Der Erzbischof will die Proformaverschreibung des inzwischen verstorbenen Kaisers verwirklichen. Er möchte die Reichsstadt seinem Herzogtum Westfalen einverleiben, Engelbert das mitten in seinem Bereich liegende Rund um die Stadt, die „Grafschaft Dortmund", gewinnen. Dem ungewöhnlichen Bündnis schließen sich andere, ebenso Beutegierige, an. Dortmund erhält von allen Seiten „Absagen", ist aber auf der Hut und läßt sich belagern. Auf beiden Seiten werden Pulvergeschütze eingesetzt. Engelbert muß sich gefallen

110

lassen, daß die Dortmunder ein Spottgedicht auf ihn verbreiten.
Die Fehde endet mit einem Unentschieden. Engelbert 1389,
erhält eine Kriegsentschädigung von 7000 Gulden. Die Nov. 30
Stadt geht unbesiegt aus der Fehde hervor, hat aber eine
Schuldenlast von 55 480 Gulden auf sich geladen und verliert ihre wirtschaftliche Blüte. Die großen Kaufmannsfamilien verlassen die Stadt, die Einwohnerzahl sinkt
rapide.
Zwei Jahre später steht Engelbert schon wieder in
Fehde mit dem Erzbischof. Der fordert ihn auf, einen
Kampfplatz für die Entscheidung zu bestimmen. Brennende Dörfer, ist die höhnische Antwort, werden zeigen,
wo er, Graf Engelbert, zu finden sei. Er stirbt noch in diesem Jahre, erst 58 Jahre alt, auf seiner Burg Wetter an der 1391,
Ruhr. Wie kein anderer hat er einem ganzen Zeitab- Dez. 22
schnitt der Geschichte der Westfalen seinen Stempel aufgedrückt, wie kein anderer so ausgesprochen den Mittelpunkt allen Geschehens gebildet.

Münsters große Zeit

Einstweilen aber behauptet Münster noch den ersten
Platz. Sein Bischof Heidenreich Wulf von Lüdinghausen gehört nicht dem Hochadel an, anders als alle
hoch- und spätmittelalterlichen Bischöfe Münsters. Er
bestrickt seine Wähler durch seine Persönlichkeit. Weniger staatsklug als selbstherrlich zwingt er mit grober,
fester Hand jeden, der nicht will wie er. Seinen Mitmenschen hat das gefallen; für sie kommt der Bischof gleich
hinter dem König. Er herrscht, regiert und befiehlt. Man
sieht ihn nur hoch zu Roß. Fehde und Jagd sind sein
Leben. Er hat soviel Freunde wie Feinde. *„Vele synt, de syn
leven versmaden"* (schmähen?), schreibt sein Biograph und
Zeitgenosse, *„went de en levet nycht, de alle menne gheliyke*

111

woll behagen. — He was coene (kühn) *als eyn lewe, mylde als ein hane, gudertyren* (sanftmütig) *als eyn tortelduve, und he was bose kegen syne weddersake als eyn lewynne, he was tam als eyn duve, he was loyn als eyn voys, underwylen trach* (träge) *und lantverdich* (langsam) *als eyn bar, he was...*" so geht es weiter. Es hört sich an, als sei ein Nachklang der höfischen Ritterdichtung Süddeutschlands in den Norden gedrungen. Den rechtsbewußten Westfalen imponiert noch mehr, daß er ein strenger Richter war: „*Unde he sach numendes personen an noch slechte, men er wat* (ihrer welche) *henck he, wat koppede he, eren wat howede he de beyne aff, er wat sloet he* (schloß en in Fessel). *Und de myt unrechte gevangen verloste he.*" Von Hängen, Schinden und Köpfen wird berichtet, als sei es eben nichts, als gehöre es dazu.

Bis zum Grotesken erpicht auf ihre Rechte und Gerechtsamen sind die Behörden, die Stadträte vor allem. Ihre Stadt ist ihr Staat. Ihren Bischof — oder einen weltlichen Herrn — dulden sie. Sie klammern sich an ihre von Kaisern und Königen gegebenen Privilegien und Freiheiten, als ahnten sie, daß diese Herrlichkeiten bald von anderen Zeiten und Mächten verschlungen sein würden. Die folgende Geschichte erzählt ein Fortsetzer der von dem münsterischen Bischof Florenz von Wevelinghoven (1364—79) veranlaßten Chronik zum Jahre 1423: Der Rat der Stadt Münster beauftragt seinen „*botmeister*" Bernt Drunsel, den Henseken Gravemann zu verhaften und in Gewahrsam zu bringen. Henseken, der „*im gelage satte*" und wohl einen über den Durst getrunken hat, wehrt sich. Da greift der Stadtknecht zum Messer „*und sloch Henseken Gravemann doet up de stede. Do genck de raet in der nacht up dat raethus to samende, war se dat mochten laten* (wie sie das halten sollten), und fällten den salomonischen Spruch: „*Offte de raet wen gripen wolde und sick de genne* (derjenige) *wolt weren und des stades knechte slogen en dar over dot, solde man de dar*

*umme richten, so en konde de stad nyne knechte krigen, den
wen antasten* (verhaften) *wolden, und dat horde* (hörte, kam)
dem rade sulven nycht to. " Dem Bernd Drunsel wird keine
Schuld gegeben; Henseken aber *„vor eynen weldener"*
(Gewalttäter) nachträglich verurteilt. *„Also nam man den
doden menschen und lachte em up ene stortekarre* (Schub-
karre) *und forde em vor dat raethus vor dat gerichte, und
Drunsel droch eyn baer swert vor em an dat gerichte und dor
de stad wente* (bis) *up de Tuckesborg und dar hew* (hieb) *man
den doden menschen dat hovet aff.* "

Dies alles ist zu Bischof Ottos Zeit geschehen, bemerkt 1392
der Chronist für einen Mann, wie Münsters Stuhl ihn
noch nicht gehabt hat. Er war *„geboren van der Hoye"*.
Söhne des Hauses Hoya hatten schon im 13. Jahrhundert
die Stühle von Minden und Verden besetzt, die Grafen von
Hoya — ehedem „von Stumpenhausen" genannt — im
nördlichen Westfalen ähnliche politische Vormacht bedeutet
wie die Grafen von der Mark im Süden. Jetzt nun geht das
Haus Hoya als neuer Stern an beiden Himmeln der Westfalen auf. Ein Bruder Ottos wird Bischof von Hildesheim, ein
anderer Bruder, Johann, Bischof von Paderborn. Er legt den
Herren von Padberg das Straßenräuberhandwerk.

Inzwischen macht sich das Haus Jülich-Berg, um
Ravensberg vermehrt, in Westfalen bemerkbar. Ger-
hard, Dompropst zu Köln, taucht in Minden auf. Er
bewirbt sich um den vakanten Bischofsstuhl, hat aber kei-
nen Erfolg. Das Bistum ist in dieser Zeit durch Tod und
Beerbung seines Stiftsvogtes, des Edelherrn zum
Berge, jetzt erst von der Last der Vogtei befreit. Von sei- 1397
nen Nachbarn im Norden, den Grafen von Hoya, im
Osten von den Herzögen von Braunschweig-Lüneburg
wird es bedrängt, hat zudem Schwierigkeiten mit den
Stadt-Mindener Bürgern wegen deren Ansprüche auf
Beteiligung am Rat („Mindener Schicht"). So ist es in sei-

ner Entwicklung gehemmt, bleibt die größte Diözese, aber das kleinste geistliche Territorium Westfalens.

Im größeren Münster kann Bischof Otto von Hoya sich um so besser entfalten. Gestützt auf den 1252 erworbenen ravensbergischen Besitz an der Ems und um Vechta und im Bunde mit Osnabrück, Hoya und Bentheim gelingt es ihm, dem „wilden" Grafen Klaus von Tecklenburg in mehreren Fehden dessen alten und ausgedehnten Besitz im Osnabrücker Nordlande um Cloppenburg, Friesoythe und Sögel (Hümmling) zu entreißen. 1400 Dazu muß Tecklenburg einen Streifen Landes an der mittleren Ems mit der Burg Bevergen an Münster abtreten, so daß Münster nun den freien Zugang zu den nördlichen Teilen seiner um das Doppelte vergrößerten Herrschaft gewinnt. Das fortan sogenannte Niederstift Münster reicht von der holländischen Grenze im Westen bis an die Hunte. Das Gebiet der eigentlichen Diözese führt von nun an den Namen Oberstift Münster.

Gerhard und Wilhelm von Berg

Der Dompropst Gerhard von Jülich hat sich in Minden nicht wohl gefühlt. Von den dichterischen Versuchen des Mindener Domkanonikers Eberhard von Zerßen hat er keine Notiz genommen. Eberhards Buch „*Von der Mynne Regel*", eine schwächliche Nachahmung oderdeutscher Minnelyrik, hat ihm nicht gelegen, ebensowenig die lebhafte Musikpflege Eberhards.

Eberhard nennt 20 verschiedene, heute zum Teil nicht mehr bekannte Musikinstrumente. Blechblasinstrumente überwiegen die Flöten, Violen und Geigen. Vokal- und Instrumentalmusik, vor allem die Orgel, sind in Westfalen im kirchlichen wie auch im weltlichen Bereich schon vorher geübt worden.

Gerhard geht in die Grafschaft Ravensberg zu seinem Bruder und treibt dort das Spiel einer grauen Eminenz, undurchsichtig und schattenhaft, bei allen abenteuerlichen Umtrieben des Bruders dabei.

Wilhelm von Berg, der Bruder, erst 18jährig, setzt seine Wahl als Bischof von Paderborn durch. Mit der 1401 Annahme geistlicher Würden aber ist es ihm nicht eilig. Als Elekt von Paderborn schlägt er sich mit dem Stiftsadel herum. Die seit drei Jahren laufende Ever- 1407 steinsche *Fehde* bietet ihm Anlaß zum Eingreifen, als sich für die everstein-lippische Partei ein unglücklicher Ausgang abzeichnet. Er fällt in das lippische Land ein und zwingt die erschöpften Lipper, ihm zur Sicherung seiner Forderung einer Kriegsentschädigung die Herrschaft Enger als Pfand 1409 einzuräumen.

In Paderborn ist man von den kriegerischen Ambitionen seines jungen Erwählten bald nicht mehr erbaut. Als er mit Reformplänen gegen Kirchen und Klöster hervortritt, verliert das Domkapitel die Geduld und erklärt ihn, der sich um die päpstliche Bestätigung noch nicht einmal bemüht hat, obendrein als Kandidat für den frei gewordenen Kölner Erzstuhl auftritt, für abgesetzt. Es beruft sei- 1410 nen glücklicheren Gegenkandidaten Dietrich von Moers, der sich als gewandter und tätiger Politiker einen Namen gemacht hat, für zehn Jahre zum Administrator des Stiftes. Eine Fanfare für Köln: nach Arnsberg jetzt auch Paderborn!

Erzb. Dietrich von Moers

Dietrich von Moers, zweiter der fünf Söhne des Grafen Friedrich von Moers und Sarwerden, hatte in Bologna studiert auf ausdrücklichen Wunsch seines Vaters, *„de wolde, dat syn kynder solden wat leeren, dat se*

115

also nycht vorschemmet en worden". Er, der Vater, hatte nämlich in Rom, vor dem Papst, eine schreckliche Blamage erlitten. *"Als den pawest was gewyttiget, dat he eyn greve van Germanien were, so sprack en de pawest an up Welsch* (französisch). *So en konde em de van Morse nycht geantweren, wante he de welsche sprack nycht vorstont. So sprack en de pawest up Latyn an. Det en konde he ock nycht. Do sprack de pawest to dem umstendern: ,Est pulchra bestia, sed nescit loqui'. Dat is: He is eyn suverlick* (säuberliches, hübsches) *beyst, mer he en kan nycht gespreken. Dyt wort den greven van Morse bedutet"* (bedeutet, hinterbracht). Darum bestand er darauf, daß alle fünf Söhne auf Hochschulen studierten. Alle sind etwas geworden. Zu Dietrich bemerkt der Chronist: *"Und was van live schone und eyn weynich lenger dan gemeyne mans."* (Arnd Bevergen.)

Der kluge Erzbischof läßt · die Dinge angehen. Die Hoyaer sind ihm nicht geheuer. Otto, sein Suffragan in Münster, inzwischen auch Administrator von Osnabrück, hält ihn in Respekt, und daß dessen Bruder — oder Neffe — Albert Koadjutor des Mindener Bischofs wird, einstmals also dessen Nachfolger sein wird und sein, des Erzbischofs, Nachbar im Nordlande, läßt ihn nicht gleichgültig. Er muß sich auch des Paderborner Elekten erwehren, denn der läßt sich nicht einfach absetzen. Er entledigt sich seiner mit einer Unverfrorenheit, die schon den Zeitgenossen ein Kopfschütteln abnötigt. Er bietet ihm eine Frau an, seine Nichte Adelheid von Tecklenburg, und eine stattliche Mitgift dazu. Der junge Mann geht darauf ein, führt die Braut heim und zieht sich in die Grafschaft Ravensberg zurück, die ihm als Paragium zugewiesen war, führt weiter ein unstetes Leben und verzankt sich mit dem Adel der Grafschaft. Bemerkenswert ist seine Förderung des Kaplans Gottfried Schemel um so mehr, als er von dessen Hinneigung zur devotio moderna wenig berührt ist.

1415

116

Dieser, geschult in der apostolischen Kammer der päpstlichen Kurie in Rom, ein eifriger Vertreter kirchlicher Reformgedanken und Verfasser mehrerer staatspolitischer Schriften, arbeitet an einer großangelegten Weltgeschichte. Er begleitet den Grafen Wilhelm nach Ravensberg und vollendet hier sein Geschichtswerk. Unter dem Titel „Cosmidromius" (Weltenlauf) und seinem lateinischen Schriftstellernamen Gobelinus Persona findet es weite Verbreitung. Seine Gedanken über Staat und Kirche sind vielfach angeregt von seinem als politischer Schriftsteller bedeutenderen Zeitgenossen Dietrich von Niem. Daß er, der Westfale, auch einen Traktat über die Musik geschrieben hat, wird zu Unrecht kaum beachtet. Vielleicht hat er sich auch für die bildenden Künste interessiert; kann doch damit gerechnet werden, daß er mit Konrad von Soest bekannt gewesen ist und daß auf seine, Gobelins, Anregung hin der große Flügelaltar in der Bielefelder Marienkirche, um 1400 dort aufgestellt, einem Maler aus dem Kreise um Konrad in Auftrag gegeben war.

Konrad von Soest, berühmt durch seine Altarbilder für Wildungen (1404) und Dortmund (1420), ist wohl in Soest geboren, hat aber in Dortmund gelebt. Die Leuchtkraft seiner Farben, die zarte Innerlichkeit seiner Darstellung und seine sichere, gewandte Zeichnung haben ihm in der Kunstgeschichte den Ruf des „größten westfälischen Malers" gegeben (Geisberg). Die großen Altarbilder des Meisters von Schöppingen und des Meisters von Liesborn und weitere unbekannte Maler von Altarbildern in Dortmund, Soest, Warendorf und Isselhorst verharren in den Stilformen Konrads, während die Altäre des Münsterers Johann Körbecke, besonders sein Hauptwerk für Marienfeld, einen kräftigen Realismus

1418

anstreben und „westfälische Bürger zeigen, wie sie damals durch die Straßen von Münster und Coesfeld gingen" (Henze).

Des unbeliebten Wilhelm von Berg und Ravensberg, Schutzherrn Gobelins, Plan, gegen die Hussiten zu Felde zu ziehen, ein Plan, für den er sich von seinem „Schwiegervater" einen „guten Streithengst" erbittet, ist nicht mehr verwirklicht worden.

Kölns Absichten auf Paderborn

Otto von Hoya, Münsters Bischof, wird im 32. Jahre sei-
1424 ner Regierung von einer schweren Leberkrankheit ergriffen, *„dar van woys* (wuchs) *em eyn materye als eyn swam tuschen der levern und den ribben; do starff he. Und do was to Monster und dor dat ganze land groet screien und bedrofnisse."* Sein Nachfolger in Münster wird Heinrich von Moers, ein Bruder des Erzbischofs Dietrich.

Ihm, dem Erzbischof, ist es Anlaß, seine Paderborner Pläne wiederaufzunehmen. In aller Heimlichkeit steckt er sich hinter Papst und Kaiser und erreicht, daß die auf zehn Jahre befristete *Administratur* in eine lebenslängliche umgewandelt wird. Das wird ruchbar, und als damit auch seine weitere Absicht an den Tag kommt, das Bistum Paderborn dem Erzbistum Köln zu inkorporieren, erhebt sich in
1429 Paderborn und in ganz Westfalen ein Sturm der Entrüstung. Das Domkapitel setzt Himmel und Hölle in Bewegung, den Papst, den König, das Kardinalskollegium, das Baseler Konzil und seinen Metropoliten, den Erzbischof von Mainz. Der zuckt die Achseln: Er werde lieber mit dem Teufel paktieren als sich mit seinem Amtsbruder von Köln einlassen. Dietrich weiß sie alle hinzuhalten, verschanzt sich hinter Ausreden, spielt einen Gegner gegen den anderen aus, verspricht goldene Berge und droht mit Gewalt. Die Stadt Paderborn gewinnt er sogar für sich. Er ist laut päpstli-

cher Verfügung Bischof von Paderborn; die Inkorporation hat er nicht erreicht.

Johann von Hoya

Seine Gegenspieler sind jetzt die H o y a e r. In M i n d e n wird nach dem Tode seines Bischofs, des alten, aus lebenslangen Kämpfen über und über mit Narben bedeckten W u l b r a n d v o n H a l l e r m u n d, sein Koadjutor A l b e r t v o n H o y a zum Nachfolger gewählt. In O s n a b r ü c k, dessen Stuhl auch in diesem Jahr frei wird, wählt man seinen Bruder E r i c h. Dessen Bestätigung wird aber von einer moersisch gesinnten Partei hintertrieben; so bleibt er nur ein „postulierter" Administrator. Er gilt als ein feinfühliger, gebildeter Mann und geht Anfeindungen und Zwietrachten aus dem Wege. Seine Gegner aber lassen ihn nicht in Frieden. Er würde am liebsten verzichten und sich mit seiner einträglichen, geruhsamen Kölner Dompropstei begnügt haben. Das gibt sein dritter Bruder, J o h a n n, regierender Graf in H o y a, aber nicht zu. Die Ehre seines Hauses sieht er aufs Spiel gestellt. Das Abenteuer lockt den jungen Mann; er sagt den Osnabrückern die Fehde an.

J o h a n n v o n H o y a, Sproß des angesehenen, über Westfalen hinaus bekannten Hauses der ehemaligen Grafen von Stumpenhausen, ist ganz und gar aus der Art geschlagen. Seine Brüder und Vettern sitzen auf den Bischofsstühlen von Minden, Hildesheim Verden und Paderborn. Zwei Vettern aus der Nebenlinie sammeln zu ihrer Bibliothek drei Handschriften des Sachsenspiegels, mehr als ein Dutzend mittelhochdeutscher Heldengedichte wie Parzival, Lanzelot, Titurel u. a., Evangelienbücher und Chroniken; damals ohne Beispiel in den Häusern des westfälischen Adels. Johann hatte sich als eben 20jähriger zusammen mit einem jungen Tecklenburger

Grafen als Bannerträger in einer Fehde des münsterschen
Bischofs gegen den Herzog von Kleve versucht und
Gefallen am Kriegshandwerk gefunden.

Ein ungezähmter Wildling, bricht er in Osnabrück ein.
Der Weg dahin geht durch das Niederstift Münster, das
Hoheitsgebiet des Bischofs von Münster, Heinrich von
Moers. Hoya gegen Moers! Ein großes Spiel.
Johann erfährt zu spät, daß er sich einen doppelten
Gegner auf den Hals geladen hat. Sein wüstes Fehden
macht ihn schnell zum bestgehaßten Mann in Stadt und
Land Osnabrück und treibt ihn in die Enge. Dem Aufge-
bot der Osnabrücker Bürger gelingt es schließlich, ihn in
der Burg Fürstenau, wohin er sich zurückgezogen hat, zu
überraschen. Er versteckt sich in dem Backofen des
Pastors, wird aber entdeckt, gefangen, im Triumph nach
Osnabrück geschleppt und in den berüchtigten Käfig des
„Bucksturmes" gesperrt. Der Großgewachsene kann
nicht aufrecht darin stehen. Alle Welt, Kaiser und Papst
protestieren gegen die unmenschliche Haft; aber die
Osnabrücker lassen ihn nicht los. – Erich, sein Bruder,
hat längst aufgegeben. Dessen Nachfolger, auch wieder
1441, als Administrator, wird der Führer der moersischen Par-
Dezember tei, Heinrich, Münsters Bischof.

Soester Fehde

Dem Manne auf dem Kölner Erzstuhle traut auch die
Stadt Soest nicht. Als er von den Soestern neue Steuern
verlangt, seine Hoheit über Stadt und Börde durchgeführt
sehen will und die Rechte und Privilegien der Stadt anzu-
tasten sich unterfängt, sagt sie ihm den Gehorsam auf,
wählt ihren Nachbarn, den Jungherzog Johann von
Kleve-Mark, zu ihrem Schutzherrn und bereitet ihm
einen großen Empfang, als er mit 200 bewaffneten Reitern in die Stadt einzieht, und huldigt ihm. Dem Erzbi-

120

schof schreibt die Stadt einen Absagebrief: „*Wetet, bischop* 1444
Dietrich, dat wi den Junker van Kleve lever hebbet danne
Juwe und wert Juwe hiermet afgesegget." Das ist die damals
übliche Form einer Fehdeansage, der Anfang der S o e s t e r
F e h d e .

Der Soester Stadtschreiber B a t h o l o m ä u s v o n
d e r L a k e hat den Verlauf der Fehde aus eigenem
Miterleben geschildert.

Erzbischof Dietrich hat die Kräfte der wie Dortmund
wohlbefestigten Stadt und die Entschlossenheit ihrer Bürger unterschätzt. In jahrelangen Plänkeleien zieht sich die
Fehde hin, verschlingt Geld und Gut und bringt den Erzbischof keinen Schritt weiter, zumal es ihm nicht gelingt,
wirksame Waffenhilfe zu gewinnen. Selbst sein Bruder
Heinrich, Bischof von Münster, und die Stadt Osnabrück
wollen ihm nicht helfen; denn die beiden Städte Münster
und Osnabrück halten es mit den Soestern. Auch die
Stadt Paderborn verschließt sich ihm, obwohl er auf die
Inkorporation des Stiftes förmlich verzichtet. Da scheint
ihm der Zufall die gewünschte Hilfe in die Hand spielen
zu wollen. Für schweres Geld verpflichtet er ein in Ober-
sachsen beschäftigungslos stehendes, hussitisches Heer
von 8000 thüringischen und böhmischen Söldnern, Ketzern, gegen die er selbst einmal in christlichem Eifer zu
Felde gezogen war. Das verschlägt jetzt nicht.
Das Heer wird herangeführt und überschreitet, inzwischen auf 12 000 Mann angewachsen, im Juni die Weser. 1447
Mit dem Schreckensruf aus den Hussitenkriegen „Der
Böhmann kommt!" — heute noch ein Kinderschreck
„Der Buhmann kommt" — vor sich her, durchzieht es
sengend und brennend das soestfreundliche Lipperland.
Vor Lippstadt holt es sich eine Abfuhr. Dietrich schickt
noch einen Boten nach Osnabrück, droht mit Gewalt,

121

wenn die Freilassung des Johann von Hoya noch länger verweigert wird, und marschiert auf Soest. Die Osnabrükker lassen von ihrem Trotz, kleiden ihren Gefangenen in schwarzes Zeug und lassen ihn laufen. So erscheint er im Lager vor Soest, bleich und abgehärmt, aber aufrecht und stolz. Daß er sechs Jahre lang ununterbrochen in seinem Käfig ausgehalten habe, wie berichtet wird, ist nicht menschenmöglich. – Auch die alten Chronisten sind auf Sensation aus, viel mehr noch als ihre Kollegen von heute. Niemand kontrolliert sie.

Mit seinen eigenen Truppen verfügt der Erzbischof nun über ein großes Heer von 15 000 Mann. Soest wird nicht mehr nach der alten Methode mit Blockhäusern an den Zuwegungen abgesperrt, sondern regelrecht eingeschlossen. Den Soestern soll die Lust genommen werden, wie in den bisherigen drei Jahren der Fehde ungehindert Ausfälle zu machen und einen Plünderungs- und Beutekrieg gegen umliegende Dörfer zu führen, soweit sie sich zu den Kölnischen hielten oder halten mußten. Die Stadt wird 14 Tage lang aus 300 Geschützen beschossen; am 9. Juli soll sie im Sturm genommen werden.

Der Angriff bricht kläglich zusammen. Das Feuer der schauerlich tönenden Donnerbüchsen hat nirgends Breschen geschossen, und die Sturmleitern der Böhmen reichen nicht immer zur Höhe der Stadtmauern hinauf. Die Soester, Männer und Frauen, empfangen die Angreifer mit einem Hagel von Geschossen und Pfeilen, Steinen, siedendem Pech und was immer sich findet. Der Erzbischof ist mitten unter den Angreifern, aber er kann das Unheil nicht wenden. Vor dem entschlossenen Widerstand der Soester geben die Söldner auf, bevor es zu längeren Nahkämpfen kommt. Nur 50 Tote werden auf kölnischer Seite gezählt, in der Stadt sogar nur zehn. Zwei Tage später, als die Verpflegung ausbleibt und Dietrich mit einer Soldzahlung von 200 000 Gulden in Verzug

122

gerät, kehren die Söldner ihm den Rücken und marschieren ab.

Die Feindseligkeiten ziehen sich noch ein volles Jahr lang hin. Einer Entscheidung in offener Feldschlacht, die der Jungherzog und die Soester anbieten, weicht der Erzbischof aus. So kommt es im April des nächsten Jahres durch Vermittlung des Papstes in Maastricht zu einem 1449 Friedensschluß. Soest glaubt sich in stolzer Unabhängigkeit behauptet. Aber sie ist nur ein Schein. Die Stadt hat nur die kölnische Schutzherrschaft gegen die der Herzöge von Kleve-Mark vertauscht. Sie ist finanziell erschöpft. Ihre Stellung als Westfalens bedeutendster Handelsplatz hat sie verloren. Dem Kölner Erzbistum werden die lange begehrten Fredeburg und Bilstein endgültig zugesprochen. Dietrich aber hat sein hohes Prestige eingebüßt und dem Erzstift eine ungeheure Schuldenlast aufgebürdet.

Münstersche Stiftsfehde

Im Jahre darauf stirbt des Erzbischofs Bruder, Heinrich von Moers, Bischof von Münster und Administrator von Osnabrück. Die Neuwahlen für die vakanten Stühle verknäueln sich zu einem Wirrwarr, in dem sich bald kein Mensch mehr zurechtfindet.

Das ist das Zeichen für Johann von Hoya, aufs neue auf Abenteuer zu gehen. Was in Osnabrück nicht geglückt ist, könnte in Münster werden. Unauffällig, nur mit sieben Begleitern, reitet er in Münster ein. Die Mün- 1450, sterer lassen sich gern daran erinnern, daß er es gewesen Juni 23 ist, durch dessen Fürsprache bei dem Führer des Böhmenheeres Münsters Bürger von Beteiligung an dem Unternehmen gegen Soest verschont blieben. Sie nehmen ihn freundlich auf.

Johann hat ein Gespür für Menschen und Massen. Es

entgeht ihm nicht, daß in Münster die vielen, in Zünften und Gilden zusammengeschlossenen Handwerker, Höker und Krämer in den Fragen über das Wohl und Wehe der Stadt gegen die vornehmen „Erbmänner" und die alt eingesessenen Familien des Rates ein Wort mitreden. Sie schart er um sich. Er bewirtet sie, trinkt mit ihnen und redet auf sie ein. Seinen Bruder Erich, den in Osnabrück gescheiterten, holt er nach Münster und veranlaßt seine Anhänger, daß sie laut heraus verlangen, er, Erich, solle zum Bischof von Münster gewählt werden.

Dafür ist das Domkapitel nicht zu haben. Vor der bedrohlichen Haltung der Menge weicht es, bis auf zwei Mitglieder, nach Dülmen aus. Dort, in der Burg vor Dülmen und in Gegenwart des Kölner Erzbischofs Dietrich, wird beschlossen, dessen Bruder Walram von Moers zum Bischof von Münster zu wählen.

1450, ca. Juli 10

Helle Empörung in Münster! Mit jedem anderen wird man sich abfinden, nicht mit dem Bösewicht Walram, diesem, wie es in Münster heißt, in aller Welt als „Lügner und Betrüger, Dieb, Räuber und Mörder" verschrieenen. Der Rat tagt in Permanenz. Vertreter der Ritterschaft und Bürgermeister der Stiftsstädte kommen in die Stadt. Man protestiert und lamentiert: Böse Tage werden kommen! Und keiner weiß Rat.

Da macht sich, am Abend des 14. September, Arnd Bevergen, Ratsherr und „Aldermann" (Vorsteher) der Gesamtheit der Zünfte und Gilden, ein würdiger, besonnener, von allen geschätzter Mann, zum Sprecher der vor dem Rathaus versammelten, erregten Menge. Waffenlärm, sieht er voraus, wird bald Stadt und Stift Münster erfüllen. Die Stadt braucht jetzt einen starken, kriegserfahrenen Mann. Fast gegen seinen Willen, aber er weiß nichts Besseres, hetzt er die Menge auf, sie solle den Rat veranlassen, Johann von Hoya zum obersten Gewalthaber im Stift zu erklären. *„Ja, ja, ja; dat werdt gudt!"* brüllt die

Menge. Der Rat schrickt vor einem solchen, ohne die Mitwirkung des Domkapitels gesetzwidrigen Schritt zurück. Er will es sich bis zum nächsten Tag überlegen. Es wird Nacht darüber. Die Menge wird immer aufgeregter und weicht nicht von der Stelle. Drohungen werden laut: Man wird den Bürgermeister totschlagen, kein Ratsherr wird lebend das Rathaus verlassen. Arnd Bevergen versucht vergebens, die Tobenden zu beruhigen. Als der neue Tag anbricht, in aller Frühe, werden Graf Johann und sein Bruder Erich in das Sitzungszimmer des Rates gebeten. Johann empfängt aus der Hand des Bürgermeisters seine Bestellung zum Stiftsverweser und obersten Gewalthaber über das ganze Stift Münster für die Zeit, bis die Wahl eines genehmen Bischofs nach Recht und Gesetz erfolgt sein wird.

Der Rest des in Münster gebliebenen Domkapitels hat noch die große Zeit seines Bischofs Otto von Hoya erlebt. Er wählt jetzt dessen Neffen, den in Osnabrück gescheiterten Erich von Hoya, zum Bischof von Münster.

Eine dritte Partei in Münster sucht das Heil bei dem benachbarten Utrechter Bischof Rudolf von Diepholz und wählt dessen Neffen Konrad von Diepholz. Der ist aber nicht auf Abenteuer aus und erscheint nicht in Münster.

Die Osnabrücker haben die bösen Erfahrungen, die sie mit Johann von Hoya gemacht haben, vergessen. Sie wählen den Mindener Bischof Albert von Hoya, den dritten Bruder Erichs und Johanns, zu ihrem Administrator. Dem Hause Hoya öffnet sich eine bedeutende Machtfülle: eine Grafschaft und fünf Bistümer.

Kölns Erzbischof nimmt das nicht auf die leichte Schulter, zumal er die märkisch-klevische Faust immer im Nakken spürt. Er betreibt die päpstliche Bestätigung für seinen Bruder Walram als Bischof von Münster. Dann biedert er sich mit seinem zweiten Nachbarn am Rhein,

Jülich-Berg, an. Dessem schwächlichen Herzog Gerhard schlägt er einen „Erbvertrag" vor für den Fall, daß die Ehe des Herzogs kinderlos bleiben sollte. Es kommt aber nur zu einem unbestimmt formulierten Schutz- und Trutzbündnis. Damit ist der Erzbischof bald nicht mehr zufrieden. Die Ehe des herzoglichen Paares ist zwar seit zehn Jahren kinderlos, doch beide Eheleute sind in den besten Jahren und bei guter Gesundheit. Geduld üben ist nicht Dietrichs Sache. Kann er den Machtzuwachs im Lager der Gegner nicht verhindern, muß er Gegengewichte schaffen, „balance of power", sie koste, was sie wolle. Er verfällt auf den Gedanken, die Länder Berg und Ravensberg für den in Frage gezogenen Fall dem Herzog bereits im voraus abzukaufen. Der immer um Geld verlegene Herzog geht darauf ein. Der Verkaufspreis wird vertraglich festgelegt, eine Anzahlung auf den Tisch gelegt; weitere Ratenzahlungen für die Lebenszeit des Herzogs und seiner Frau werden vereinbart.

Mit dieser doppelten Deckung glaubt der Erzbischof die Entscheidung in der dreifach strittigen Bischofswahl für Münster zugunsten seines Hauses herausfordern zu können. Ist Soest verloren, Paderborn nur noch ein Titel, bietet Münster ein neues Ziel. Er findet Verbündete, darunter den Utrechter Bischof Rudolf von Diepholz, 1451, und sagt der Stadt Münster und den Hoyaern die April Fehde an. Den Münsterern springt Herzog Johann von Kleve bei. Die große Münstersche Stiftsfehde beginnt, mit der Soester Fehde das erregendste Kapitel einer Geschichte der Westfalen.

Zur Stiftsfehde berichten die Fortsetzer der von dem münsterschen Bischof Florenz von Wevelingkoven († 1393) veranlaßten Chronik, dazu, anschaulich und in deutscher Sprache, der Münstersche „Aldermann" Arnd Bevergen. — Auch die Stadt D o r t m u n d entwickelt in diesen Jahren eine lebhafte Stadtchronistik. Es schreiben die Dominikaner J o h a n n N e d d e r h o f f und D i e t - r i c h W e s t h o f f und der Ratsherr J o h a n n K e r k h ö r d e, er auch in deutscher Sprache. — In L ü n e n schreibt G e o r g S p o r m e k e r eine „Chronica Lünensis".

Ein Kleinkrieg, wie gewöhnlich, macht den Anfang. Ernten werden zertreten, Vieh weggetrieben, von den Bauern *dingetal* (Kriegssteuer) erpreßt. Man überwältigt die schwachen Besatzungen der Burgen und festen Häuser, nimmt kümmerlich befestigte Städte ein und legt sich in die Betten der Bürger. Es wird nur vorsichtig scharmützelt. Gefangene machen ist das einträgliche Geschäft der Fehden dieses Jahrhunderts. Sie bringen ein schönes Lösegeld. Mit dem Tod fürs Vaterland hat man es nicht so eilig. Die Entscheidung überläßt man gern dem Zufall und der Überraschung.

Der Erzbischof ist trotzdem bemüht, die Dinge voranzutreiben. Er veranlaßt erst einmal seinen jülichschen Vertragspartner, umherzureisen und sich von Städten und Ständen versprechen zu lassen, daß sie im gegebenen Fall dem Erzbischof huldigen werden, womöglich die Huldigung schon im voraus leisten. Das glückt auch meistens. Den Rittern auf dem Lande sind kleine Handsalben sehr willkommen. Die Bauern werden nicht gefragt; ihnen ist ihr Grundherr näher als der Landesherr. Den Städten ist es ziemlich gleichgültig, wer einmal ihr Landesvater sein wird. Schwierigkeiten macht nur eine Stadt, B i e l e f e l d. Ihre an kaufmännisches Denken gewöhnten Bürger wittern ein 1452, Geschäft. Sie versprechen die Huldigung erst, nachdem Juni 9 der Herzog den in die Stadt zugezogenen und weiterhin vom Lande zuziehenden, unfreien Bauernsöhnen die an die stadtherrliche, d. h. landesherrliche, Kasse zu ent-

1452, richtende Erbschaftssteuer erlassen und der Stadt gestat-
Juni 12 tet hat, die Quelle des Lutterbaches anzuzapfen und einen
Teil seines Wassers durch ihre wasserarme Stadt zu leiten.
Daher jetzt das geographische Unikum, daß aus ein und
derselben Quelle zwei verschiedene Gewässer fließen,
eins nach Süden zur Ems und eins nach Norden zur
Weser.

Das Gerangel von Erzbischöfen, Bischöfen, Grafen
und Herren, Stadträten, Bürgern, Gilden und Zünften
geht unterdessen weiter. Manch einer fragt sich, wohin
das führen wird. Johann von Hoya, der Buckstürmer,
führt eine neue Tanzweise in Münster ein. Er hat die ewig
Unzufriedenen um sich geschart, die Radaubrüder und
großmäuligen Weltverbesserer, die rôper, wie sie in
Münster genannt werden. Mit ihrer Hilfe möchte er sich
auch zum Stadtherrn machen. Arnd Bevergen erlebt
1453, eine bittere Enttäuschung: *„Up sünte Lambertzdach",* hat er
Sept. 17 später geschrieben, *„do makede iuncker Johann eynen uploip*
myt den roeperen und vengk eyn deel van den olde rade und
warp de in den kelder (Stadtkeller, Gefängnis) *alsze mysde-*
dige luede. So sechten se (die Gefangenen), *se en geerden*
(begehrten) *nicht dan rechtes. Daer up antworde iuncker*
Johann: Wat rechtes solde men jouw staden (zugestehen)*?*
Ghy synt bewaent (verdächtigt), *dat gy unser sake nicht truwe*
en synt, darumme sal men jouw de koppe afhouwen." Dazu
kommt es nicht; aber die Gefangenen, Ratsherren und Bürger, auch Arnd Bevergen, werden der Stadt und des Landes
verwiesen.

Johann terrorisiert die Stadt. Münster erlebt eine
Schreckensherrschaft: *„Johann unde de roepere wolden*
eynen raidt keysen (wählen), *de nae eren synne dede, dat wer*
krum edder recht. Dat mach men mercken by Johannes van der
Lippe des yungsten, do den de raith to leyth voer eynen rychter
unde leythen den richten to halsze unde tho buke (über Hals

128

und Bauch; Leben und Tod). *Alsz by namen over Lambert van Olphen, den men veerdelde, unde over Israel van Aldorpe, den men brande, und der well meer"* (Arnd B.).

Walram von Moers, Dietrichs Bruder, vom Papst bestätigter Bischof von Münster, hat sich in Coesfeld, Haltern, Borken und Bocholt festgesetzt und fehdet von dort aus in sein Stift: *Szo togen de munsterschen vaken* (oft) *uth tegen de viande, daer se mangelynge* (Gemängsel) *mede hadden. Szo fro als men de klocken sloich, szo moste malck* (jeder) *reyde* (bereit) *wesen; dair mannich man over thor doit quam"* (ds.).

Das Stift Münster hat jetzt sechs Herren: Bischof 1454 Walram von Moers in Coesfeld usw., Bischof Konrad von Diepholz in Ottenstein und Ahaus, Herzog Johann von Kleve in Stromberg und Dülmen, Graf Gerhard von der Mark in Werne, Bischof Erich von Hoya in Horstmar und Wolbeck, Johann von Hoya in der Stadt Münster, in Warendorf, Rheine, Bevergen und im Emslande. *„Aldus was dat stichte gedeelt myt grothen ungelucke, des mennich guth man woirdt lyffloisz unde gudtloise sun der syne schult"* (ds.).

Im Sommer dieses Jahres treten die Gegner sich endlich geschlossen gegenüber. Erzbischof Dietrich hat mit Hilfe seines Bruders Walram und seiner Verbündeten, dem Utrechter Bischof Rudolf, dem Grafen von Bentheim und Steinfurt, dem Edelherrn Simon zur Lippe, den Knappen Johann und Heinrich von Gemen und zahlreichen bergischen und jülichschen Baronen und Rittern die stattliche Kriegsmacht von 5000 Mann zu Fuß und 1200 Reitern bei Dülmen versammelt. Johann von Hoya kann ihm nur schwache, von seinen Verwandten, dem Herzog Friedrich von Braunschweig-Calenberg und dem Grafen Ernst von Schaumburg zugeführte Verbände und das Aufgebot der Münsterer Bürgerschaft entgegenstellen. Er führt einen Teil seiner Streitmacht hinter die Mauern des Klosters Varlar

129

nördlich Coesfeld und „befiehlt" dem Herzog Friedrich, *„dat he sick nynerleyewysz uth dem kloster solde geven to stryden tegen de viande"* (ds.). Er selbst reitet in großer Eile (*„velocius quo valuit"*) zum Herzog von Kleve, der in der Gegend von Borken, bei Ramsdorf, steht, um Verstärkungen heranzuholen.

Dem Calenberger aber ist es in dem Kloster zu eng. Er rückt mit seiner Armada ins Freie. Auf der Heide zwischen Varlar und Coesfeld bezieht er ein Lager in Form einer Wagenburg. Der Troß wird nicht in die Mitte gestellt, sondern rundherum aufgefahren. Zum Schanzen ist keine Zeit. Der Feind steht nur drei Wegestunden entfernt, und seine Späher sehen, was hier an militärischen Absonderlichkeiten vorexerziert wird. Um den aus Südwesten vielleicht schon anmarschierenden Klevern zuvorzukommen, befiehlt der Erzbischof den Angriff. Seine Landsknechte unterlaufen den Pfeilregen aus der Wagenburg, schieben die Fahrzeuge beiseite und machen der Kavallerie die Bahn frei. Es entwickelt sich keine Schlacht mit geschlossenen Verbänden, sondern ein wildes Getümmel. Die Übermacht des Erzbischofs ringt den Gegner schnell zu Boden. Der Calenberger Herzog wird schwer verwundet und gefangen, der Graf von Schaumburg und fast alle Unterführer ebenfalls gefangen. Das Stadt-Münster-Aufgebot verliert mehr als 100 Mann und 50 Tote.

1454, Juli 18

Der Erzbischof feiert seinen Sieg. Noch auf dem Kampffelde werden die beiden jungen Herren von Gemen und andere junge Adelige zu Rittern geschlagen. – Aber was für ein merkwürdiger Sieg ist das? Warum kommen die Klever nicht? In zwei bis drei Stunden hätten sie da sein können. Warum läßt man die Münsterer ihre Toten aufsammeln und nach Münster mitnehmen, daß sie dort bestattet werden können? Warum unternimmt der Erzbischof nichts, gar nichts, um seinen Sieg auszunutzen? Den Zeitgenossen ist das ein Rätsel. *„Cur hoc neglec-*

tum", verwundert sich ein Chronist, *„novit ille, qui nihil ignorat"* (weiß nur Gott [jener], der alles weiß).

Darf man danach fragen, wenn tausend Gründe, Zufälle und wer weiß was die Ursache gewesen sein können? Der Tag von Varlar hat nichts entschieden; die Fehde geht weiter. Ein frommer Unbekannter schreibt in eben diesem Jahr im Stile der lateinischen Vagantendichtung ein 26 Zeilen langes, binnengereimtes „Klagelied" über den Krieg in der Diözese Münster in vierhebigen Halbzeilen:

„Hec infausta tempora / me cogunt nunc ad carmina.
Heu Jheremie tristia / iam mea sunt in patria!
Ut plorens ille cecinit / sic recte nobis evenit.
Fastus et invidia / devastaverunt omnia;
Redacte sunt in cineres / ville; villani pauperes.
Sub divo iacent humiles / pluresque fiunt exules.
Agri privantur aratro / concurritur pro baratro . . ."

(Diese schrecklichen Zeiten zwingen mich nun zu Gedichten. Ach! Klagen des Jeremias erheben sich in meinem Vaterlande! Wie jener weinend niederfiel, so geschieht es uns jetzt zu Recht. Bosheit und Neid haben alles verwüstet. Zerfallen zu Asche sind die Dörfer; die armen Bauern liegen unter freiem Himmel, viele sind vertrieben. Die Äcker werden des Pfluges beraubt, gefräßige Horden fressen sie leer.)

Johann von Hoya spielt weiter den großen Herrn. 1454, Ein Friedensangebot des Erzbischofs, in Köln und im Bei- Nov. 24 sein des gefangenen Herzogs Friedrich verhandelt, lehnt er ab. Seine Anhänger und er *„hedden doch nae der tydt, dat de stadt Munster dussen strydt voir Varlar verloren hadde, velle victorien myt vellen dingen, dat se eren vyanden affwunnen",* schreibt der verbitterte Arnd Bevergen über die Zeit, da er aus Münster verbannt war, *„dat tho lanck weer tho schriven".*

Da greift der Papst ein, zugunsten der moersischen 1455, Partei. Das Bistum Osnabrück sieht sich von seinem März 31 Administrator, dem Mindener Bischof Albert von Hoya, vernachlässigt. Er wird für abgesetzt erklärt. Seinem Bruder Erich, der fünf Jahre lang, bis 1442, den Osnabrücker Stuhl innegehabt und sich in Osnabrück unbeliebt gemacht hatte — er war ersetzt worden durch Heinrich von Hoya († 1450) —, werden Ansprüche auf den Osnabrücker Stuhl abgesprochen. Der Papst überträgt das verwaiste Bistum Osnabrück dem Utrechter Bischof Rudolf von Diepholz, dem tätigsten Helfer Erzbischof Dietrichs. Der Ruf erreicht Rudolf nicht mehr; er war am 24. März

1455, gestorben. In Osnabrück wählt man nun Rudolfs Neffen,
Juni 11 Konrad von Diepholz. Er bleibt, wie sein Utrechter Onkel, eine starke Stütze der Partei des Kölner Erzbischofs. Dessen Hoffnungen auf Berg und Ravensberg erfüllen sich nicht. Dem Herzog Gerhard von Jülich-Berg wird in diesem Jahre der lang ersehnte Sohn und Erbe geboren. — Päpstlich bestätigter Bischof von Münster ist allein Walram von Moers, des Erzbischofs Bruder.

1456, Er stirbt im Jahre darauf. Mit seinem Tode erleidet die
Sept. 26 Lage der Hoyaer und ihrer bürgerlich-münsterischen
(Okt. 3) Anhänger wieder einen Stoß. Johann, der Allgewaltige, verharrt bei seinem rigorosen Vorgehen gegen alle, auch gegen Städte, die nicht wollen wie er. Die Neuwahl des
—, Nov. 22 Bischofs wird zu einem tragikomischen Spiele. Johann ist der erste auf dem Plane. Zwei in Münster gebliebene Domkapitulare und die Städte Coesfeld, Warendorf und Dülmen wählen (postulieren) auf sein Drängen hin seinen Bruder Erich. Die Mehrzahl der nach Ahaus ausgewichenen Domkapitulare jedoch stimmt für Konrad von Diep-
—, Dez. 10 holz, verzögert aber aus Mangel an Geld die Absendung eines Boten nach Rom, der die päpstliche Bestätigung einholen soll.

Johann ist nicht wählerisch in seinen Mitteln „*und*
1457, *dede ock vele unbegriplichs dinges*" (Arnd B.). Er läßt sich in
Jan. 21 (23) die Schmiedezunft zu Münster aufnehmen, für einen hochadeligen, regierenden Grafen ein ganz ungewöhnlicher,

132

unmöglicher Schritt. So wird er Bürger der Stadt und in den Rat gewählt. Das erregt Aufsehen und irritiert die öffentliche Meinung nicht nur in Münster. Aus Hamm kommt ein Franziskanermönch namens Johann Brüggemann nach Münster und predigt auf allen Straßen gegen das Schandregiment des Grafen. Anfeindungen, selbst Todesdrohungen erschrecken ihn nicht. Viele hören ihm zu, *„qui non audebant publice, tamen occulte sibi Johannes (Brüggemann) sibi adhesunt"* (wagten nicht öffentlich, sich ihm zuzugesellen, schlossen sich aber insgeheim ihm an), bemerkt ein Chronist drei Jahre später. Der unerschrockene Mönch wird zurückgerufen. — , April

Graf Johann versucht erneut, seinen Bruder Erich als Bischof durchzubringen. Er zwingt sechs reiche münstersche Bürger, nach Köln zu reisen, daß sie dort mit ihrer Bürgschaft 3000 rheinische Gulden anleihen und nach Rom an den päpstlichen Hof senden. Bevor die sechs ihren Auftrag durchführen können, erfahren sie, daß der Papst bereits am 11. April die Entscheidung getroffen hat. Weder Konrad von Diepholz noch Erich von Hoya haben seine Bestätigung erhalten, sondern ein Prinz aus dem Hause W i t t e l s b a c h, Johann von Pfalz-Bayern, Bruder des regierenden Herzogs Stefan von Pfalz-Bayern. — , Mai

Um von Rom nach Köln zu gelangen, hat die Nachricht 3 oder 4 Wochen gebraucht, für die damalige Zeit eine schnelle Beförderung, selbst wenn sie über Relais gegangen wäre.

Was den klugen, friedliebenden und auf Ausgleich bedachten Papst Calixtus zu diesem Schritt veranlaßt hat, ist nicht bekannt. J o h a n n v o n B a y e r n ist der erste Bischof in Westfalen aus dem Hause Wittelsbach.

Die Neuwahl des Bischofs beendet die Fehde noch nicht. Dietrich von Moers scheidet wohl mehr oder weniger aus, weil die Reichspolitik ihn jetzt in Anspruch nimmt; seine Partei aber, der Diepholzer in Utrecht und Osnabrück, die Bentheim-Steinfurter, die Lipper, Rietberger und Gemer, dazu ein von der Horst, wird überra-

1457, schend aktiv. Konrad von Diepholz und Dietrich von der
Juli 25 Horst überfallen die Stadt Coesfeld, wo Erich von Hoya Zuflucht gefunden hatte, und führen über 100 Gefangene weg. Erichs Bruder Johann unternimmt mit seinen Münsterer Bürgern nur einen Zug gegen die moersischen Nordhorn, Neuhaus, Velthaus, Ulsen und andere Dörfer; *„doch was de nam* (Wegnahme, Beute) *undt de toch nicht so groth"* (4. Forts. der W'schen Chronik). Er kann nicht verhindern, daß Dietrich von der Horst vor Münster erscheint,
—, Sept. 16 33 Bürger als Gefangene und große Beute mitnimmt. Die Münsterer verlieren dabei acht Tote. Zwei Tage später reitet
—, Sept. 18 der neue Bischof in Haltern ein, kurz darauf in Ahlen. Von da schickt er einen Boten mit Briefen nach Münster. Die
—, Okt. 1 Briefe werden angenommen; den Boten lassen die Münsterer nicht herein. Die Coesfelder, die ihren Erich noch beherbergen, jagen den neuen Bischof *„untemlichen enwech"* (ebdt.). Edelherr Bernhard zur Lippe und der Graf von Rietberg brennen und „schinden" die hoya-münsterschen Dörfer Oelde und Stromberg.

Auf Einladung des Herzogs von Kleve treffen sich schließlich die Häupter und Vornehmsten beider Parteien
—, Okt. 23 zu Friedensverhandlungen auf der K r a n e n b u r g westlich Kleve. Die Moersischen betrachten sich als die Sieger; sie diktieren die Bedingungen: Johann von Bayern soll als Bischof von Münster von allen anerkannt, Erich von Hoya mit einer lebenslänglichen Rente abgefunden werden, sein Bruder Johann *„voir synen arbeith eyn redelichkeit to doin ind oen dair mede to besorgen".* Erich, der auf einer Burg im Emslande untergekommen war, stirbt kurz danach, Johann geht grollend nach Münster zurück. Ein paar Tage später trifft er mit dem Herzog Stefan, dem Bruder des
—, Okt. 28 neuen Bischofs, nochmals zusammen in S e n d e n h o r s t. Er

134

verlangt, „*dat bischup Johan solde syne breve unnd gerechtig-keit presenteren to Munster, unnd dann solde he in syne stadt kommen*" (Arnd B.). Daß wieder Friede im Lande sein soll, spricht sich nicht so schnell herum, will vielleicht auch nicht gehört werden. An demselben Tage wird die Stadt Rheine von dem Grafen von Bentheim und den beiden Herren von Gemen überfallen, „*eyn deel der oversten und burgers mit den Kerckheren*" werden als Gefangene weggeschleppt und „*up 7000 gulden geschattet*" (ebdt).

Der neue Bischof ist inzwischen schon auf „Umritt". Er wird nicht überall mit offenen Armen empfangen. Die Bekkumer z. B. wollen auch seine „Briefe" sehen, bevor sie ihn −, Okt. 30 einlassen. Als er endlich in Münster erscheint, hoch zu Roß zwischen seinem Bruder und dem Herzog von Kleve, −, Nov. 10 drückt der störrische Hoyaer Graf sich beiseite, während Bürgermeister und Rat den Treueid leisten. Dann wird ihm doch Angst. Ihm könnte geschehen, fürchtet er, womit er so viele andere hatte erzittern lassen. „*Nu hort*", frohlockt Arnd Bevergen, „*wo geringe dat ein dinck ein umbslach nimpt. Darna vorhoff sick de gemeinheit to Munster up eren rathuse* −, Nov. 24 *iegen eren iuncker Johan und esschede wedderumb de vorsegelung von em, de se em vorsegelt hadden*" (und forderten das Treugelöbnis zurück). *Do quam so grote unstuer van, hadden de oversten iuncker Johan nicht beschermet, soi wolden se em mit syner geselschup in des stades keller gesatt hebben. Mer des anderen dages quam he hemlich mitt einen knecht to Schonefelt und tho Sassenberge. Also entquam he den Munsterschen.*" Er geht in seine Wesergrafschaft zurück, heiratet, inzwischen ein guter Fünfziger geworden, ein Fräulein aus dem Hause der Diepholzer, die ihn zehn Jahre lang bitter bekämpft hatten. Zu Anfeindungen von seiten Münsters, etwa aus dem angrenzenden Niederstift, ist es anscheinend nicht gekommen.

Sein Bruder Albert, Bischof von Minden und südlicher Nachbar, hat sich dem Andrängen der welfischen Macht und des fehdelustigen Edelherrn zur Lippe, Bernhard VIII., dem „Kriegerischen" („Bellicosus"), mühsam zu erwehren. In der Stadt Minden finden trotzdem Männer der Feder noch die Möglichkeit friedvoller Betätigung auch außerhalb der Geborgenheit der Klosterzelle. Der Domherr Heinrich Schloen, gen. Tribbe, schreibt in Anlehnung an die kurz vor ihm entstandene „Bischofs- chronik" des Dominikaners Hermann von Lerbeck und einer kleinen mittelniederdeutschen Chronik eines unbekannten Verfassers eine dritte, die sogenannte „Jüngere Mindener Bischofschronik", dazu, ein Unikum 1460 für seine Zeit, eine „Beschreibung von Stadt und Stift Minden".

1463   Im 49. Jahre seiner Regierung stirbt Erzbischof Diet- rich. Die Münstersche Fehde hat er gewonnen; aber die- ses Mal ist er der besiegte Sieger. Sein wie vieler seiner Vorgänger Ehrgeiz, Westfalen in die Herrschaft der Köl- ner Erzbischöfe zu zwingen, ist auf der Heide von Var- lar, in der glänzenden Siegesfeier, Phantom geworden.

Münsters neuer Bischof aus der bayerischen Pfalz ist in der kurzen Zeit seiner Regierung erfolgreich bemüht, die alten Ordnungen wiederherzustellen. Nicht angerührt hat er die von den Gilden und Zünften erreichte Beteiligung am Stadtregiment als Gegengewicht zu den münsterschen „Erbmännern" und das Mitspracherecht der Landstände 1465 in den Fragen der Landesregierung.

Hessen, Burgund, Münster

Im südlichen Westfalen machen sich die Hessen als unangenehme Nachbarn bemerkbar. Sie gewinnen die Trendelburg an der Diemel und drängen über den Fluß, die alte Grenze des Stiftes Paderborn, hinaus. Aus dem Westen endlich droht die aufsteigende Macht Burgund.

136

Herzog Karl der Kühne erscheint mit einem großen Heer am Rhein und belagert Neuss. Während Herzog Johann von Kleve, am burgundischen Hof erzogen und Held der Soester Fehde, vergebens die Gelegenheit benutzen will, sich der kölnischen Städte Arnsberg und Eversberg zu bemächtigen, führt Münsters Bischof, Heinrich von Schwarzburg, Abkömmling wiederum eines regierenden, außerwestwelschlichen Hauses, das niederdeutsche Kontingent in dem Reichskriege gegen Karl den Kühnen. Der Kaiser verleiht ihm dafür eine goldene Adlerfahne. Westfalen haben dazu beigetragen, eine dem Reiche drohende schwere Gefahr abzuwenden (Petri). Der kriegerische Bischof hatte im Jahre vorher, in einer Fehde mit dem Grafen von Oldenburg, Harpstedt und die Grafschaft Delmenhorst zum Niederstift Münster gewonnen. Münster ist jetzt das größte Territorium Westfalens, sein Bischof gleichzeitig Landesherr über die ganze nördliche Hälfte der Diözese seines Amtsbruders in Osnabrück. Nach dem Niedergang von Dortmund und Soest erringt die Stadt Münster den ersten Platz unter den Städten Westfalens.

Ertwin Ertman

In Osnabrück stirbt sein Bischof Konrad von 1482 Diepholz. Sein kluger Ratgeber, der Bürgermeister Ertwin Ertman, Verfasser einer großangelegten „Osnabrücker Bischofschronik", gibt den alten Leinen- 1483 leggen eine feste Schauordnung. Die Qualität der auf dem Lande gewebten Leinwand, „Löwend" oder „Osnabruggs" genannt, wird dadurch kontrolliert, das Osnabrücker Leinengewerbe weit berühmt. — Ertman stellt, als die Bürger Osnabrücks unter Führung des Schneidermeisters Lenethun aufsässig werden, mit harter Hand Ruhe und Ordnung wieder her. Er merkt, daß die aufhet-

137

zenden Reden des Schneiders nur halb angehört werden,
1490 läßt ihn greifen und wie üblich ohne viel Federlesens mit
ihm verfahren.

Erbfall Jülich-Kleve

Zwei Heiraten, die von 1346 und 1368, hatten die politische Geschichte der Westfalen einmal in neue Wege
gelenkt. Auf der Schwelle zur Neuzeit steht wieder eine
Heirat. Herzog Wilhelm IV. Jülich-Berg-Ravensberg hat
nur eine Tochter, Maria. Sie ist seine Erbin und wird dem
Jungherzog von Kleve-Mark verlobt. Erbansprüche anderer werden durch Verhandlungen ausgeräumt, mit Pomp
1510 und Pracht wird in Düsseldorf Hochzeit gehalten. Im
Jahre darauf stirbt Herzog Wilhelm, die Länder Jülich,
Berg, Ravensberg, Mark und Kleve fallen damit in eine
Hand. Alle Welt erwartet, daß Führung und Vormacht
am Niederrhein und in Westfalen nun dem alten Hause
der Grafen von der Mark zufallen werden. Eine große
und reiche Ländermasse mit blühenden Städten, Gewerben und Industrien und ansehnlichen militärischen Kräften berechtigen solche Hoffnungen.

Die Welt der Westfalen

Der Sprung des mächtigsten der weltlichen Fürstenhäuser
der Westfalen an den Rhein hatte die vom Rhein, von Köln
her, drohenden Gefahren endgültig gebannt. Würde es ihm
gelingen, in die größere politische Rolle hineinzuwachsen,
die nun auf es zukam? Ein Engelbert III. von der Mark,
seine Väter und seine Söhne, nicht weniger der „streitbare"
Friedrich von Arnsberg, Bernhard der „Große" aus dem
kleinen Lippe, der „kriegerische" Simon, der „wilde" Tecklenburger, sie waren keine friedbringenden Tauben gewesen. Die Sprache des Schwertes war ihnen geläufiger als die

138

Gebote Gottes. Aber die Welt zu gewinnen, auf fremden Schlachtfeldern Lorbeeren zu pflücken, sich mit den blutigen Ruhmeskränzen der Eroberer zu schmücken, das ist ihnen nicht in den Sinn gekommen. Ihre Welt war Westfalen. Was darin auszumachen war, untereinander, miteinander und gegeneinander, genügte, sie steifnackig auf dem Ihrigen beharren zu lassen, sie zu beschäftigen und Fremde fernzuhalten. Was draußen geschah, ließen sie geschehen, mußten es auch geschehen lassen. Sie wären also im Grunde genommen die Ofenhocker des Heiligen Römischen Reiches gewesen? Verwunderlich genug: Sie waren es keineswegs. In Scharen sind sie dem lockenden Ruf des Ostens gefolgt. Die Namen der Ordensmeister Winrich von Kniprode, des Rheinländers, und Wolters von Plettenberg, des Westfalen und Bezwingers der Russengefahr in den Schlachten an der Seritza (1501) und am See Smolina bei Pskow (Pleskau, 1502), umschließen ein langes und unglückliches Kapitel deutscher Geschichte, deutscher, nicht mehr westfälischer.

Westfälisches Recht

Es ist gesagt worden, den Westfalen sei die Begabung für politische Aufgaben größeren Stiles abgegangen. Ihre Begabung liegt in ihren Rechtsschöpfungen. Damit, und damit allein, sind sie über die Grenzen ihres Raumes hinausgegangen und zu Wirkungen von Dauer gekommen. Es war nicht so sehr die Feme. An der eigenen Maßlosigkeit und an dem Anspruch, jedes Verfahren im Reich an sich zu ziehen, ist sie schließlich gescheitert. Weit größere Bedeutung kommt den in Soest, Dortmund, Münster und Minden entwickelten Stadtrechten zu. Sie sind in alle Welt gegangen. Sie waren Privatrecht, öffentliches Recht und Strafrecht in eins. In Magdeburg und Lübeck, in Bergen, Memel, Dorpat, Reval und Riga bis hinunter nach Kiew und Odessa galt westfälisches Recht.

Reformatio Sigismundi

Den für Recht und Gesetz geschärften Blicken der Westfalen sollte nicht entgangen sein, was schon vor der Mitte des 15. Jahrhunderts als Gedankenwelle einer R e f o r m a - tion an Haupt und Gliederung ins Rollen gekommen war. Ist nachrichtlich auch nicht bezeugt, daß die viel gelesene, 1439 von einem ungenannten Verfasser geschriebene, dem Kaiser Sigismund unter dem Titel Reformatio Sigismundi zugewandte Schrift nach Westfalen gelangt ist, darf wohl nicht daran gezweifelt werden, daß sie hier bekannt geworden und gelesen worden ist. Sie ist bald in 12 Handschriften verbreitet und 1476 und im folgenden Jahrhundert ungezählte Male gedruckt worden, vielleicht auch in Münster, wo seit 1485 vorübergehend eine Druckerei bestanden hatte. Ihre Forderungen konnten nirgends überhört werden: Verzicht der Kirche auf weltliche Macht, allgemeine Kontrolle und Regulierung der Preise für alle Waren, Aufhebung der in den Zünften gepflegten Zwänge, freie und gleiche Benutzung der Almenden, Abschaffung der persönlichen Unfreiheit, Verbot der Bedrückung der Bauern, zuoberst die Wiederherstellung eines göttlichen, natürlichen Rechtes durch einen großen Friedensfürsten. Eben diese letzte und höchste Forderung scheint einen Widerhall gefunden zu haben in der über Westfalen verbreiteten Sage von der letzten S c h l a c h t am B i r k e n b a u m und dem „Erretter-Kaiser" (Korte).

Die Bauern

Ungehört geblieben ist sicherlich auch nicht, was die Schrift über die Lage des Bauernstandes sagte. Höchstens ein Zehntel aller Bauern Westfalens hat um diese Zeit noch die alte persönliche und dingliche Vollfreiheit besessen. Soweit der Bauer sich noch „frei" nennt, ist er ein Wachzinser, Kirchenfreier, Hodefreier, Hausgenosse, Häger und was immer, nur noch ein Halbfreier. Über seinen Grund und Boden kann er in den wenigsten Fällen selbst verfügen. Bedrückungen und Belastungen und erhöhte Zwangsdienste und Abgaben haben zugenommen, seitdem die großen Grundherrschaften, die des fürstlichen Hochadels und der Kirche, immer mehr dazu übergehen, die Höfe ihrer Bauern als Lehen in die Hände des niederen Landadels zu geben. Der Spruch „Unter dem Krummstab ist gut leben" ist von Bauern gesprochen worden. Auch die landesherrlichen Grundherrschaften haben sich um das Wohl ihrer Bauern gekümmert. Die Bedrücker sind die „Junker". Für sie, für die Mehrzahl von ihnen, ist der Bauer in dieser Zeit Gegenstand der Ausbeutung und Erpressung. Daß man seinen eigenen Ast absägte, indem man seinen Bauer verkommen ließ, dazu reichte nicht das Denken dieser von der Zeit und von ihren eigenen Lebensbedingungen geprägten, im ganzen noch recht Primitiven.

Werner Rolevinck

Schon Werner Rolevinck (1425 — 1502) hatte sich in seiner Schrift „*Libellus de regimine rusticorum* " ähnliche Gedanken gemacht. Er wußte um das Schwanken der Getreidepreise, die vielerorts zu beobachtende Umstellung von Getreidewirtschaft auf Viehwirtschaft und die Anziehungskraft der Städte auf den Überschuß der bäuerlichen Bevölkerung. In jeder kleinsten Stadt finden die vom Erbe ausgeschlossenen Jungbauern Beschäftigung. Ein Städtchen von tausend oder anderthalbtausend Menschen hat damals 25 Schneider, 20 Schuster, 15 Klempner, 10 Schlosser usw.

Wenn er, der Kartäusermönch Werner, in Köln sich nach dem Reich seiner Kindheit verzehrt und schreibt, wie Gott das Westfalenland reichlich bedacht hat mit Fluren, Gärten und Wäldern, vergißt er nicht seine „Brüder im Herrn". Ihre Predigt zeichne sich nicht durch Wohlklang der Stimme aus, noch weniger ihr Gesang. Sie gefallen auch nicht durch Beredsamkeit; die Einfachheit ihrer Worte finde den Weg zu den Herzen der Westfalen.

½ Seite aus Ralevinks „De laude antiquae Sasconiae nune Westphaliae dictae". Nach dem Druck von 1478 (Originalgröße).

Westphalia (de qua nunc intendimus) terra est non vinifera sed virifera, eo altius a summo deo creatore omnium privilegiata, quo preciosio ra clenodia mundo celisque transmittit.
Haec pro suo situ in partibus alemanie inferioris iacet, ab oriente saxoniam, a meridie rhenum, ab occidente equam rhenum vel yssulam, a septentrione occeanum habens Ambitus eius quasi rotundus circumfertur, cuius dyameter quinque dietarum metitur Nam saxonibus contigua vergit ad hassiam, deinde ad westerwal dam, hinc ad ducatum montensem super rhenum situm, deinde ad ducatus clivensium et gelrensium se mutuo conplectentes, hinc

142

VI. Überfremdung Westfalens
(1510 — 1813)

Die Künste

Werner Rolevincks Zeitgenossen und die Menschen der
ersten Jahrzehnte des neuen Jahrhunderts erleben eine
„heile Welt"; sie haben keine Ursache zu zweifeln, daß sie
so bleiben wird, so prall gefüllt von Lebensfreude und
schöpferischem Willen. In der Geschichte der Westfalen
des 15. und des angehenden 16. Jahrhunderts sind nicht
die ununterbrochenen, landauf, landab tobenden Fehden
das Allbewegende. Das Waffengetöse der Stiftsfehde hat
Münsters Bürger nicht aufgeregt. Sie bauen weiter an
ihrem Prinzipalmarkt, ihre Meister schnitzen die Ver-
täfelungen für die Hauptwand der Ratskammer ihres
phantastisch schönen Rathauses, Henrik Brabender-
Beldensnyder schafft für den Westgiebel des Domes
die Gruppe der erstaunten Zuschauer beim Einzug des
Jesus aus Nazareth. Derick Baegert, sein Sohn Jan
und vier (Ludger d. Ä., d. J., Hermann und Nikolaus)
tom Ring setzen in Münster die große Malertradition
der Mitte des 15. Jahrhunderts fort. Zu Bocholt arbeitet
der Goldschmied und Kupferstecher Israel von Mek-
kennem, Heinrich Aldergrever aus Soest bringt es
in seinen Kupferstichen zu großartigen Leistungen.

Neben diesen edelsten Blüten der schönen Künste treten die Wissenschaften nicht gleich bedeutungsvoll
hervor. Rudolf von Langen und sein Schüler Hermann Büscher (Buschius) verbreiten die neuen Gedanken des Humanismus. Ihre Arbeiten, besonders ihre Versuche in lateinischen Versen, sind schwache Nachahmun-

gen klassischer Vorbilder und erreichen nur einen kleinen Kreis von Geistlichen und gehobenen Bürgern. Ihr Verdienst ist die Ausgestaltung des höheren Schulwesens (Gymnasium). — Die Geschichtsschreibung erhält einen neuen Vertreter in dem Liesborner Mönch Bernhard Witte. Seine *„Historia antiquae occidentalis Saxoniae seu nunc Westphaliae"* beginnt er 1495. Sie reicht bis 1522. In Darstellung und Diktion entfernt sie sich noch nicht von den Fesseln des mittelalterlichen Stils, ist aber bemerkenswert dadurch, daß sie Land und Volk der Westfalen als eine Einheit *sui generis* sieht. Er, der Mönch, scheut sich auch nicht, Mißstände der Kirche anzuprangern.

Der weiche Sandstein der Baumberge liefert den Künstlern des Meißels das schönste und leicht zu verarbeitende Material. Alle Kirchen in Stadt und Land reißen sich um ihre Kreuzigungsgruppen und Marienklagen. Die Vornehmen lassen kostbare, reich geschmückte Epitaphien zum Gedenken ihrer Vorväter in den Kirchen aufhängen oder bestellen die Gräber mit großen Porträtsteinen. Die Holzschnitzer stehen nicht zurück; ihre Altäre erreichen eine einsame Höhe. Selbst kleine Dorfkirchen schmücken ihre Altäre mit solchen Bildwerken. Der naive Realismus dieser Darstellungen biblischer Szenen spricht, wie die einfachen Worte ihrer Prediger, die Westfalen an. Ihr Leben und Sterben ist nach wie vor in den Mantel einer tiefen, problemlosen Religiosität gehüllt.

In allen Städten baut man hohe Bürger- und Handelshäuser, schöne Rathäuser in Blomberg, Schwalenberg, Höxter, Rietberg, Warendorf und andernorts. Man wetteifert mit Giebelschmuck und Inschriften im bunten Gebälk. Der Stadtbürger, soweit er noch von einer Ackernahrung lebt, der „Ackerbürger", baut sein Haus mit breiter Einfahrt und Deele. Der „Hof" des wohlhabend gewordenen Bauern wird ein breit ausladender Bau aus eichenem Fachwerk mit Ställen für das Vieh, Wohn-

144

räumen für die Menschen und einem gewaltig großen, mehrstockwerkigen Dachgeschoß. In den Feldmarken schießt der „Kotten" auf, ein mit der Landschaft wunderbar verwachsenes Stück bäuerlicher Kleinbaukunst. Er soll den abgehenden Söhnen des Bauern Bleibe und Lebensmöglichkeit geben. Bei der in Westfalen üblichen Unteilbarkeit der Höfe fällt für sie kein großes Erbteil ab, und die Städte, die sie bisher aufgenommen haben, sind einmal mit Handwerkern und Tagelöhnern versorgt. Der Stolz der Städte, ihre Kirchen, Türme und Tore werden ständig ausgebaut oder neu aufgebaut, wenn sie, wie das Blomberger Stadttor in der Soester Fehde, zerstört oder nicht mehr gut genug sind wie das Osthoventor in Soest.

Landesburgen

Die rege Bautätigkeit und Baulust erfaßt in ganz großem Umfange die Burgen der Landesherren. Die alten vierekkigen oder quadratischen Bauten mit einem Turm in der Mitte fangen an zu zerbröckeln, hat auch der Donner der Steine schleudernden Pulvergeschütze mehr einschüchternde als praktische Wirkung. Frühestes Beispiel für den Umbau dieser immerhin wichtigen Waffenplätze ist die kurz vor der Jahrhundertwende in Angriff genommene Erweiterung der Tecklenburg. Man versucht es zuerst mit dem Albrecht Dürerschen Rondellsystem. Als die Tecklenburger eines dieser Werke fertiggestellt haben, besinnen sie sich eines anderen. Sie schütten den Neubau wieder zu und umgeben die Burg auf drei Seiten — die vierte ist ein unzugänglicher Steilhang — mit zwei übereinanderliegenden Glacis. Dort aufzustellende, bewegliche Geschütze, meinen sie, können eine bessere Wirkung ausüben als die in dem engen Raum eines Rondells standortgebundenen.

145

Den Tecklenburgern, ihren alten Feinden und Nachbarn, trauen die Bischöfe von Osnabrück nicht. Sie antworten mit dem Umbau ihrer Burg Fürstenau. Aber das Geld geht ihnen aus. Rondells, kümmerlich aus Backsteinen aufgemauert, sind nie fertig geworden.

Die reichen Bentheimer Grafen sehen es nicht so sehr auf eine Rondellierung ihrer schon immer ungewöhnlich festen Burg ab. Den mächtigen viereckigen Turm mit seinen fünf Meter dicken Mauern halten sie für stark genug und bauen ihm nur ein paar Geschützkammern ein. Nur die Südwestecke besetzen sie mit einem Rondell in Form eines großen Rundturmes; die Ostfront verstärken sie durch vorgezogene Steinwerke. Sind auch diese Befestigungen auf halbem Wege stehengeblieben, ist doch alles so gut und fest gebaut, daß es den Einwirkungen von Wind und Wetter, Zeit, Feind und Freund überstehen wird.

Der Versuch, eine mittelalterliche Burg durch Rondellierung zur Festung zu erheben, erlebt auch die kleine Stadtburg Detmold unter ihrem „Bernhardus Bellicosus" (1429–1511). Der in der Soester Fehde zerstörten, alsbald wieder aufgebauten Burg werden vier Eckrondells angesetzt, der Graben wird verbreitert und außen herum ein Wall aufgeworfen.

Den Enkeln hat das nicht mehr gefallen. Für sie hat es keinen Sinn gehabt, Kriege zu führen oder sich in Kriegen anderer durch Verteidigungsanlagen zu schützen. Sie reißen das ganze Kriegstheater wieder ein und bauen ein prächtiges Renaissanceschloß, an den alten Turm angelehnt (1555). Darin zu wohnen, sich des Lebens und der schönen Künste zu freuen, dünkt sie angenehmer als Spiel mit Soldaten und Kanonen. – Auch ihre Vettern, die Schaumburger Grafen, haben 1535 ihre Stadtburg in „Grevenalveshagen" (Stadthagen) abgerissen und durch ein schönes Schloß ersetzt. In Ravensberg dagegen wird um diese Zeit zur Sicherung des Osningpasses bei Bielefeld die Erweiterung der Burg Sparenberg durch vollständige, zusammenhängende Rondellierung und unterirdische, schußsichere Räume in Angriff genommen. Der Umbau ist in den folgenden Jahrzehnten mit Unterbrechungen bis gegen Ende des Jahrhunderts durch Anbau einer hohen Bastion an der dem Paß zugewandten Ecke fortgesetzt. Die Burg ist dadurch eine kleine Festung geworden. Die Anlagen sind erhalten, begehbar und in Westfalen ohne Beispiel.

Rittersitze und Ritter

Von der allgemeinen Baulust ist ein Stand noch nicht ergriffen, der der Ritter. Sie leben − mit einigen Ausnahmen in Städten − weiterhin auf ihren bauernhausähnlichen Sitzen oder in einfachen, schmucklosen und kleinen, „festen" Steinhäusern. Die umziehen sie mit einem breiten und tiefen Graben. Nur eine Zugbrücke verbindet sie mit der Außenwelt. Ihre Dienst- und Lehnsverhältnisse zu einem „Herrn" (Grafen, Edelherrn, Bischof, Abt) haben sie zu kleinen Grundherren gemacht. Selbst hinter dem Pflug herzugehen ist unter ihrer Würde. Sie leben von den Lieferungen der ihnen mit dem Lehen des Herren „hörigen" Bauern und von Grundrenten, die der Lehnsherr ihnen stellt. Das ist der Lohn, das „Gehalt", für die Dienste, die sie ihrem Herrn, das heißt gewöhnlich ihrem Staate, leisten. Der Staat kann sie nicht mit Geld bezahlen, weil er kein Geld hat. Er überläßt es seinen Dienern sogar, für die Eintreibung ihres Gehaltes selbst zu sorgen, indem er ihnen gerichtliche Zwangsmittel über die „Hörigen" einräumt. Das nutzen sie, die „Junker", kräftig aus und pressen, auch unter Anwendung körperlicher Zwangsmittel, aus ihnen heraus, soviel sie können. Ein grotesker Zustand! Sie selbst können,

soweit sie nicht zu dem alten Stand der „freien Ritter"
gehören — und das sind die wenigsten —, von ihren Herren noch verkauft und verschenkt werden, so wenigstens
noch bis kurz vor dieser Zeit. Davon haben sie sich inzwischen wohl losgemacht; aber den Makel ihrer einstigen
Unfreiheit haben sie noch nicht überall abgestreift. Die
Herforder Äbtissin z. B. verlangt nach wie vor beim Tode
eines ihrer Ministerialen, selbst von solchen aus „großen"
Familien, von deren Erben das „Heergewäte", jetzt
beschränkt auf die Abgabe des besten Pferdes des Verstorbenen samt Sattel und Zaumzeug.

Die Abgabe des „Heergewätes" (Kriegsausrüstung:
Pferd, Waffen, Feldbett usw.) des verstorbenen Mannes
und des „Gerade" (Geräte der Frau: Kleidung, Schmuck,
Bienen usw.) der verstorbenen Frau ist das hervorste-
hende Merkmal der Unfreiheit. Der Freie vererbt
Heergewäte und Gerade seinen leiblichen Erben.

Auch ihr Staat, dem sie dienen, der damalige Staat,
ist noch eine Groteske. Allein das Gemenge von verschiedenen „Herrschaften" und verschiedenen „Grundherrschaften" in ein und demselben Raume, im Kirchspiel, in
der Gemeinde, im Dorf und in der Bauerschaft, führt zu
ständigen Reibereien und Kompetenzkonflikten. Dieser
Staat hat weder Verfassung noch Grundgesetz. Niemand
weiß eine präzise Antwort auf die Frage: Wer regiert
wen, was, worin, womit und wer nicht? Das große Wort
führen überall die Ministerialen. Kein „Herr" setzt
sich mit ihnen an einen Tisch, seine Tochter verheiratet er
nicht dem unebenbürtigen Ministerialen, und doch geht
nichts ohne diesen.

Der Niederrheinisch-Westfälische Kreis

Versucht man, die Geschichte der Westfalen in den Jahrzehnten des ausgehenden 15. und 16. Jahrhunderts als

148

Gesamtbild zu sehen, wird es nicht verwunderlich, daß die politische Seite des Geschehens dieser Zeit wie ein unruhig plätscherndes Bächlein dahinläuft und sich nirgendwo einmal zu einem donnernden Wasserfall hinabstürzt.

Dann aber scheint es plötzlich, als solle mit der Errichtung der Reichskreise das politische Geschehen auch bei den Westfalen in neue Bahnen geleitet werden. Den zwölf Reichskreisen werden wichtige Aufgaben zugewiesen: Verteidigung der Reichsgrenzen, Revidierung des Reichssteuerwesens, Polizeigewalt und Landfriede, Aufstellung eines Reichsheeres. Die westfälischen Territorien werden dem „Niederrheinisch-westfälischen Kreise", gewöhnlich „Westfälischer Kreis" genannt, zugeschlagen, doch ohne Waldeck, Herzogtum Westfalen, Vest Recklinghausen und so, daß der „Kurkölnische Kreis" den „Westfälischen Kreis" mitten durchschneidet. Solche buntscheckige politische Geographie stört niemanden. Man ist sie gewohnt und nimmt sie hin, um die großen Herren in ihren Sonderwünschen nicht zu vergraulen. Die Führung des Kreises wird, wie zu erwarten, den Herzögen von Jülich – Berg – Kleve – Mark – Ravensberg übertragen. Zum ersten Male in ihrer Geschichte sehen die Westfalen sich in eine feste politische Ordnung gestellt. Sie erweckt große Hoffnungen. ₁₅₁₂

In einer Reichsmatrikel ist die Finanzierung eines Reichsheeres von 4000 Reitern und 20 000 Fußknechten in der Weise festgelegt, daß für einen Reiter zehn Gulden, für einen Fußknecht vier Gulden (zusammen = ein „Römermonat") von jedem Kreis aufzubringen sind. Wenn nötig, können mehrere Römermonate auf einmal vom Reich gefordert werden. ₁₅₂₁

Die Matrikel enthält die Höhe der Beiträge der einzelnen Territorien. So gibt sie ein Bild von der Stärke und

Leistungsfähigkeit der westfälischen Territorien. An erster Stelle stehen die Grafschaft Mark mit der Stadt Soest und die Grafschaft Ravensberg. Sie haben zusammen die Kosten für 34 Reiter und 180 Fußknechte aufzubringen. Es folgen nach Höhe der Beiträge die Hochstifte Münster und Paderborn, die kölnischen Territorien Herzogtum Westfalen und Vest Recklinghausen, Lippe, Schaumburg, Gemen, die Reichsstadt Dortmund, das Hochstift Osnabrück, die Grafschaft Bentheim, das Hochstift Minden. Der Rest verteilt sich auf die übrigen Territorien. Im ganzen hat Westfalen bei Anforderung von einem Römermonat die Kosten für etwa 200 Reiter und 900 Fußknechte aufzubringen. Für ihre gesamten Länder werden die Herzöge von Jülich-Kleve auf 90/540 = 3060 Gulden, der Erzbischof von Köln auf 60/277 = 1708 Gulden veranschlagt. Das Übergewicht des Herzogs gegen Köln ist beträchtlich geworden. — Die Matrikel ist nie voll erfüllt worden, und der Westfälische Kreis sieht sich in seinem Wirken behindert, sobald es Geld kostet.

Luthers Lehre bei den Westfalen

Ein anderes Ereignis macht dieses Jahr für Westfalen denkwürdig. Es ist weiter nichts, als daß ein gelehrter Herr aus der Stadt Münster, der Humanist Hermann *Buschius*, den 38jährigen Mönch, Universitätsprofessor Dr. theol. Martinus Luther auf dessen Gang nach Worms zum 1521, Verhör vor Reichstag und Kaiser begleitet. Der streitbare, April 13 an den Fragen der Zeit stärkstens interessierte Büscher gehört zu dem Kreise um Reuchlin und ist Mitarbeiter an den „Dunkelmännerbriefen". Die scharfe Satire auf das mittelalterliche scholastische Denken läßt ihre Verfasser dennoch an der alten Kirche festhalten. Luther haben sie nicht verstanden. Oder haben sie ihn mißverstanden? Wer von den Westfalen, den mit dem Alten, Hergebrachten so

150

stark verwurzelten, hat ihn überhaupt verstehen können, diesen seltsamen Mönch, der Berge versetzen will, der, die Faust auf der Bibel, keine Auslegung der Schrift durch Konzile oder Päpste gelten läßt, nur den Text, wie er ihn liest — und versteht, seine eigene Auslegung für das „reine Evangelium" hält, der schnurstracks und auf dem geradesten Wege zu Gott will, der den Verfallserscheinungen in der Kirche einen wütenden Trotz entgegensetzt, der sich in inneren Widersprüchen um Himmel und Hölle, Engel, Heilige und Teufel zerquält und dessen Frömmigkeit sich am Ende in nichts unterscheidet von der Frömmigkeit eines Gläubigen der Kirche Christi? Welchen Luther haben Hermann Büscher und andere, Luthers Ordensbrüder, die Augustiner-Eremiten in Osnabrück, Lippstadt und Herford den Westfalen gebracht? Kommen seine volkstümlich formulierten Glaubenssätze dem nüchternen Verstandesdenken der Westfalen entgegen, seine Kirchenlieder, seine deutsche Abendmahlsfeier und sein direkter Weg zu Gott ohne Werke und Verdienste, sola fide: „allein durch den Glauben"? Jeder, der damals Latein gelernt hat — und das sind nicht wenige; außer der Gottesgelehrtheit gab es ja kaum was zu lernen —, jeder weiß, daß Luthers Übersetzung falsch ist. Ist die richtigere „durch den alleinig (richtigen) Glauben" die richtige? Bis in die Hütten der Ärmsten dringt das Bohren und Fragen. Ein ungeheuerlich Neues überfällt die Menschen, verunsichert und verängstigt sie.

Ein junger Augustinermönch aus Lippstadt, Johannes Westermann, hört als Student Luthers Vorlesungen in Wittenberg. In seine Heimatstadt zurückgekehrt, läßt er seine „Fastenpredigten", eine Art Katechismus, drucken. 1524 Das Büchlein hat großen Erfolg und wird weit verbreitet. Westermanns Kloster tritt geschlossen der neuen Lehre bei und löst sich auf.

Beunruhigt fühlen sich die gebildeten Schichten, das

151

wohlhabende Bürgertum und der Adel. Sie hören von
Säkularisationen in Sachsen und Thüringen und fürchten
den Verlust ihrer Existenzbasen, den Zugang zu Domkapiteln und kirchlichen Pfründen, fürchten um die Versorgung ihrer Töchter und nachgeborenen Söhne in den
Kollegiatstiften und halten sich vorerst zurück.

Zugänglicher zeigen sich die Handwerker. Sie haben
in ihren Bemühungen um Teilnahme am Stadtregiment
vielerorts Erfolg gehabt. Nun greifen sie begierig nach
den sozialen Forderungen Luthers. Sie nehmen, was
ihnen brauchbar erscheint und was sie verstehen, zuerst
die neuen Formen des Gottesdienstes. Den wittenbergischen Prädikanten, die sich überall mächtig ins Zeug
1531 legen, hören sie gern zu. In Lippstadt kommt es darüber zu Krawallen.

In Münster ist die Wißbegier der Humanisten lebendig geblieben. Sie treibt, wie vor zehn Jahren, wieder
einen unruhigen Geist zu den Quellen des Neuen. Bernhard Rothmann, Magister der freien Künste, Kaplan
in Sankt Mauritz vor Münster und beliebter Volksredner,
macht sich auf die beschwerliche Reise nach Wittenberg,
um Luther selbst zu hören, reist weiter über Marburg
nach Straßburg und begeistert sich dort für die Abend-
1532 mahlslehre Zwinglis. Wieder in Münster, nimmt ihn der
Anfang Tuchhändler („Wandschneider") Bernhard Knipperdolling in sein Haus auf. Der wohlhabende Kaufmann
ist bei den Handwerkern beliebt, weil er häufig und mit
scharfer Zunge die Geistlichkeit angreift. Beide gewinnen
bald Einfluß auf die Gilden und Zünfte, Rothmann
besonders dadurch, daß er die Abendmahlsfeier im Sinne
Zwinglis hält, wie sie den Handwerkern verständlicher ist
als die symbolische Form und Deutung Luthers.

Nicht überall läuft die Zurückhaltung der Altkirchlichen so einfach, in mehr oder weniger tatenlosem Ver-
1532 zicht, aus wie in Münster. In Soest betonen Rat und

152

Klerisei ihr Festhalten an der alten Kirche. Sie sehen, was auf sie zukommt und was auf dem Spiele steht. Ein Soester Geistlicher, vermutlich der Klosterguardian Gerwin Haverland (Huge) — wohl nicht, wie auch angenommen, der spätere Kardinal Johannes Gropper — schreibt unter dem Pseudonym Daniel von Soest eine harte Satire auf die lautstark daherkommenden Sendboten Wittenbergs: *„Ein gemeine bicht oder bekennung der predikanten to Soest"*, höchst ergötzliche, niederdeutsche Verse in Zwiegesprächen nach Art der weitverbreiteten Fastnachtspiele, „zweifellos eine der originellsten Schriften der Reformationszeit" (Schütte).

Die Wiedertäufer

Da taucht in Münster ein Angehöriger der in Süddeutschland verfolgten Sekte der Wiedertäufer auf. 1532
Die Sekte war kurz nach 1500 in der Schweiz und unabhängig von Luther und Zwingli entstanden. 1523 tritt sie als Gemeinde in Zürich auf. Sie pflegt die Erwachsenentaufe, hält sich aber von jeder Anwendung von Gewalt fern.
Rothmann kommt mit ihm in Berührung. Sein lebendiger wie schwärmerischer Geist fühlt sich zu dieser Lehre hingezogen, läßt aber noch nichts davon verlauten. Er predigt trotz bischöflichen Verbots in allen Kirchen der Stadt und gewinnt bald die ganze Bürgerschaft und den Rat für ein zwinglianisch gefärbtes Luthertum so entscheidend, daß Franz von Waldeck, der Bischof, der 1533, Stadt eine Religionsausübung nach ihrer Wahl zugesteht. Febr. 14

Der Soester Rat ist nicht so nachgiebig. Als auch hier die Handwerker den neuen Gottesdienst fordern und aufbegehren, läßt er den Wortführer, den Weber Johannes Schachtrop, und vier Gefährten verhaften und will sie —, März 23

153

hinrichten lassen. Damit aber, durch einen unglücklichen Zufall, schafft er das Gegenteil. Der Schwertstreich des Henkers trifft den ersten Verurteilten, den Weber Schachtrop, nur an der Schulter. Der Rat muß die übrigen der empörten Menge freigeben. Schachtrop stirbt einige Tage darauf, der Rat muß die Stadt verlassen.

—, April In dem zwinglianischen Münster läßt die Menge sich zu einem Bildersturm verleiten und vergreift sich an kostbaren Kunstwerken in den Kirchen. Als Rothmann nun auch gegen die Kindertaufe predigt, versucht der immer noch vigilante Hermann Buschius einzugreifen. Er führt ein erregtes Gespräch mit Rothmann, vermutlich im Beisein eines jungen holländischen Schankwirtes namens Jan Bockelszoon, der sich in diesen Tagen vorübergehend in Münster und bei Rothmann aufhält. Die drei Hitzköpfe reden völlig aneinander vorbei. Auch eine

—, August „Disputation" gemäßigter Lutheraner und altkirchlicher Kleriker mit Rothmann kann den Schwärmer nicht mehr umstimmen.

1534, Das neue Jahr wird noch eingeläutet, als zwei „Apostel" des inzwischen in Holland unter dem übergeschnappten Bäcker Jan Matthysz militant gewordenen

Jan. 5 Wiedertäufertums in Münster erscheinen. Die Rattenfänger spielen ihr Zauberlied auf, und alle Welt läuft ihnen nach. Rothmann und 1400 Personen lassen sich taufen. Eine Woche später kommt der weit in der Welt herumgereiste uneheliche Sohn einer schönen westfälischen Kötterstochter und des Schultheißen des Dorfes Beukel bei Leyden, Jan Bockelszoon, wieder nach Münster. Er hatte das Schneiderhandwerk erlernt, sich als Schauspieler, Dichter und Volksredner betätigt, heiratete eine Wirtstochter, betrieb die schwiegerväterliche Schenkwirtschaft in Leyden und ließ sich von Matthysz taufen. In dessen Auftrag soll er in Münster die nahe Ankunft des Gottes-

154

reiches verkünden. Matthysz selbst folgt ihm im Februar
nach Münster. Knipperdolling wird Bürgermeister; im
„Neuen Jerusalem" beginnt das „Tausendjährige Reich". —, Febr. 23
Münsters B i s c h o f, im Herzen mehr wittenbergisch als
römisch, steht den Vorgängen hilflos gegenüber. Ein
Angebot des Brüsseler Hofes, sein Bistum dem Niederlande zu verkaufen, das ganze Hochstift Münster hollän-
disch werden zu lassen, um damit die Schwierigkeiten aus
der Welt zu schaffen, lehnt er jedoch ab. Die in seiner
Stadt entfesselten Gewalten zu bändigen, muß das Reich
sich einschalten. Der Niederrheinisch-Westfälische Kreis
und der Kurkölnische Kreis bewilligen 90 000 Gulden für
die Aufstellung eines Belagerungsheeres, ein Reichstag zu
Worms 150 000 Gulden für die „Reichsexekution" gegen
Münster. Franz von Waldeck, auch Bischof von Osnabrück und Minden, ruft sein gesamtes Lehnsaufgebot
zusammen. Mit den paar hundert Mann kann er nicht viel
ausrichten gegen die Stadt, die von anderthalbtausend 1534
fanatischen Männern verteidigt wird. Erst mit Truppen
des Landgrafen von Hessen, des Herzogs von Jülich-
Kleve, des Kölner Erzbischofs und der Niederlande wird
ein Heer von einigen tausend Mann zusammengebracht.
Für die Einschließung der Stadt ist es nicht groß genug.
Um die Stadt von der Zufuhr abzuschneiden, greift man
auf die alte Belagerungstechnik zurück, versperrt die
Zuwegungen mit Blockhäusern und legt Bewaffnete
darin. Zwei Angriffe werden abgewiesen, bevor es mit
Verrat gelingt, die Stadt zu nehmen. Drei dem allgemei- 1535,
nen Gemetzel entronnene Anführer, „König" J o h a n n Juni 25
von L e y d e n, Bernhard K r e c h t i n g, sein Stellvertreter, und B e r n t K n i p p e r d o l l i n g, „der XII hertogen ein",
werden gefangen und im Lande herumgeführt, bevor sie
den Werkzeugen der Henker verfallen und ihre Leichen in
eisernen Körben „den Vögeln zum Fraß" (Kohl) aufgehängt werden. Das „grob teufelsspiel zu Münster" (Luther),

155

aus lutherischen Gedanken geboren, von Besessenen ergriffen, verwirrt und verzaubert, ist zu Ende. Nachläufer, die Jüngerschaft des Menno Simons, nach ihm „Mennoniten" genannt, halten eine zeitlang noch friedliche Konventikel, entziehen sich schließlich der Verfolgung und wandern aus. Eigene Erlebnisse aus dem Reich der Wiedertäufer berichten Heinrich Gresteck (um 1540) und Hermann von Kerssenbrock (1575).

Westfälische Humanisten

Münsters gelehrte Humanisten hatten nach dem Verlust ihres Zentrums in Osnabrück, Herford, Dortmund und Minden Zuflucht gefunden. Dort lehren sie an den Gymnasien im Sinne der Reformatoren, bemühen sich um die Wiederbelebung und Reinigung der klassischen Sprachen und um die Befreiung aus der dialektischen Enge des 1539 mittelalterlichen scholastischen Denkens. Während ihre gekünstelten Versuche in lateinischen Versen und Theaterstücken nicht über ihren eigenen Kreis hinausdringen, erregt der Bibliothekar der berühmten Bücherei der Abtei Werden, Johann Kruyshair (Cincinnius), mit einem deutsch geschriebenen Büchlein „Van der Niderlage drijer Legionen mit jrem Capitaneo Quintilio Varo" einiges Aufsehen. Er sucht bereits den Ort der Schlacht in der Gegend des Teutoburger Waldes: „tuschen den wateren der Emesen und der Lippen by dem Retborge und in der Delbruggen".

Bauernkriege

Die Kunde vom Ausbruch eines Bauernkrieges dringt auch zu den Westfalen, findet aber keinen Zündstoff. Die Unteilbarkeit der Höfe hat eine Verarmung und Verelendung des westfälischen Bauernstandes anders als in Süddeutschland, wo sie zum Aufruhr führte, verhindert. Zu vereinzelten Unruhen ist es dennoch gekommen. Berichtet wird eine Erhebung unter den Abdinghofer Höfen im Kirchspiel Werne: *„Ihr reddels Führer ist an einem pfahll mitt einer Kette von 8 Fuß lang genägelt und um ihm ein großes Feuer gelegt in welchen er lange weile lebendig gebrannt... und endlich vom Nachrichter mit einer langen eisernen stange ins Feuer gestoßen..."* („Westphalia", Jg. 1825).

Schmalkaldischer Bund

Die Reformatoren geben die Verbreitung ihrer Lehre in die Hände weltlicher Mächte. Die freie Gewissensentscheidung wird Illusion, das Bekenntnis zu Gott herabgewürdigt zu einem Kampfmittel fürstlicher Gewalten. Verharrt auch die führende Macht Westfalens, das Herzogshaus von Jülich-Kleve, noch in dem Gedanken erasmischer Toleranz, begibt es sich selbst jeder Entscheidung, als Herzog Wilhelm V. – sein Vater, Johann II., der „Friedfertige", war 1529 gestorben – es wagt, mit dem Kaiser wegen Geldern zu streiten. Er erfährt eine schwere Abfuhr, muß sich im Vertag von Venlo der kaiserlichen 1543 Partei verschreiben und Glaubensänderungen abschwören. Die Fürsten des Schmalkaldischen Bundes führen ihren hoffnungslosen Krieg ohne ihn. Das kaiserliche Heer unter Jobst von Groningen und Christoph von 1546 Wrisberg fegt, ein eiserner Besen, durch Westfalen; der siegreiche Kaiser „reitet über das Schlachtfeld von Mühlberg". Tecklenburg verliert die Grafschaft Lingen an 1547, den Kaiser, Franz von Waldeck sein Bistum Minden an April 27 einen Bischof aus dem Hause der Welfen.

Der Jülicher Herzog Wilhelm, nun Freund des Kaisers, nutzt die Gelegenheit in seinem Sinne. Als die Herforder Äbtissin, mit ihrer lutherischen Stadt zerfallen und außerstande, das Kondominium von Stadt und Stift Herford fortzusetzen, ihn um Hilfe bittet, läßt er sich in 1547 einer „Cessio" die Vogtei, das sind so gut wie alle Hoheitsrechte über die Abtei und ihren großen, weit verstreuten grundherrschaftlichen Besitz, übertragen. Den Status der Stadt als der Abtei oder dem Reich zugehörig muß er in der Schwebe lassen.

Alles bleibt in diesem unglücklichsten Jahrhundert der Geschichte der Westfalen — wie der deutschen Geschichte — in der Schwebe. Niemand weiß, ob das Heute morgen noch gilt. Die Großen tragen die Fahne ihres Christenglaubens vor sich her und wechseln sie wie ihr Hemd. Der Besieger der Wiedertäufer, Franz von Waldeck, schwankt zeit seines Lebens zwischen den Pflichten seines Amtes und seinen weltlichen Neigungen. Er ist beliebt und, soweit das geht, tolerant. Ein biederer Haus- und Familienvater, lebt er, der Bischof, mit einer Bürgerstochter und liebäugelt mit dem Gedanken, aus einem seiner geistlichen Fürstentümer eine weltliche Macht zu begründen; ist doch die Möglichkeit von Säkularisationen mit dem Gedankengut der Reformation in die Nähe gerückt. Die Niederlage der Schmalkaldener hatte 1553 solche Pläne zunichte gemacht. Er stirbt, gescheitert und von niemandem als von seiner zahlreichen Kinderschar betrauert.

Bischof Johannes von Hoya

Wie er, ein schwankendes Rohr, ist auch sein Nachfolger auf dem Osnabrücker Stuhl, Johannes von Hoya. Hatte Franz von der Bildungsleiter seiner Zeit allenfalls die untersten Sprossen erklommen, steht der neue Herr auf den alleroberstens. Er hat in Paris studiert, ist ein ver-

158

sierter Jurist, gibt sich als Anhänger des Erasmus, leistet aber den Eid auf das Tridentinum, ist Geistlicher und zahlt als Epikuräer mit aufwendiger Lebenshaltung dem erschreckenden Verfall von Sitte und Moral seinen Tribut, wird auch Bischof von Münster, lehnt aber die Führung des Westfälischen Kreises ab, um es nicht mit seinen Nachbarn, den um ihre Freiheit kämpfenden Holländern, zu verderben, laviert vorsichtig zwischen den Parteien, deren Glaubensstreit ihm gleichgültig ist, macht sich undurchsichtig und scheut vor Entschlüssen zurück. Ihn, den ausgesprochenen Blender, wählen schließlich auch die Paderborner zu ihrem Bischof. Sie durchschauen ihn zu spät. Seine Indifferenz führt zu einem Zerwürfnis mit dem katholischen Domkapitel. Das läßt ihn kalt. Um zu zeigen, wer er ist, ernennt er einen Calvinisten zu seinem Statthalter und 3 Lutheraner zu Räten. Daß er hingegen die Jesuiten in Osnabrück fördert, von der Nachwelt sogar, und zu Unrecht, zum Begründer der — später so genannten — „Gegenreformation" abgestempelt ist, zeigt in seiner Person noch einmal und eklatant die Zerrissenheit dieses Jahrhunderts, das nicht weiß, was es will, und sich keine Gedanken macht über das, was es anrichtet. Sein früher Tod — er ist nur 45 Jahre alt geworden — ist eines der am Wege stehen gebliebenen Schilder, dessen Wegweisungen von Anfang an kaum lesbar gewesen sind.

Renaissance

Es darf ein Trost gewesen sein zu sehen, wie in diesen politischen und kirchlichen Wüsteneien die Wirtschaft und die bildenden Künste, vor allem die Baukunst, sich frei betätigen können. In der Mark und im Arnsbergischen blüht das Eisengewerbe nach wie vor. Erstaunlich schnell erholt sich die Stadt Münster von den Verwüstungen des Wiedertäuferkrieges. Die Bürger bauen wieder ihre hochgiebeligen Häuser, in die Stadt gezogene Familien des Landadels richten sich in vornehmen, von der Straße leicht abgerückten „Höfen" ein. Beide übernehmen die feinen Formen der Renaissance, wie sie der Drostenhof in Wolbeck, der Zweitresidenz des Bischofs, verwandt hatte. Die neue Bauweise findet im ganzen Land Anklang. Ihr Merkmal erhält sie dadurch, daß als Bauherren nun auch die Familien des bisher auf ihren bescheidenen ländlichen Behausungen gesessenen Ministerialen erscheinen. Sie sind als Söldnerführer zu Gelde gekommen, betrachten sich selbst als zum Adel gehörig. Für klingende Münze und mit einem Nachweis von 16 oder 32 Ahnen können sie von der kaiserlichen Hofkammer in Wien den mit Wappen- und Siegelbeschreibung versehenen Adelsbrief erkaufen. Die Schloßbauten dieser Zeit im Emscher- und Lippegebiet, zuerst das leider fast untergegangene Schloß Horst an der Emscher, und die von Laurenz von Brachum gebauten Schlösser Geist, Assen, Hovestadt u. a. mit der reichen Ornamentierung durch Beschlagwerk haben sich in der Kunstgeschichte als „Lipperenaissance" einen Namen gemacht. In Ostwestfalen, besonders beiderseits der Weser, entfaltet der Baumeister Jörg Unkair eine andere, nicht weniger rege Tätigkeit. Seine Auftraggeber sind die Landesherren, in Lippe Graf Simon VI. mit den Schlössern Blomberg (1569), Brake bei Lemgo (1584−1602) und Varenholz (1594−1600), in Minden der Bischof mit Petershagen, in Paderborn der Bischof mit Neuhaus, dann zahlreiche Vertreter des Landadels mit den schönen Schlössern Schelenburg bei Osnabrück, Holtfeld bei Halle, Haddenhausen bei Minden, Spiegels Hof in Bielefeld, Wendlinghausen in Lippe, endlich auch die Stadt Lemgo mit dem herrlichen Rathaus und der Lemgoer Bürgermeister Kottmann mit dem „Hexenbür-

germeisterhaus" (1571) u. a. Die von Jörg Unkair entwik-
kelten Bauformen, die „Weserrenaissance", mit ihren
halbkreisförmigen Rosetten, bekrönten Rundbögen und
Quergiebeln, heben sich als eigenwillige, persönliche
Schöpfungen unverkennbar heraus und sind noch lange
Zeit nachgebaut worden.

Als echtes Kind der Renaissance tritt aus dem gehobenen
Bürgertum dieser Zeit der Mindener Hermann Piel
(1517 – 1580) hervor. In seiner Doppelrolle als bischöfli-
cher Kanzler und städtischer Kämmerer obliegt ihm, das
Verhältnis zwischen Bischof und Stadt in der Waage zu
halten. Aus vielen Seiten seines deutsch geschriebenen
„Chronicum domesticum et gentile solum Mindensium" liest
man, wie die Schwere dieser Aufgabe einen Menschen fordert, der imstande ist, sich über die Sachen zu stellen. Den
allzu demokratischen Wünschen seiner Mitbürger hält er
ruhige Mahnungen entgegen und verweist auf unglückliche
Vorgänge in anderen Städten. Das Gezänk der Gottesge-
lehrten interessiert ihn nicht. Was aber in der großen Politik
und im Reiche vor sich geht und auf Stadt und Bistum
zurückwirken könnte, verfolgt er mit wachem Blick. Er
spricht viel mit seinen Mitmenschen, hohen und niedrigen,
und will um ihre Nöte wissen. Alte Leute fragt er nach ihren
Meinungen und flicht das Gehörte in seine Chronik ein. Er
ist ein glänzender Erzähler und schreibt ein erstaunlich flüs-
siges Deutsch. Von allen Stadtchroniken früherer Zeit
und seiner Zeit – und der noch folgenden zwei Jahrhun-
derte – hat keine den Rang der Pieleschen erreicht.

Das große Objekt aller mittelalterlichen Baukunst, der
Kirchenbau, hat in diesem Jahrhundert einer beginnen-
den anderen Zeit, abgesehen von einem Bau der Jesuiten
in Münster, keine Pflege mehr gefunden. Die getrennten
Bekenntnisse halten ihre Gottesdienste an vielen Orten
noch lange in ein und derselben Kirche ab. Der himmel-
stürmende Geist der Dombauten ist nicht wieder erwacht.

Eine gespaltene Welt ist das Erbe des 16. Jahrhunderts. Die zweierlei Menschen der christlichen Welt behaupten sich nirgendwo so stark — heute noch — wie in Westfalen. Prototyp ist der vielgenannte, „militante" und schreibwütige Konvertit und Protestant H e r m a n n   H a m e l m a n n († 1595). Für ihn ist die altchristliche Kirche vollendete „Barbarei". Unter dem anmaßenden Titel eines *„renati evangelii"* weiß seine „Reformationsgeschichte" nicht mehr zu berichten als die zeitliche Abfolge, in der die neue Lehre in den einzelnen Städten und Orten Westfalens ihren „rühmlichen" Einzug gehalten hat. Von einiger Bedeutung sind allenfalls seine Beschreibungen der Städte und Ortschaften (1564), insoweit sie Bemerkungen enthalten über Gewerbe und Lebensgewohnheiten ihrer Einwohner. Mit seinem polternden Wesen verscherzt er nicht nur sein eigenes Gesicht. Ein feinsinniger niederländischer Gelehrter nennt in einer Erwiderung die Westfalen in Bausch und Bogen „die Hermänner". —

Was Franz von Waldeck, Münsters verstorbener Bischof, in seinen Gedanken ein Spiel treiben ließ, glaubt ein Kölner Erzbischof, G e b h a r d   T r u c h s e ß   v o n   W a l d b u r g, verwirklichen zu können. Er tritt plötzlich zum Calvinismus über und verwandelt seine Liebschaft mit einem adeligen Fräulein auf Drängen ihrer Verwandten in einen Ehebund. Auf sein Erzbistum und seine Einkünfte zu verzichten, ist er keineswegs gesonnen, macht vielmehr Anstalten, sich mit Waffengewalt zu behaupten und das Erzbistum zu einem weltlichen Kurfürstentum zu säkularisieren. Er kauft in Essen Gewehre und Rüstungen, im Arnsbergischen, seinem Herzogtum, wo im Bergbau Eisen, Blei und Galmei gewonnen werden, in Brilon allein 16 Bergwerke, Hütten und Hämmer betrieben werden und im märki-

schen Iserlohn, wo das Kleineisengewerbe und die Draht-
zieherei florieren, Spieße, Schwerter und Messer und
sammelt eine Streitmacht. Aber seine Hilferufe an die
protestantischen Fürsten finden kein Gehör; sie scheuen
sich, in einen neuen Krieg einzutreten. Nur einer, der
Pfalzgraf von Zweibrücken, auch Calvinist und streitfreu-
dig wie alle Calvinisten, stürzt sich in das Abendteuer und
rückt mit Heeresmacht an den Rhein. Überlegene Kräfte
des Herzogs Ferdinand (des älteren) von Bayern, des
Bruders des regierenden Herzogs Albrecht V., schicken
ihn unsanft nach Hause.

Das Kölner Domkapi-
tel erklärt Erzbischof
Gebhard für abgesetzt
und verweist ihn und
seine Begleiterin der
Stadt (Kupferstich aus
Kleinsorgens Kirchen-
geschichte).

Der abgesetzte Erzbischof Gebhard versucht, den Rest
seiner Streitmacht in die Niederlande zu retten, wird aber
geschlagen, flüchtet und verschwindet von der Bühne.
Der „Kölnische Krieg" schwelt noch eine Zeitlang
und richtet in Werl und anderorts Verheerungen an, bis 1584

er nach dem Geplänkel der Parteigänger im Sande verläuft.

Der Werler Offizial (Verwalter des kirchlichen
Gerichtes Kölns) Gerhard von Kleinsorgen
(1530 – 1590) fügt den 2 Bänden seiner eben been-
deten, im streng altkirchlichen Sinne geschriebenen *„Kirchengeschichte von Westphalen und angrenzenden Örtern"* einen 3. Band hinzu und beschreibt
das Ereignis.

Erzbischof Ernst von Bayern

Die katholische Partei unter Führung Herzog Albrechts
verlangt jetzt Neuwahl für den Kölner Erzstuhl und nominiert Albrechts Sohn Ernst. Der 21jährige, bereits Bischof
von Freising, Hildesheim und Lüttich und Administrator
der Reichsabtei Stablo-Malmédy, kandidiert gleichzeitig
für Münster, dessen Stuhl wieder frei ist. In Köln geht die
1585 Wahl durch; die Münsterer jedoch lehnen den Wittelsbacher ab und schieben die Neuwahl hinaus. Erst dem habs-
burgisch-wittelsbachischen Drängen geben sie nach.

Mit Ernst von Bayern tritt eine den Westfalen land-
fremde Macht in das Herz ihres Landes und an eine
beherrschende Stelle, ein Ereignis, dessen Folgen abzusehen man in Münster nicht blind ist. Stadt und Ritterschaft
machen aus ihrer Abneigung keinen Hehl.

Ernst von Bayern ist nur der Repräsentant seines
Hauses und der Mächte, die hinter ihm stehen. Der junge,
lebenslustige Herr verbringt seine Tage am liebsten in
heiterer Gesellschaft beiderlei Geschlechts in Arnsberg,
wo er sich vor den Niederländern, die seine Wahl zum
Bischof von Münster als feindlichen Akt ansehen wollen,
sicher fühlt.

Die Wahl Ernsts von Bayern in Köln und Münster ist
eine der folgenschwersten Wechselpunkte in der
Geschichte Westfalens. Sie leitet jene Entwicklung ein,

die sich, unter welchem Aspekt immer, in politischer Sicht nicht anders darstellt als die „Überfremdung Westfalens" (Haberecht) durch außerwestfälische Mächte.

Welfen und Hessen

Warnende Stimmen waren es in Münster gewesen, die die Wahl Ernsts elf Jahre lang hinausschoben. Eine „Hispanisierung" ihres Landes ging ihnen gegen den Strich. Ähnliche Befürchtungen mag man an der Weser gehabt haben, als die Welfen die Grafschaft der aussterbenden Grafen von Hoya, denen sie ihre Lehnshoheit aufgezwungen hatten (1504), in Besitz nahmen und zwei Jahre später auch die Herrschaft der ebenfalls aussterbenden Edelherrn von Diepholz aufgrund einer ihnen gegebenen kaiserlichen Expektanz an sich nehmen. Vom Süden drängen die Landgrafen von Hessen nach Westfalen. Ihnen waren bereits die Grafschaften Waldeck (1431 – 1432) und Rietberg (1456) zu Lehen aufgetragen worden; jetzt erraffen sie aus dem hoyaischen und diepholzischen Erbe die Ämter Uchte, Freudenberg und Auburg.

Dietrich von Fürstenberg

In Osnabrück und Münster wechseln sich Schaumburger und Welfen auf den Bischofsstühlen ab. Paderborn läßt für ein paar Jahre einen Sachsen-Lauenburger Hirtenstab und Zepter tragen; sein streng altkirchliches Domkapitel wählt aber, als dieser durch einen Sturz vom Pferde zu Tode komm, wieder einen Westfalen, den gleichgesinnten Dietrich von Fürstenberg. Stadt und Land Paderborn hängen längst der neuen Lehre an. Dietrich hält mit Gegenmaßnahmen zurück. Er kann warten und weiß, wie man ein Feuer schürt. Fürs erste fördert er nur die Jesuiten und ihr Gymnasium und holt neue herein. Sie verste-

165

hen gut oder noch besser, volkstümlich zu predigen als die Prädikanten der Wittenberger.

Das geht, wie es gehen soll. Es kommt zu Zwistigkeiten, obendrein zu ernsten Spannungen, als schludrige Geschäfte des Rates der Stadt an den Tag kommen und die Bürger unter Führung des Lohgerbermeisters Liborius Wichart aufbegehren. Die Entscheidung wird ausgelöst durch das Erscheinen des spanischen Generals Mendoza. Er, im Kampf gegen die um ihre Freiheit ringenden Niederländer am Niederrhein, betritt mit einem Heer von 24 000 Mann Westfalen, um auch hier die 1598 „Ketzer" auszurotten, und bezieht im Münsterlande und in der Grafschaft Mark Winterquartiere. Ein Bote wird nach Paderborn geschickt und verkündet, daß alle Geistlichen, die den Gottesdienst in der neuen Weise halten, demnächst aufgehängt werden.

Rees

1599 Dazu ist es nicht gekommen. Von den Niederländern bedrängt, räumt Mendoza im nächsten Frühjahr Westfalen, hinterläßt aber auf dem linken Rheinufer, u. a. in R e e s, Besatzungen. Nun soll eine gegen ihn im Vorjahre beschlossene Reichsexekution, wie gwöhnlich zu spät, in Gang gesetzt werden, Graf S i m o n VI. z u r L i p p e, derzeit Kreisoberster des Westfälischen Kreises, soll sie anführen. Der gelehrte Herr, den schönen Künsten und der Musik zugetan, der eine Bibliothek sammelt und einen Bibliothekar besoldet, befreundet mit dem ihm geistesverwandten Kaiser Rudolf II., hat sich noch niemals als militärischer Führer betätigt. Daß er sich dennoch dieser Aufgabe hingibt, stellt ihm ein hohes Zeugnis aus. Er ist in seiner Zeit der einzige Westfale unter den weltlichen Landesherren Westfalens, und der Krieg, den zu führen er sich anschickt, ist nach dem Stellinga-Krieg des 9.

Jahrhunderts noch einmal – und zum letzten Male – ein Krieg, den die Westfalen in ihrer Gesamtheit, als Westfalen, führen. Simon hat nichts als Ärger und Verdruß davon. Der Kölnische Kreis und der Westfälische Kreis bringen zwar ein Heer auf die Beine; als es aber daran geht, den kostspieligen Apparat zu unterhalten, verschließen die Stände beider Kreise ihre Taschen; sind sie doch ohnehin nur mit halbem Herzen dabei, besonders die der alten Kirche treu gebliebenen, weil sie ihren spanischen Glaubensgenossen nicht wehe tun mögen. So muß das Unternehmen an der Zerrissenheit der Zeit scheitern. Simon setzt sein Kriegsvolk in Marsch und belagert Rees. Ein Ausfall der Belagerten bringt ihm eine Schlappe bei. Sold und Verpflegung bleiben aus, und sein Heer läuft auseinander. Simon geht aufs tiefste erschüttert nach Hause; von seinen eigenen Aufwendungen hat er keinen Pfennig erstattet erhalten. – Der Blomberger Pastor Johann Piderit hat in einer, im übrigen nicht bedeutenden, „Lippischen Chronik" (erschienen 1627) für die Zeit Simons VI. einiges beigetragen. Auch Melchior Röchel († 1606), Geistlicher am Münsterer Dom, weiß in seiner „Bischofschronik" zu den spanisch-holländischen Kriegsereignissen zu berichten.

Das Paderborner Drama

Inzwischen weiß Dietrich von Fürstenberg die Zeit zu nutzen. Die spanische Drohung nimmt er zum Vorwand für schärfere Maßnahmen gegen die Lutheraner. Der zum Bürgermeister gewählte Liborius Wichart treibt überdies von sich aus die Dinge auf die Spitze und verschließt dem Bischof die Stadt. Dietrich sieht das als Hochverrat an, öffnet sich mit Waffenhilfe von Nachbarn die Stadt und nimmt Liborius gefangen. Dem Ende unter dem Henker sieht Liborius trotzig entgegen. Dietrich will

es noch schauriger sehen als das der münsterschen Propheten.

20 Jahre hat er auf diesen Tag gewartet. Seinem Gegner an Klugheit und Verschlagenheit überlegen, hat er
ihn eingesponnen in ein Netz von Widersprüchen, Intrigen und falschen Versprechungen. Ohne sich vor der
Welt zu verunrechten, braucht er zuletzt nur zuzuschla-
gen. Das Ketzertum in Stadt und Land rottet er mit bluti-
ger Strenge aus.

Die aufgespießten Leichenteile des Liborius Wichard
dürfen erst 1622, vier Jahre nach dem Tode des Bischofs,
abgenommen und begraben werden. — Noch 200 Jahre
später meint Annette von Droste, Angst und Grauen seien
nicht von den Gesichtern der Paderborner gewichen.

Dietrichs Charakterbild „schwankt in der Geschichte".
— Soll die Geschichte urteilen? Er hat aus innerster
Überzeugung gehandelt und sein Tun als eine unabweis-
bare Verpflichtung angesehen. Er hat, als Bischof, ein
großes Vermögen gesammelt, Schloß Herdringen gekauft
und es der Fürstenberger Familie hinterlassen. Wenn in
seinem — und noch im 18. — Jahrhundert den W ä h l e r n
eines Bischofs, hohen Geistlichen wie er, das Geld schef-
felweise in den Schoß geworfen wird, darf man nicht
erwarten, daß der G e w ä h l t e selbst gegen den Glanz des
Goldes unempfindlich gewesen sei. Sein pompöses Grabmal im Dom zu Paderborn hat er selbst herrichten lassen:
ein Menetekel jedem, der es wagen wollte, an den Säulen
der *sancta ecclesia catholica* zu rütteln.

Die Erregungen, Ekstasen und Fanatismen wegen Diffe-
renzen in der Formulierung von Glaubenssätzen ein und
derselben europäischen Religionslehre haben nirgendwo
ihresgleichen gehabt.

Jede Kirche kennt Abweichungen von ihrer Lehre und
nimmt sie hin. Die Kirche Christi ist von beispielloser

Intoleranz; jeden Häretiker hat sie mit Feuer und Schwert verfolgt.

Reformation und Gegenreformation hinterlassen ein düsteres Bild. Gedanken über ihre letzten Folgen nicht in abgrundtiefen Pessimismus versinken zu lassen, kostet Überwindung.

Glückhaft bleibt es, zu sehen, wie in dem engen Raum der Westfalen um diese Zeit durchaus nicht allenthalben Haß und Henker gewütet haben.

Graf Ernst von Schaumburg

In der Grafschaft Schaumburg blüht ein anderes Leben. Ein Fürst von seltenen Gnaden ist den Schaumburgern beschieden: Graf Ernst. Er versteht mit Geld umzugehen, eine ungewöhnliche, fast unglaubliche

Die „Amtspforte" in Stadthagen, Zentralverwaltung der schaumburgischen „Hagen".

Erscheinung in der Welt dieser debilen Fürstenherrlichkeiten. Kaum zur Regierung gekommen, gibt er der bäuerlichen Welt seines Landes eine feste Organisation. Mehr als ein Dutzend Hagensiedlungen sind der Kern seiner Grafschaft: Sachsenhagen, Propsthagen, Pollhagen, Lauenhagen, Kuckshagen, Vornhagen, Krebshagen, Hülshagen, Auhagen, Rolfshagen, Hagenburg, Lüdersfeld und Stadthagen, der 400 Jahre zuvor von Graf Adolf als „Grevenalveshagen" gegründete Haupthagen. Die Betreuung der sämtlichen Hagen wird hier in eine Zentralverwaltung zusammengefaßt. Die neue Behörde legt Ernst in das schmucke Haus, die „Amtspforte", an der Ecke des Marktes (Seite 169). Hier ist einmal eine Institution von großer wirtschaftlicher und staatspolitischer Bedeutung geschaffen, ohne Beispiel in Westfalen.

Reihenweise stehen die Ackerbürgerhäuser, wie sie damals gebaut sind, an den Straßen, solide Handwerkerhäuser dazwischen. Zusammen mit dem nicht überladenen Schloß und seinen eigentümlich breiten, hochdachigen Nebengebäuden, beide von dem an die Weser verschlagenen Meister Jörg Unkair im Stile der Weserrenaissance und im Auftrage von Ernsts Vater, Graf Otto, erbaut, geben dem Bilde der kleinen Stadt Maß und Einheit.

In einer Welt des Friedens sind die dichterisch wertvollsten Beiträge zu der Flut des evangelischen Kirchenliedes entstanden, Philipp Nicolais (Pastor in Waldeck und Unna) „Wie schön leucht uns der Morgenstern" und „Wachet auf ruft uns die Stimme", kann Heinrich von Hövel aus Epe bei Ahaus sein „Speculum Westphaliae" schreiben. Die Kabale der fremden Mächte, die nun das Geschehen auf dem Boden der Westfalen entscheiden, dringen nicht in die Studierstuben der Gelehrten. Sie selbst, die Westfalen, sind kaum noch beteiligt. Das Gesetz des Handelns haben die andern.

Kein Westfale wird um seine Meinung gefragt, als das
jülich-klevische Erbe frei wird.   1609
Johann Wilhelm, nach dem Tode seines Bruders
einziger Sohn Herzog Wilhelms V. († 1592), stirbt im
Wahnsinn. Seine ältere Schwester heiratet den protestantischen Herzog Albrecht Friedrich von Preußen aus dem
Hause der brandenburgischen Hohenzollern, die jüngere
den ebenfalls protestantischen, aber habsburgfreundlichen
Pfalzgrafen Philipp Ludwig von Neuburg. Ein Schwiegersohn der älteren Schwester und ein Sohn der jüngeren
beanspruchen neben anderen das Erbe.

Das Angeln nach den goldenen Früchten und die drohenden politischen und konfessionellen Verschiebungen
regen nicht nur die Nachbarn auf; das Reich, Frankreich,
England und Holland sehen sich betroffen. Als Nächstbe-
rührter macht der Landgraf von Hessen den Vorschlag,
die Prätendenten mögen das Erbe als gemeinsamen
Besitz übernehmen, es verwalten und, was es einbringt,
teilen. Beide gehen darauf ein, obwohl es nur ein Proviso-
rium ist. Der „Jülich-klevische Erbfolgestreit"
beginnt.

Betroffen fühlen sich auch die Stände der Grafschaften
Mark und Ravensberg. Sie beraten hin und her, und dabei
lassen sie es. Im übrigen Westfalen atmet man nach den
Aufregungen des verflossenen Jahrhunderts auf.

Bückeburg

In Schaumburg bemüht Graf Ernst sich um die Gestal- 1610
tung des Volksschulwesens, das, wenn überhaupt vor-
handen, überall noch sehr im argen liegt. Die kleine
Lateinschule Stadthagen weitet er aus zu einem „Gymnasium illustre". Dann verlegt er seine Residenz nach

Bückeburg, wo sein Vater vorübergehend gewohnt hatte. Hier kann er sich recht entfalten. Das Schloß erhält ein neues Portal und einen goldenen Prunksaal, die Schloßkapelle wird mit reich vergoldeten Schnitzereien und Gemälden geschmückt, zwei Flügel werden rechts und links vorspringend angebaut. Der kleine Flecken Bückeburg wird zur Stadt erhoben, erhält ein Rathaus und ein Renthaus für die Verwaltung des grundherrschaftlichen Besitzes. Die neue Kirche mit der frühbarocken Schauseite ist der erste Kirchenbau der Evangelischen in Westfalen. Will Ernst damit seinen Standpunkt in dem Streit der Kirchen betonen? Es ist abzusehen, daß nach dem eben erfolgten Ableben des Kölner Erzbischofs sein 1613, Neffe und Nachfolger, Ferdinand von Bayern, auf den Febr. 13 Stühlen von Köln, Münster, Lüttich und Hildesheim auch nach dem Stuhl von Paderborn greifen wird, wenn der inzwischen alt gewordene Dietrich von Fürstenberg das Zeitliche gesegnet haben wird und der Kampf um den rechten Glauben mit neuer Leidenschaft aufgenommen würde.

Münster, Dortmund, Soest

Solche Sorgen hat man nicht überall, in Münster und im Münsterland überhaupt nicht. Man darf sich wieder freuen und Geld ausgeben. Gerhard Gröningen, der geniale Bohé1612 mien in der großen Künstlerfamilie der Gröninger, wird beschäftigt, so schwer auch mit ihm umzugehen ist. Er baut das Schloß in Darfeld. Es soll ein herrlicher Backsteinbau werden, ein Rundbau von acht Flügeln, wie es ihn weit und breit nicht gibt. Aber nur zwei Flügel werden fertig. Gerhard überwirft sich mit seinem Bauherrn.
In Raesfeld ist ein zweites „Märchenschloß" im Bau, 1615 in der Stadt Münster baut Johann von Bocholt das Weinhaus neben der „stolzen Pracht des Rathauses".

172

Die Stadt der reichen Abtei Essen sieht sich in der litera-
rischen Tradition der Nachbarschaft Werdens. In ihren
Mauern wird eine überlokale Geschichtsschreibung
gepflegt. Der gebildete *studiosus antiquitatum* und Buch-
händler Johannes Ursinus schreibt an einer zu drei
Bänden geplanten „*Historia Westphalia naturalis et moralis*".
Den 1. Band vollendet er, für den 2. und 3. Band hinterläßt
er Vorarbeiten. Sein Essener Freund Cornelius Mevius
und der Dortmunder Detmar Mülher sollen sie fort-
setzen, bringen aber nicht viel zustande. – An einer
„*Historia Westphaliae*" versucht sich auch der Arnsberger
Johann von der Bersworth.

Dortmund ist in den 200 Jahren nach der „Großen
Fehde" (1388–90) so abgesunken, daß jetzt „Ackerbau
die gemeinste Hantierung" der Bürger ist. In Soest ist es
nicht viel anders. Die „große" Stadt Westfalens ist jetzt 1616
Münster, ist auch Osnabrück. Lemgo und das kleine Bük-
keburg werden Hochburgen des Geistes und der Kunst.

Adrian de Vries

Graf Ernst führt ein kluges Regiment; neben den Staatsgeschäften kann er seinen Neigungen leben. Die Musik
erfreut ihn, die bildenden Künste ziehen ihn an, er versucht
auch mal, einen Vers zu schreiben. Erlesene Kostbarkeiten
läßt er erstellen: die beiden Plastiken auf dem Geländer der
Brücke über dem breiten Graben zum Vorhof seines Schlosses. Adrian de Vries, ein Holländer, hat sie geschaffen:
die „Entführung der Proserpina" und „Venus und Ado-
nis". In dieser Welt zwischen dem Schwarz der Jesuiten
und den Halskrausen der Wittenbergischen stehen die
heiteren Götter des Olymp als Sendboten des Zeitalters
der Menschlichkeit.

In Bückeburg hört man es nicht, auch nicht in Münster, 1618
überhaupt wohl nicht in Westfalen, daß „hinten weit", im

Böhmischen, die Kriegstrommel gerührt wird. Die
1618 – 21 Bocholter bauen an einem prachtvollen Rathaus, Ernst
von Schaumburg verwirklicht seinen Lieblingsgedanken,
seinem Lande eine Universität zu geben. Kund geworden
ist, daß in Paderborn auf Betreiben der Jesuiten eben eine
katholische Universität mit dem Namen des großen
Bischofs, *Academia Theodoriana,* gegründet ist. Sein Stadt-
hagener Gymnasium verlegt Ernst als *„Academia Ernestina"*
und ausgesprochen evangelische Universität nach Rinteln.

Adrian de Vries, Entführung der Proserpina.

Es zieht ihn nach Stadthagen zurück. An die Kirche dort
läßt er seine Grabkapelle bauen. Ein marmorner Sarkophag,
bekrönt von einer Christusfigur, umgeben von schlafenden
Wächtern, soll dermaleinst seine irdischen Reste bewahren.
Adrian de Vries formt das Monument. Ergreifend verkörpert es den Frieden des Todes und die Weihe des ewigen
Schlafes in den vier Gestalten der Schläfer.

174

Graf Ernsts Leben und Wirken heben sich wie ein Wunder aus der geistigen und sittlichen Zerfahrenheit seiner Zeit heraus. Es bleibt ihm erspart zu erleben, wie der Krieg auch sein Land erreicht.

1622

Der große Krieg bei den Westfalen

Wolfgang Wilhelm von Pfalz-Neuburg, einer der Prätendenten des jülich-klevischen Erbes, der Kölner Erzbischof Ferdinand von Bayern und Herzog Maximilian von Bayern, gleichaltrig, bei Ausbruch des großen Krieges im besten Mannesalter, haben den ganzen Krieg überlebt. Sie, die Nichtwestfalen, bestimmen die Geschicke der Westfalen in diesem Kriege.

Für die Westfalen beginnt der Krieg — nachmals der „Dreißigjährige" genannt — mit den Abenteuern des jungen und „tollen" Herzogs Christian von Braunschweig. Nach seinen mißlungenen Kriegszügen zur Wiedergewinnung des Landes der von ihm schwärmerisch verehrten Elisabeth von der Pfalz, der „Winterkönigin", kommt ihm auf dem Rückmarsch das Stift Paderborn als feindliches Land wie gerufen, um seinen Truppen Erholung, Sold und das übrige zu verschaffen. Den kostbaren Liboriusschrein des Paderborner Domes läßt er einschmelzen und Taler daraus prägen. Als Lippstadt um Hilfe ruft gegen die spanische Besetzung, läßt er sich nicht lange bitten. Die Kreuz- und Querzüge des tapferen, unreifen Hitzkopfes verbreiten Angst und Schrecken. Sein nochmaliger Vorstoß gegen die Pfalz scheitert wie der erste. Wieder auf Westfalen zurückgedrängt, vollendet sich bei Stadtlohn, in den Sümpfen des Lohner Bruches, sein Schicksal.

1623,
August 6

Erzbischof Ferdinand bestraft die geschundene Stadt Paderborn, weil sie den Braunschweiger eingelassen hatte. Die münsterschen Landstädte bestraft er, weil sie sich — umgekehrt — geweigert hatten, gegen den Braunschweiger anrückende Truppen der Liga aufzunehmen. — Der fürstliche Absolutismus erhebt in Westfalen sein Gorgonenhaupt.

Eine neue, zweite Phase des Krieges schließt sich in Westfalen an, als versucht wird, den Erbstreit um Jülich-Kleve mit der Waffe zu lösen. Als Parteigänger des Pfalz-Neuburger lassen sich die Spanier, als Verbündete Brandenburgs die Holländer auf Anruf der Streitenden bestimmen, ihren seit mehr als 20 Jahren tobenden Krieg auf westfälischem Boden fortzusetzen. Eine neuburgisch-spanische Truppe wendet sich gegen die von Holländern besetzte Festung Lippstadt. An der Abwehr der Spanier beteiligt sich die ganze Bürgerschaft, Männer und Frauen, wie einstmals Soest in seiner großen Fehde. Munitionsmangel zwingt schließlich zur Übergabe.

1623, Nov. 30 Holländer, von den verbündeten Brandenburgern schon vorher ins ravensbergische Land gerufen, sitzen auf der Feste Sparenberg über Bielefeld, befestigen sie zusätzlich mit einem weitläufigen System von hohen Erdwällen und Schanzen. Aber der holländische Kommandant wagt nur kurzen Widerstand, als die Spanier anrücken, zumal die nur mäßig befestigte Stadt Bielefeld sich aus der Affäre hält und ihre Tore geöffnet läßt. Ohne Schwertstreich fallen bald darauf Herford und Vlotho den Neuburgern und Spaniern zu.

Nicht anders ist es Wolfgang Wilhelm gelungen, auch in der Grafschaft Mark, dem zweiten westfälischen Stück des jülich-klevischen Erbes, den brandenburgischen Einfluß zurückzudrängen, Versuche Brandenburgs, das 1624 Verlorene wiederzugewinnen, haben nur geringen Erfolg, Wolfgang Wilhelm unterzeichnet in Düsseldorf ein neues Abkommen, bezeichnet es aber ausdrücklich als Provisionalvergleich. Er wiederholt nur die im Ver-

176

trag von Xanten (1614) getroffene regelrechte Teilung des Erbes, nach dem ihm Jülich, Berg und die kleine Herrschaft Ravenstein am Niederrhein, dem Brandenburger Kleve, Mark und Ravensberg zufallen sollten. Er hält sich aber nicht daran und bleibt Herr der Lage. Der in eben diesen Jahren von dem Niedersächsischen Kreis und dem König Christian IV. von Dänemark gegen Kaiser und Liga geführte Krieg hat vorübergehend Osnabrück berührt. Bei Vakanz des Osnabrücker Stuh- 1625 les stellt König Christian seinen Sohn dort zur Wahl. Das Domkapitel entscheidet sich aber für Franz Wilhelm von Wartenberg, einen unehelichen Sproß des bayerischen Herzogshauses, Vetter Ferdinands, des Kölner Erzbischofs. Franz Wilhelm erringt bald auch die 1630 Bischofsstühle von Minden und Verden und wird eine zweite bedeutende Stütze wittelsbachischer Macht in Westfalen.

Hexen und Zauberer

Die Geschichte der ersten Hälfte des 17. Jahrhunderts ist nicht nur eine Geschichte des Dreißigjährigen Krieges. Schauerlicher noch als der Rauch brennender Dörfer lodern die Flammen der Scheiterhaufen der Zauberer und Hexen. Der Jesuit Friedrich von Spee zerbricht an seinem Auftrage, Hunderte von Verurteilten, darunter Kinder, zum Holzstoß zu begleiten. Auf einem langen Krankenlager in dem entlegenen, damals von Jesuiten bewohnten Kreuzherrenkloster Falkenhagen im Lippischen befreit er sich von dem Druck des Erlebens und schreibt ein Buch gegen die Bekämpfung des Hexenwesens: „*Cautio criminalis seu de processibus contra sagas liber*" (Behutsame Justiz oder Buch von den Prozessen gegen die Hexen). Es wird weltberühmt und in viele Sprachen übersetzt. Spees Dichtungen sind in mystischen Vorstellun-

gen befangen und als Sammlung „*Trutznachtigall*" erst
nach seinem Tode erschienen, darin das bekannte

„In stiller Nacht,
Zur halben Wacht,
Ein Stimm begunnt zu klagen",

„eine der besten Leistungen der katholischen Lyrik des
17. Jahrhunderts" (Hofmann).

„*Der Hessisch-münsterische Krieg*"

1630,   Die dritte Phase des Krieges beginnt für Westfalen
Juli 6 bald nach der Landung Gustav Adolfs. Die Nachricht
von dem Eingreifen des Schwedenkönigs hat die Westfalen beunruhigt. Ein Herforder Zeitungsblättchen
berichtet, Zahlen und Vorgänge, wie üblich, übertrei-
bend, der König sei mit 300 000 Mann gelandet — es
waren in 2 Schüben nur 40 000 — und habe sogleich
einen Krieg angefangen.

Das Blättchen „*Coniun- und Augirte Wöchentliche Avisen*" ist von eingewanderten Mitgliedern der Sekte der Lab-
badisten auf einer mitgebrachten Presse gedruckt worden,
hat aber nur ein paar Nummern erlebt. — Über die Kriegs-
ereignisse dieser Jahre soll auch ein anderes, fast ebenso
kurzlebiges Blättchen, „*Der Mindener Bote*", berichtet haben.

Dem Schweden schließt sich alsbald sein Verwandter, der
Landgraf Wilhelm von Hessen-Kassel, an. Diesen
Abschnitt des Krieges sollte man den „Hessisch-münsteri-
schen Krieg" nennen; denn Gustav Adolf weist den Landgrafen auf Westfalen hin als Rekrutierungs- und Versor-
1631,   gungsgebiet für eine aufzustellende Truppe, ja, nach sei-
Sept. 17 nem Siege bei Breitenfeld „schenkt" er ihm im Zuge sei-

ner weitgesteckten Pläne die Hochstifte Paderborn, Münster, Osnabrück, Corvey und das kölnische Arnsberg. So entzündet sich aufs neue in Westfalen die Kriegsfackel; denn das „Geschenk" muß erst erobert werden.

Keinen Gewinn bringt dem Landgrafen der Sieg der schwedisch-hessischen Waffen auf dem rechten Weser- 1633, ufer bei Oldendorf, nach Stadtlohn die zweite größere Juli 6 Feldschlacht dieses Krieges auf westfälischem Boden. Die Schweden behalten die Länder Minden und Osnabrück. In Osnabrück wird des toten Schwedenkönigs natürlicher Sohn Gustav Gustavsohn, Graf von Wasaburg, als Regent eingesetzt; Franz Wilhelm, der Bischof, muß Zuflucht suchen bei seinem Vetter Ferdinand in Köln.

Die landläufige Vorstellung, daß in diesem Kriege der 30 Jahre alles drunter und drüber gegangen sei und kein Mensch es wagen durfte, einen Fuß auf die Landstraße zu setzen, ist nicht immer richtig. Freilich, die Aktenschreiber dieser Zeit stürzen sich mit Wonne auf jede Gewaltanwendung gegen die „friedlichen und armen Leute" und jammern das Blaue vom Himmel herunter. Um jeden kleinen Fall von Requisition erheben sie ein Geschrei, als sollte es in der kaiserlichen Hofburg in Wien gehört werden. Als einmal eine Abteilung schwedischer Reiter durch Bünde zieht, um rückständige Lieferungen einzutreiben, —, Nov. 20 geht eine Gruppe in das Haus des Rudolf Barckhausen und nimmt 8 Gänse, 2 Hühner, 4 Scheffel Hafer, 9 Pfund Butter und 10 Taler Geld mit. Kaum sind die Reiter zum Dorf hinaus, schreibt der Gemeindeälteste einen bewegten Klagebrief an den Drosten Kettler und bittet, dem armen, zugrunde gerichteten Barckhausen Gänse und Hühner, den Hafer, die Butter und das Geld „um Gottes willen" zu ersetzen.

1634 Höchst ergötzlich zu lesen ist die Beschreibung der
Brautfahrt des Landgrafen Philipp von Hessen-Butz-
bach durch Westfalen nach Ostfriesland. Der fürstliche
Zug reist mit einem Gefolge von 52 Personen, einem großen Wagenpark und 93 Pferden mitten durch das Kriegs-
gebiet, um die Auserkorene, Gräfin Christina Sophia von
Ostfriesland, heimzuholen. Wo immer der Zug anhält,
wird er freundlich empfangen und gut bewirtet; überall ist
Gelegenheit, sich ein Räuschlein anzutrinken. – Im
glücklichen Bückeburg macht ein kleiner Kanzleibeamter,
Anton Rulmann, Verse und hat Freude an Scherz und
Spaß. Seine plattdeutschen „Klingelgedichte" sind humorvolle Bilder des friedlichen Alltags.

Landgraf Wilhelm von Hessen-Kassel unternimmt jetzt
einen Vorstoß in das Stift Münster. Als er vor der Stadt
Münster liegt, tritt ihm Alexander von Velen mit
einem stiftsmünsterschen Aufgebot entgegen. Ob es Söldner gewesen sind, wird nicht berichtet. Bemerkenswert an
dieser Begegnung ist, daß hier eigene, von einem westfälischen Territorium mobilisierte militärische Kräfte eingesetzt werden. Ihr Auftreten hat den Erfolg, daß der Landgraf von einer Belagerung Münsters Abstand nimmt. Bald
darauf muß er nach Hessen zurückgehen, weil eine kaiserliche Truppe in seinem Rücken auftaucht. Alexander
von Velen kann die von Hessen noch besetzten Städte
Bocholt, Borken und Dülmen befreien. Der „westfälische Wallenstein" ist er genannt worden, weil er die
kaiserlichen und ligistischen Heere von Westfalen aus mit
Mannschaften und Ausrüstung versorgt hat. Er erwirbt
dabei ein großes Vermögen und kann den Ausbau des
väterlichen Schlosses Raesfeld zu einer der prächtigsten
Wasserburgen des Münsterlandes in Angriff nehmen.
Landgraf Wilhelm erscheint bald wieder in Westfalen, unterstützt von dem wenig verläßlichen Herzog

Georg von Braunschweig-Lüneburg. Man kämpft mit wechselndem Erfolg um Städte und Plätze. Einige Vorteile kann er schließlich erringen. Das ganze Stift Paderborn, die Stadt Höxter und die Grafschaft Lippe sind in seiner Hand, und von den 16 festen Plätzen Geseke, Lippstadt, Soest, Werl, Hamm, Lünen, Dortmund, Recklinghausen, Dorsten, Lüdinghausen, dem zurückgewonnenen Borken, von Coesfeld, Vreden, Ahaus, Burgsteinfurt und Rheine aus beherrscht er das Gebiet beiderseits der Lippe und den größten Teil des Oberstifts Münster. Sein „westfälischer Kriegsstaat", wie er ihn nennt, und sein hessisches Stammland ergeben zusammen ein kleines Reich.

Da bringt die Niederlage bei Nördlingen die Vormacht der Schweden ins Wanken. Wilhelm sieht sich genötigt, von Frankreich, das im Bündnis mit Schweden in den Krieg eintritt, Hilfsgelder und Hilfstruppen anzunehmen. Er verliert wieder einiges; im Münsterlande verbleiben ihm nur die Lippelinie und Coesfeld. Der wendige Soldat findet aber eine neue Konzeption. Mit der Festung Minden, die durch die Schweden zurückgewonnen wird, im Rücken marschiert er in das Niederstift Münster, um zusammen mit dort stehenden schwedischen Verbänden und weiterhin gestützt auf die Festung Meppen den Angriff auf das Oberstift erneut vorzutragen. Mitten in den Vorbereitungen überrascht den erst 35jährigen in Leer in Ostfriesland der Tod. Seine Witwe, Amalie Elisabeth hält unerschütterlich an dem einmal Erreichten fest.

1634,
Sept. 3

1637,
Okt. 1

Soweit die Ereignisse dieser Jahre (seit 1625) die Stadt Minden berühren, finden sie einen Niederschlag in der großen Stadtchronik ihres Bürgermeisters Heinrich Schreiber († 1636).

Wie kaum in einer anderen Stadt ist in Minden während des ganzen Krieges die Stadtchronistik gepflegt worden. Die stattlichen Großfolio-Hand-

181

schriften von Vater und Sohn Johann und Caspar
Anthon Rethmeyer, Vater und Sohn Johann
Bernhard Schlick, Jacob Andreas Crusius und
von Johann Westermann, dieser vornehmlich
für die benachbarte bischöfliche Residenz Petershagen, sind z. T. ein Opfer des Zweiten Weltkrieges geworden.

Vlotho-Valdorf

In Westfalen lösen sich die Ereignisse der folgenden Jahre
in die Wirrnis von Kleinkriegen auf. Dazu gehört auch das
unvermutete Auftreten der beiden Söhne des verstorbenen
„Winterkönigs", des Pfalzgrafen Friedrich V. Von ihren
englischen Verwandten haben sie bei Meppen eine kleine
Truppe angeworben und marschieren ostwärts, um sich mit
1638, den Schweden zu vereinigen. Auf der Hochfläche bei Vlo-
Okt. 17 tho-Valdorf werden sie von dem kaiserlichen General
Hatzfeld zusammengeschlagen, nachdem ihre Offiziere
am Abend vorher die kaiserlichen Herrn in Lemgo kava-
liermäßig begrüßt und mit ihnen pokuliert hatten.

Nach dem Tode des Landgrafen Wilhelm haben hessische und schwedische Verbände weiterhin in Westfalen
operiert, um das Gewonnene zu behaupten. Frankreichs
Eintritt in den Krieg legt die großen Operationen in den
Süden des Reiches; aber Schweden und Hessen, Spanier
und Franzosen, Böhmen und Bayern, Kroaten und Pan-
duren streifen wie sonst in Westfalen, das weniger als
andere Landschaften unter der Furie des Krieges gelitten
hat, und lernen, was Grimmelshausens Simplicius in Soest
gelernt hatte, „die Butter fingerdick aufs Brot schmie-
ren".

Liga und Kreis

Die kaiserliche Partei macht schließlich den Versuch, die
Kräfte des Westfälischen Kreises in das Kriegstheater einzu-

182

bringen, so daß noch von einer vierten und letzten Phase des Krieges in Westfalen gesprochen werden kann. Den Anstoß gibt Erzbischof Ferdinand von Köln. Dem Kreistage des Niederrheinisch-Westfälischen Kreises legt er einen Plan vor für die Entwicklung militärischer Kräfte durch den Kreis im Rahmen des Reichsregimentes von 1512 und der Reichsmatrikel von 1521. Die danach von dem Kreise zu leistenden Wehrbeiträge („Römermonate") sollen dem Kreise verbleiben und zur Aufstellung einer Streitmacht von 4000 Mann zu Fuß und 1500 zu Roß verwandt werden. Diese Truppe soll zusammen mit Truppen der Liga gegen die in Westfalen eingedrungenen Schweden und Hessen eingesetzt werden.

Der Plan wird von den Kreisständen begrüßt, dringt aber nicht durch gegen Wolfgang Wilhelm von Pfalz-Neuburg, der seine Rolle zwischen den großen Parteien weiterspielen möchte. In Westfalen muß man zusehen, wie die militärische Lage für Ferdinand und die katholische Partei sich von Jahr zu Jahr verschlechtert. Die Einnahme von Dorsten, einem Hauptwaffenplatz der Hessen, durch den kaiserlichen General von Hatzfeld und Alexander von Velen macht sie nicht besser. Der Erzbischof läßt aber in seinen Bemühungen nicht nach. Er weiß: Sein Wort wird wenig gelten, wenn es zu den nun auf allen Seiten laut werdenden Wünschen nach Friedensverhandlungen kommen sollte und er nichts aufzuweisen hätte als seine von Feinden besetzten Bistümer. Ein Reichstag zu Regensburg bestimmt bereits die Städte Münster und Osnabrück zu Verhandlungsorten. Im Jahre darauf erscheint in Münster, vom Kaiser gesandt, der kurkölnische Rat Johannes Krahne. Am 27. Mai erklärt er die Stadt, am 8. Juni auch Osnabrück für neutral und entbindet sie von ihren Treueiden gegen Kaiser und Reich.

1641,
Sept. 19

1642,
Mai 25
1643,
Jan. 17

183

Wird es so bald zum Frieden kommen? Unversehens hat sich ein neuer Gast an den Spieltisch gesetzt, der neue Kurfürst von Brandenburg, Friedrich Wilhelm. Er hat eine eigene Truppe aufgestellt und schickt sie in die Grafschaften Mark und Kleve, die, mit Ravensberg, seinem Hause in den vergeblichen Teilungsversuchen des jülich-klevischen Erbes immer zugedacht waren. Sein General Johann von Norpracht hat Befehl, alle fremden Truppen aus den beiden Grafschaften zu vertreiben, damit eine neue Auseinandersetzung wegen des Erbes eingeleitet werden kann. An Ravensberg traut er sich einstweilen nicht heran; dort ist Wolfgang Wilhelm selbstgerechter und unbestrittener Herr.

Mit dem jungen Herrn ist nicht zu spaßen. Als die Brandenburger anrücken, zieht Hessens eiserne Witwe ihre Truppen aus der Mark ab und schiebt sie in Ferdinands Stift Münster zur Verstärkung ihrer dortigen Garnisonen. Das nimmt der Erzbischof nicht hin. Er verhandelt aufs neue und erreicht, daß seine „Kreisdefension" doch noch in Kraft gesetzt wird. Ein Kreisheer wird aufgestellt; der Kaiser, dem im Sinne des Reichsregimentes der Oberbefehl zusteht, bestellt zu Generälen zuerst die Grafen Gottfried von Gelsen und Melander von Holzapfel, dann den Grafen Wilhelm von Lamboy zum „Kommandierenden des Westfälischen Kreises". Der schlägt sich eine Zeitlang mit den Schweden unter Königsmark und Wrangel herum, die im Osnabrükkischen Fortschritte gemacht haben, und geht dann nach Westfalen.

1644, Mai

Der Westfälische Friede

In Münster sammeln sich unterdessen die Bevollmächtigten für den Friedenskongreß. Die Stadt wird völlig überrascht von dem Zustrom der hochvornehmen Gesellschaft von Gesandten und Diplomaten. Aus aller Herren Länder kommen sie mit Wagen und Hunderten von Pferden, Lakaien und Dienerschaften, insgesamt mehr als 1 000 Personen. Die Stadt hat Mühe, sie unterzubringen und ihre Ansprüche zu befriedigen. Münsters Bürger werden aufgefordert, ihre Schweine nicht mehr auf den Straßen herumlaufen zu lassen; muß doch ohnehin — etwas gänzlich Neues und Ungewohntes — eine Müllabfuhr, einmal in der Woche, eingerichtet werden, um den Unrat wegzuschaffen, den die Fremden überall verstreuen. Die kaiserliche Delegation wird angeführt von dem Grafen Trautmannsdorf, bekannt für sein Vermittlungsgeschick in schwierigen Geschäften; der Papst schickt den feingelehrten Fabius Chigi — den späteren Papst Alexander VII. —, Frankreich den gewieften Grafen d'Avaux. Er und seine bildschöne Frau bezaubern in den einleitenden Vorstellungen und Feten den ganzen Kongreß, bevor man anfängt zu arbeiten. In Osnabrück geht es bescheidener zu. Johann Oxenstierna, des großen Kanzlers Sohn, und die Vertreter der evangelischen Kirche richten sich hier ein. Will man von Partei zu Partei mündlich verhandeln, trifft man sich auf halbem Wege in Lengerich.

Erzbischof Ferdinand muß den Dingen ihren — langsamen — Lauf lassen. Lamboy, sein General, zieht weiterhin mit seiner Kreisarmee in die Kreuz und die Quer durch Westfalen, belagert einmal eine von Hessen besetzte Stadt, entsetzt ein andermal eine kaiserliche, von Hessen belagerte Garnison. Seine Kriegführung ist planlos, entbehrt eines strategischen Gedankens und erbringt keine Entscheidung.

Anders taktiert Brandenburgs Kurfürst. Sein erstes Ziel, den Erbvergleich, erreicht er, indem er das Gerücht ausnutzt, der Kaiser mache Miene, das ganze Erbe als

erledigtes Reichslehen einzuziehen. Wolfgang Wilhelm
1647, gibt sich mit Jülich und Berg zufrieden, räumt ohne
April 8 Schwertstreich die Grafschaft Ravensberg und überläßt
sie, die Mark und Kleve, dazu die kleine Herrschaft
Ravenstein am Niederrhein, dem Brandenburger. Einmal
im Besitz Ravensbergs, bemächtigt dieser sich unter fal-
scher Auslegung der 100 Jahre zuvor getroffenen „Ces-
—, Dez. 6 sio" mit Gewalt der Stadt H e r f o r d — „causa scandalosis-
sima" kopfschütteln Seine Apostolische Majestät — und
bringt die Stadt Minden zu Zugeständnissen für den Fall,
daß mit einer voraussichtlichen Säkularisierung des Stiftes
Minden seine landeshoheitlichen Rechte im voraus anerkannt werden.

Um Paderborn dagegen sollen noch einmal die Waffen
1648, entscheiden. Die Landgräfin möchte die von Kaiserlichen
Sept./Okt. besetzte Stadt wiedergewinnen und läßt sie von ihren Hessen und von Schweden belagern. Lamboy rückt zum Einsatz
heran und vertreibt die Belagerer. Das Dröhnen der Kanonen vor Paderborn wird übertönt von der Nachricht, daß in
—, Okt. 24 Münster ein Friede geschlossen ist. In Paderborn hatte für
Westfalen der Krieg begonnen, vor Paderborn endet er
(Rothert).

Der W e s t f ä l i s c h e F r i e d e hat den Westfalen noch
keinen Frieden gebracht. Mit abgedankten, aus aller Welt
zusammengelaufenen Soldaten, die, mit Ausnahme der
schwedischen, ohne Versorgung auf die Straße gesetzt,
herumvagabundieren, betteln und rauben, ist schließlich
fertig zu werden. Die Bestimmungen jedoch, die der
Friede für W e s t f a l e n trifft, für ein Land, das kein
„Land" ist, mit dem man hätte verhandeln können, sind
ausgesprochene I m p r o v i s a t i o n e n, keine Fragen für
einen mit europäischen Problemen überlasteten Kongreß.
Sie tragen neue Zündstoffe in die Welt der Westfalen:

Die Bistümer M ü n s t e r und P a d e r b o r n werden von
der drohenden Säkularisation verschont aufgrund des

Rückhaltes, den sie an den Wittelsbachern haben, Paderborn im besonderen durch einen Schutzbrief, den der Bischof von Le Mans, durch Gebetsbruderschaft und das gemeinsamen Liborius-Patrozinium seit alters mit Paderborn verbunden, beim französischen König erwirkt hatte. Hessen erhält die Hälfte der Grafschaft Schaumburg anstelle des geforderten Stiftes Paderborn und 600 000 Taler Entschädigung. Die Welfen erhalten die „Alternation" in Osnabrück, d. h. das Recht, den Bischofsstuhl von Osnabrück im Wechsel mit einem vom Domkapitel Gewählten und einem Prinzen ihres Hauses zu besetzen. Brandenburg gelingt es durch Bestechung der schwedischen Unterhändler, das Stift Minden zu säkularisieren und für sich zu gewinnen als Entschädigung für das ihm vorenthaltene Vorpommern.

Minden, Osnabrück

Säkularisierung und Anfall an Brandenburg werden in Minden scharf abgelehnt. Das Domkapitel hätte sich allenfalls mit einem Anfall an Braunschweig-Lüneburg abgefunden. Die Stadt aber nährt immer ihre Hoffnungen, Verkehrs- und Handelszentrum zu werden an dem einzigen schiffbaren Strom Westfalens, an der Kreuzung zweier vielbegangener Straßen und am Weserpaß, der Pforte zu Westfalen. Mit Leidenschaft ist sie darauf bedacht, ihre in langen Kämpfen mit dem Bischof errungenen städtischen „Freiheiten": eigenes Gericht, freie Rats- und Bürgermeisterwahl, Selbstverwaltung, Beherrschung der großen Feldmark, ungeschmälert zu bewahren. In ihrem alten Rathaus mit den wuchtigen Laubengängen haben die Mindener ein Schild hängen, in goldenen Buchstaben trägt es die Mahnung: *„Libertatem, quam maiores peperere, digne fovere studeat; turpe enim est, quaesita tueri non posse."* (Die Freiheit, die die Vorfahren erworben haben, soll man geziemend bewahren;

denn es ist schimpflich, Errungenes nicht halten zu können.)
Traum aller Mindener ist die völlige Freiheit im Rahmen
einer Reichsstandschaft. Der Kurfürst hält sie mit Versprechungen hin, bis sie vor der Gewalt resignieren.

Die im Abkommen von 1647 vereinbarte Teilung des
jülich-klevischen Erbes bleibt bestehen vorbehaltlich einer
Ratifizierung durch den Kaiser. Alle Länder des Niederrheinisch-Westfälischen Kreises endlich müssen beisteuern zu
der schwedischen „Milizsatisfaktion", d. h. zu der für
S c h w e d e n aufzubringenden Kriegsentschädigung in
Höhe von fünf Millionen Gulden. Den höchsten Beitrag
hat das Stift Osnabrück zu leisten mit 156 640 Gulden.
An letzter Stelle steht die Stadt Herford mit 930 Gulden.
Die Schweden geben ihr Faustpfand, die S t a d t M i n -
d e n, erst heraus, als der letzte Pfennig dieser Forderung
gegen das Stift Minden bezahlt ist. Erst zwei Jahre nach
1650, dem Friedensschluß räumen sie die Stadt den vor den
Sept. 17 Toren wartenden Brandenburgern ein.

Auf den Stuhl von O s n a b r ü c k kehrt Franz Wilhelm
von W a r t e n b e r g zurück. In einer *„Capitulatio perpetua"*
weist er 30 Pfarrkirchen den Katholiken, 20 den Evangelischen zu und glaubt, damit einen konfessionellen Frieden
erreicht zu haben. Auch dieser Friede ist kein Friede; er ist
ein heimlicher, immerwährender Kriegszustand geworden.
Der Bischof hat dazu beigetragen, daß jener unheilvolle
Zustand entsteht: der „Nachbar mit dem anderen Gebet-
buch, der Teufelsbraten, mit dem ein anständiger Mensch
nicht verkehren kann" (Hömberg).

Orthodoxie; Konfession und Politik

Dem Übereifer auf der einen Seite stellten sich bis zum
Haß gesteigerte Unduldsamkeiten und Frömmelei auf der
anderen Seite entgegen. Die lutherische O r t h o d o x i e
wütet in einem Papierkrieg gegen den „Papismus". Sogar

ein Bauersmann, Johann Schröder, „Hausmann aus der Grafschaft Ravensberg", greift zur Feder. Seine „ *Widerlegung des Papismus* "(gedruckt 1672) ist nichts als ein grobes Geschimpfe auf die Andersgläubigen. In grotesken Angriffen auf die Gegenseite kann sich der schreibselige Bielefelder Superintendent Christian Nifanius (Neukirch) nicht genugtun. Seine „*Ostensio* ... *quod Carolus Magnus* ... *non fuerit papista*" will beweisen, daß Karl der Große bereits die evangelische Lehre gekannt habe. Nicolaus Schaten, Paderborner Hofhistoriker und Jesuit, schreibt als Antwort auf diese skurrile These ein dickes Buch, worauf Nifanius ripostiert: „*Carolus Magnus exhibitur confessor veritatis evangelicae*", Zeugnisse des abstrusen theologischen Denkens eines „tintenklecksenden Säculums". Ihre Verschrobenheit erklärt in gewissem Sinne den Hexen- und Zauberglauben, der in ebendieser Zeit die Menschen erzittern macht. An der Universität Rinteln besteht damals unter dem Professor Goehausen eine Spruchkammer für Hexenprozesse.

Die konfessionellen Gegensätze ergreifen die unbefriedeten Massen und vergiften alles Geschehen, auch das politische. Sie führen dazu, daß dem protestantischen, von Calvinisten regierten nördlichen und östlichen Westfalen – ohne Osnabrück und Paderborn – durch die Bischofswahl in Münster ein katholisch regiertes westliches Westfalen gegenübertritt. Gegenpol des brandenburgischen Kurfürsten, der sein Erbe in Westfalen noch „erwerben" muß, wird der zum Bischof von Münster gewählte Westfale 1650 Christoph Bernhard von Galen. Seine münsterischen Wähler hatten die Erfahrung gemacht, daß die Vereinigung der westfälischen Bistümer in der Hand eines mächtigen, auswärtigen Fürstenhauses sich zum Nachteil der Vereinigten auswirkte. Ihre und die fast gleichzeitige Wahl in Paderborn sind ein Versuch, der Überfremdung Westfalens zu steuern.

189

Kleve, Mark, Ravensberg

Die ritterschaftlichen Stände von Kleve, Mark und Ravensberg werden in Bemühungen um die alten Vorrechte Indigenat, Steuerbewilligung und Steuerfreiheit mit kleinen Zugeständnissen hingehalten. Dem Herren von jenseits der Elbe, dem Kurfürsten von Brandenburg, Sympathien entgegenzubringen, ist schwer, wenn er der erste ist, der den mit vieler Mühe hergestellten Frie-
1651 den nach kaum drei Jahren wieder bricht. Er setzt sein Kriegsvolk in Marsch gegen Pfalz-Neuburg wegen angeblich illoyaler Ausführung der Absprache von 1647. Aber der alte Wolfgang Wilhelm läßt sich nicht einschüchtern. Er rückt seinerseits mit Kriegsmacht in die Grafschaft Mark ein und zwingt den Kurfürsten, den „Düsseldorfer Kuhkrieg", wie er spöttisch genannt wird, abzubrechen, bevor es zu offenem Kampf kommt.

Unter Christoph Bernhard

Christoph Bernhard von Galen gehört zu den vielseitigsten, interessantesten und problematischsten Figuren der Geschichte der Westfalen. Der münsterische Domthesaurer ist kein Unbekannter. Gewandt in der Unterhaltung, weiß er sich auf dem Parkett der Diplomatie mit vollendeter Meisterschaft zu bewegen. Gefürchtet ist seine Unberechenbarkeit. Er spielt nie eine Karte zu früh aus, versteht meisterhaft, mit mehreren Spielen zugleich und nach mehreren Seiten hin zu spielen, zu täuschen und zu blenden.

Seine erste Sorge ist, das Land von den fremden Besatzungen zu befreien. Schweden, Hessen und Holländer werden durch Zahlung der vereinbarten Entschädigungsgelder zum Abzug bewogen. Dann geht er an eine eigene
1655 Reformierung der Kirchen seines Bistums. Die *Constitutio*

Bernhardi bestimmt eine häufige Durchführung von Visitationen. Sie sollen u. a. das geistliche Konkubinat beseitigen. Zweimal im Jahr soll die gesamte Pfarrerschaft in einer Diözesansynode zusammenkommen. Ein Dorn im Auge ist ihm von Anfang an das Mitspracherecht der Stände. Nichts wissen will er von einer Reichsstandschaft, die die S t a d t M ü n s t e r aufgrund ihrer Neutralität während der Friedensverhandlungen glaubt beanspruchen zu können. Als er der Stadt bedeutet, daß e r ihr Herr sei und Gehorsam verlangt, gerät die Stadt in Empörung. Sie wolle lieber den Türken gehorchen als dem Bischof, ruft der Abgesandte der Stadt in Holland aus, als er die Hilfe der Generalstaaten gegen den Totengräber der Freiheit seiner Vaterstadt sucht. Aber Christoph Bernhard gibt nicht nach. Dreimal wird die Stadt von ihm belagert und eingenommen, bis sie sich endgültig unterwirft. Sie muß den Bau einer fürstlichen Zitadelle dulden und die Vernich- 1661 tung ihrer Stadtfreiheit und zeitweiligen Verlust ihrer wirtschaftlichen Blüte hinnehmen.

Das Amt des „ausschreibenden" Fürsten und damit die Leitung des Direktoriums des Niederrheinisch-westfälischen Kreises nimmt Christoph Bernhard in Anspruch und erhält es. Es gelingt ihm aber nicht, auch das militärische Amt des Kreisobersten in seine Hand zu bringen. Bei der Zusammensetzung der Kreisstände, in denen auswärtige Mächte die meisten Stimmen haben, wäre es nötig gewesen, um Westfalen zu einer politischen und militärischen Einheit zu bringen. Christoph Bernhards Versuch, nach dieser Richtung hin tätig zu werden, ist ein Versuch geblieben.

Sein kirchliches und politisches Denken geht bald über den Rahmen seines Bistums hinaus. Es schmeichelt seinem Ehrgeiz, als der Kaiser ihn zum „Kommissar" des Niederrheinisch-westfälischen Kreises ernennt und als die Abtei C o r v e y ihn zu ihrem Administrator wählt. Er wird

191

damit Stadtherr der protestantischen Stadt Höxter und zeigt sich bereit, den Herzögen von Braunschweig-Lüneburg, die sich seit langem als Schutzherren der Stadt fühlen, mit der Waffe entgegenzutreten.

Die Welfen lenken ein; aber Christoph Bernhard ist wenig erbaut darüber, daß sie zur selben Zeit, nach dem Tode des Osnabrücker Bischofs Franz Wilhelm von Wartenberg, gemäß der „Alternation" einen Sproß ihres Hauses, Ernst August, auf den Stuhl von Osnabrück schicken. Ernst August und seine schöne „Frau Bischöfin", Sophie von der Pfalz, Tochter des Winterkönigs und der Elisabeth Stuart, richten sich auf der Iburg ein, da die Stadt Osnabrück ihnen, ihrem einjährigen Sohn und der bei ihnen lebenden Nichte — der später so resoluten Liselotte von der Pfalz — keine passende Wohnung anbieten kann.

Es beunruhigt Christoph Bernhard, die Welfen so plötzlich vor seiner Tür zu sehen. Der Herr aus Brandenburg ist ihm schon Sorge genug. Der sitzt nun mit Ravensberg, Mark und Kleve unmittelbar an seinen Grenzen. In ganz Westfalen, wenn Christoph Bernhard sich umsieht, hat er nur einen Freund: Paderborn.

Dessen Stuhl wird ebenfalls in diesem Jahre vakant. Der Neugewählte ist wieder ein Fürstenberg, aber einer von anderem Schlage als der gewaltige Dietrich. Ferdinand von Fürstenberg, der neue Bischof, ist Christoph Bernhard nicht fremd, wenn auch im Wesen sein Gegenteil. Es ist anscheinend nicht ungewöhnlich, daß geistige Polarität zu Freundschaft führt. Ferdinand ist auch fromm katholisch, aber tolerant und friedfertig, den Künsten und den Büchern mehr zugetan als den Dingen der Welt. Er schriftstellert und ist Mitverfasser der „Monumenta Paderbornensia". Der Zeichner und Maler Johann Georg Rudolphi zeichnet ihm prächtige Landschaften. Der Bischof läßt sie in Amsterdam, wo das

Buch in der berühmten Offizin von Daniel Elsevir gedruckt wird, in Kupfer stechen und dem Buche beifügen. Sein Hofmaler Carl Fabritius muß Ansichten von Städten und Ortschaften des Bistums malen für das bischöfliche Schloß Neuhaus.

Er hält sich auch einen Historiographen, den Jesuiten Nicolaus Schaten, und hockt tagelang mit ihm über Urkunden und Pergamenten. An Schatens großem Werk, den Paderborner Annalen, hat Ferdinand eifrig mitgearbeitet.

Christoph Bernhard hat für solche Dinge nicht den Sinn. Ihn nimmt die große Politik gefangen, der Krieg Englands gegen die Generalstaaten der Holländer, der ihm in der Seele verhaßten Calvinisten. Sie in den Schoß seiner Kirche zurückzuführen, wird zur Idee seines Lebens. Er bietet sich den Engländern als Bundesgenosse 1665 an, erhält von ihnen 500 000 Taler auf den Tisch gezählt und das Versprechen, weiterhin monatlich 50 000 Taler Subsidien kassieren zu können. Damit stellt er eine Streitmacht von 20 000 Mann zu Fuß und 10 000 zu Roß auf und rückt schon drei Monate später, ohne sein Domkapitel unterrichtet zu haben, in Holland ein. Mit offenen Flanken und einem potentiellen Gegner im Rücken eröffnet er einen Krieg, dessen Überstürzung, Planlosigkeit und Mißachtung einfachster strategischer Grundsätze den militärischen Dilettantismus des kleinen Bischofs verrät, der ein großer Feldherr sein will. Christoph Bernhard hat wohl einen Blick für militärisch-technische Dinge. Seine Erfindung eines Schnellfeuergeschützes erregt Aufsehen. An die Führung einer Truppe traut er sich nicht heran; er ist klug genug, sie seinem General zu überlassen. Der kämpft vergebens gegen die Torheit dieses Feldzuges. Es kommt, wie es kommen muß. Die Holländer sind zwar überrascht, finden sich aber bald und zeigen in ihrer Dis-

193

ziplin und in ihrem Willen zu nationaler Selbstbehaup-
tung, wie ein abenteuerndes Söldnervolk anzugehen ist,
das aus zweifelhaften Elementen und ungelernten Offi-
zieren hastig angeworben war. Kümmerliche Reste des
zusammengeschlagenen münsterschen „Heeres" retten
sich über einen eiligst gelegten Knüppeldamm durch das
Burtanger Moor in das Stift Münster.

1666   Die böse Erfahrung und ein zwischen Brandenburg
und Holland geschlossenes Bündnis lassen in Christoph
Bernhard den Wunsch nach einem stehenden Heer reifen,
einer Truppe von ausgebildeten Mannschaften, langdie-
nenden Unteroffizieren und Berufsoffizieren. Sein Versuch, nach dem landesherrlichen Recht des Aufgebotes
der ländlichen und dörflichen Bevölkerung eine Miliz
aufzustellen, befriedigt nicht, wird aber mehrfach wiederholt. Die Behebung von Schwierigkeiten mit den Welfen
wegen Höxter durch Vermittlung Frankreichs veranlassen
ihn, Anlehnung an Frankreich zu suchen und den Kölner
Erzbischof auf seine Seite zu ziehen. Der Kaiser, aber
auch Brandenburg verfolgen dieses Spiel der Fäden mit
argwöhnischen Augen.

Unter Brandenburg

Brandenburgs Kurfürst, F r i e d r i c h W i l h e l m , ist vorerst mit eigenen Dingen beschäftigt. Samuel Pufendorfs
Ideen von der Staatsräson *(De iure naturae et gentium)*
beeindrucken ihn. Sie sehen die Staatswohlfahrt in einer
gegenseitigen Pflicht des Fürsten für das allgemeine Wohl
und in der Pflicht des Untertanen gegen den Staat begründet. Er nimmt sich des ravensbergischen Leinengewerbes an,
stellt den Bleichern die Talsohle des Osningpasses zur Verfügung und richtet nach osnabrückischem Muster die „Leggen", Schauanstalten für das Leinen, ein, freilich nicht
umsonst. Die Bleicher müssen Pacht bezahlen, und die Leg-

194

gegebühren fließen ebenfalls nach Berlin. Der *miles perpetuus*, den er mit größtem Nachdruck und mehr Erfolg als Christoph Bernhard verwirklicht, kostet Geld. Durch geschickte Verhandlungen bricht er ein Stück des Thurn-und-Taxisschen Postprivilegs für sich heraus und verlängert die zuerst nur bis Lippstadt geführte Reitpost zu einer Fahrpost durch ganz Westfalen. Bedeutsam ist sein Ansatz einer Agrarreform. Um Übergriffen der Grundherrschaften des Landadels zu steuern, erläßt er für seine noch neue Grafschaft Ravensberg eine erste „Eigentums- 1669 ordnung". Sie soll die persönliche Unfreiheit (Leibeigentum) und die dingliche (Grund- und Boden-)Hörigkeit des Bauern in feste Normen setzen und das Recht des Bauern an dem erblichen Besitz seines Hofes gegen das (Ober-)Eigentum des Grundherren schützen und das „Bauernlegen" durch eine „Abmeyerung" im ordentlichen Gerichtsverfahren ersetzen.

Im übrigen Westfalen bleibt die rechtliche Lage des Bauern prekär. Eine Bauernvertretung in den Verwaltungen gibt es nirgends. Die „Erbentage" in der Grafschaft Mark haben nur lokale, eng begrenzte Kompetenzen (Hanschmidt). – Die Landwirtschaft selbst erholt sich verhältnismäßig schnell von den Schäden des Dreißigjährigen Krieges. Die geistlichen Grundherrschaften gehen hier helfend voran, indem sie billige Kredite für den Wiederaufbau zerstörter Hofgebäude bereitstellen. Überall gilt auch die „Nachbarschaft" als Gewohnheitsrecht. Sie verpflichtet jeden, dem Nachbarn für den Wiederaufbau Arbeitshilfe zu leisten und einen Baum zu stiften. Als Neues macht sich das Heuerlingswesen bemerkbar, ein „Pacht- und Arbeitsverhältnis" (Hanschmidt), vornehmlich für die nicht zum Erbe kommenden Bauernsöhne, die in den Städten keine Aufnahme finden und auch als Markkötter in den bäuerlichen Almenden keinen

195

Platz mehr haben. Da sie auf Nebenerwerb angewiesen sind, rekrutiert sich aus ihnen eine Masse von Spinnern, Torfstechern und Hollandgängern. Die Feldmark (Almende) selbst bleibt der Nerv der Landwirtschaft. Gegen ihre Überbeanspruchung werden überall strenge Markenordnungen von den Markgenossen und Markenherren erlassen. Auch in den Städten wird auf Ordnung gehalten. Faust und Messer sitzen immer noch lose in der Tasche. Das lästerliche Schimpfen aufeinander und das Gekeife böser Weiber wird mit Strafe bedroht, ein Zeichen, daß es fleißig geübt wird. Für die weniger Begüterten sind die Lebensbedingungen in der Stadt — vielleicht — weniger rosig als auf dem Lande. Höker und Handwerker und ihre Gesellen haben es wohl erträglich, Knechte, Mägde und Tagelöhner aber essen ein kärgliches Brot. Viele sind arm; sie zu versorgen, ist Sache der Kommunen und frommer Stiftungen. Der Staat kümmert sich nicht um sie. Freizeitprobleme gibt es nicht. Für jede Arbeit nimmt man sich viel Zeit, und keine Gelegenheit, die festlich begangen werden könnte, läßt man vorübergehen. Beim Hausbau gibt es mindestens drei Richtfeste, eins für das Erdgeschoß, eins für das Zwischengeschoß und das dritte für das Dach. Weit über ein Dutzend Feiertage bietet allein die Kirche.

Münster-brandenburgische Kriege

1672 Das Bündnis Christoph Bernhards mit Frankreich und Köln entfacht einen neuen Krieg gegen Holland. Brandenburgs Kurfürst sieht sich in seinen westfälischen Besitzungen und in Kleve bedroht und gezwungen, Partei zu nehmen. Er entscheidet sich für Holland, dem er durch seine Frau, Luise Henriette von Oranien, verbunden ist, und es gelingt ihm, Kaiser Leopold zum Krieg gegen das Frankreich Ludwigs XIV. zu gewinnen.

Der Krieg bringt „Holland in Not". Da durchstechen die Holländer unter Wilhelm III. von Oranien alle Deiche. Die Franzosen unter Turenne müssen das Land räumen. Turenne erhält darauf Befehl, sich gegen die kaiserlich-brandenburgische Armee zu wenden, die durch Westfalen anmarschiert. Es droht zu einem Zusammenstoß zu kommen. Der Kurfürst steht bei Lippstadt, die Kaiserlichen unter Montecuccoli bei Paderborn, Turenne bei Verl. Aber der Kaiser hat sich mit Frankreich verständigt und den Rückmarsch befohlen. Der Kurfürst marschiert schleunigst nach Norden ab, um seine Stammlande vor einer Bedrohung durch die Schweden zu schützen.

Ungeachtet eines französisch-brandenburgischen Waf- 1673 fenstillstandes läßt Christoph Bernhard eine Truppe von 800 Mann Fußvolk und acht Geschützen unter dem General von Nagel in die Grafschaft Ravensberg einmarschieren und die Burg Sparenberg und die Stadt Bielefeld beschießen.

Die in der Stadt sammeln ein Sümmchen Geld und schicken eine Abordnung in das Quartier des Generals. Er mochte sich inzwischen überzeugt haben, daß er mit seinen acht Kanonen die Gewölbe und Kasematten der Feste Sparenberg nicht zum Einsturz bringen würde, und wenn er sich vorstellte, daß die Taler, von denen die Bielefelder Herren sprechen, in seiner Tasche nicht übel klingeln würden, wird ihm die soldatische Entschlußfreude zur Tugend. Als am anderen Morgen Bielefelds Bürger Ausschau halten, ist das münstersche Heer im Abmarsch.

Die Feindseligkeiten werden durch den Frieden von Vossem abgebrochen. Eine kaiserliche Truppe unter dem General Spork, einem im Dreißigjährigen Krieg —, Juni 21 groß gewordenen Delbrücker Bauernsohn, bezieht Quartiere im Stift Paderborn. Der Kaiser findet sich mit Braunschweig-Lüneburg und Hessen, mit Spanien, Dänemark (in Oldenburg) zu der großen „Allianz vom Haag" —, August 30 zusammen. Wenig später schließt Brandenburg sich an. Die Verbündeten drängen die Franzosen, die Münsterer und die Kölner zurück. Christoph Bernhard muß den 1674, Krieg mit den Holländern aufgeben und einen faulen April Frieden machen.

1675, Des Brandenburgers Erfolg gegen die seit 1648 in Bre-
Juni 28 men und Verden sitzenden Schweden bei Fehrbellin bewegt Christoph Bernhard, die Partei zu wechseln. Die Wiedergewinnung der ehedem zu seinem Niederstift gehörenden Herrschaft Wildeshausen erscheint ihm nach seinen Mißerfolgen in Holland als eine neue kirchliche Pflicht, und die phantastische Aussicht, die schwedischen Fürstentümer Bremen und Verden als Beute zu gewinnen, verlockt ihn.

Auf ihrem Marsch zu dem neuen Kriegsschauplatz rükken 7000 „münstersche Grauröcke" in das völlig überraschte Lipperland ein, lassen sich „mit Weibern und Canaille" ein paar Wochen lang kostbarlich verpflegen, erpressen Kriegssteuern und nehmen alle Pferde mit, die ihnen über den Weg laufen.

Spottverse auf „Bernken von Galen" haben die Erinnerung wachgehalten. Noch Falkmann schloß 1857 einen Aufsatz über die „Münstersche Invasion Bernhards von Galen" mit den pathetischen Worten: „... und so viele waren seine großen Taten und Titel, die man in hochtrabendem Latein auf seinen Grabstein schrieb, daß für den Namen *Devastator Lippiae* " wohl kein Raum mehr war" (Kittel).

Der brandenburg-schwedische Krieg zieht sich über Jahre hin und greift nach Schweden selbst über. Münstersche Truppen kämpfen noch bei Malmö und Karlskrona, bis sie sich in Dänemark auflösen.

Christoph Bernhard hat den Ausgang nicht erlebt. Er

stirbt am 19. September, 72 Jahre alt. Sein von Johann 1678
Moritz Gröninger geschaffenes Grabmal im Dom zu
Münster zeigt sein herrisches, „befehlsgewohntes
Gesicht" (Geisberg). Die mit ihm in Berührung gekommen sind, zeichnen sein Bild in allen Farben: geltungsbe-
dürftig sei er gewesen, ruhmsüchtig, unleidlich zuzeiten
und eigensinnig, hart und rücksichtslos. Willenskraft und
Organisationsgabe befähigen ihn, Armeen aus der Erde
zu stampfen. Frömmigkeit, religiöser Fanatismus und
Askese liegen in ihm beieinander. Er hat nie eine Frau an
seinem Hof geduldet. Wie Dietrich von Fürstenberg hat
er ein großes Vermögen gesammelt und seinen Verwandten hinterlassen; wie Dietrich hat auch er einen Ver-
schwörer gegen sein Leben, den münsterschen Bürger-
sohn Adam von der Kette, auf grausame Weise hinrichten
lassen. Es kann sein, daß sein Wirken, das weit über den
Rahmen und die Mittel seines Bistums hinausgeht und
erfolglos endet, den Menschen seines Bistums ein gewisses
selbstbewußtes „Staatsgefühl" aufgeprägt hat gegenüber
den anderen Fürstentümern Westfalens (Rothert). Als
„Kanonenbischof" lebt er im Gedächtnis der Münsterländer. In seinem Generalvikar Johannes von Alpen
(1630 – 1698) hat Christoph Bernhard einen frühen Bio-
graphen gefunden.

Der französischen Diplomatie gelingt es schließlich, die 1678,
Gegner Frankreichs uneins werden zu lassen und den Frie- Aug. 10,
den von Nijmwegen zu erzwingen. Brandenburgs Kur- Sep. 18
fürst verweigert diesem Frieden seinen Beitritt, worauf
erneut ein französisches Heer unter dem Marschall Cré-
qui in Kleve, Mark und Ravensberg einrückt, Schaden
anrichtet und von der Reichsstadt Dortmund eine Brand-
schatzung von 40 000 Talern erpreßt. Friedrich Wilhelm
läßt seine Truppen unter dem General von Spaen auf
die Festung Minden zurückgehen. Der Rat Franz Meinders wird zu Verhandlungen geschickt. Um den Preis

199

einer Annäherung Brandenburgs an Frankreich erreicht
1679, er im Friedensschluß von Saint-Germain-en-Laye,
Juni 20 daß dem Kurfürsten Kleve und die westfälischen Erwerbungen Mark, Ravensberg und Minden erhalten bleiben. Kurfürst Friedrich Wilhelm hätte allen Grund gehabt, damit zufrieden zu sein. Er ist es offenbar nicht. Für seine dem Kaiser gelieferten Hilfeleistungen glaubt er eine Belohnung erwarten zu dürfen. Er präsentiert eine Rechnung über seine Einbußen in dem Reichskriege. Dortmund, die Stadt des Reiches, soll sie bezahlen. Die Dortmunder, eben erst von den Franzosen für nichts und wieder nichts um eine große Summe Geldes erleichtert, werden sich nicht wenig gewundert haben, als plötzlich, kaum daß die Franzosen abgezogen sind, ein brandenburgischer Abgesandter erscheint und im Namen seines Herren eine monatliche Zahlung von 1000 Talern fordert. Um die Zahlung zu erzwingen, werden der Stadt, wie es 30 Jahre zuvor mit Herford gemacht war, die Zuzugsstraßen gesperrt, ja, der Kurfürst fordert vom Reich, daß die Stadt mitsamt ihrem reichsstädtischen Gebiet ihm als Entschädigung überlassen und seinem Staat einverleibt werde. Damit kommt er dieses Mal nicht durch. Kaiser Leopold beantwortet das Ansinnen nicht wie weiland sein Vater Ferdinand mit einem Kopfschütteln, sondern droht mit der Reichsexekution.

Der Kurfürst weicht zurück. Von den Dortmundern zu erwarten, sie hätten besser getan, auf ihre „längst überlebte" Reichsstandsherrlichkeit zu verzichten und sich für ein „Aufgehen in einen größeren, emporstrebenden Staat" zu entscheiden (Rothert), ist unhistorisch gedacht. Wie haben die es gesehen und gedacht, die es erlebt haben, die Dortmunder und die Westfalen? Was gelten Brandenburg, die Sandwüste jenseits der Elbe, und sein von Tatendrang besessener Fürst den Westfalen? Was bedeutet ihnen ein Herzogtum Preußen?

Die Nachwelt sieht nicht gern die welken Blätter in den Kränzen der „Großen". Brandenburgs „Großer Kurfürst" stirbt am 8. Mai 1688. Sein Leben hat das Geschehen auf dem Boden der Westfalen vielfach überschattet und häufig an die vitale Kraft seiner Person gebunden. Das Andenken seines — auch „großen" — Gegners in Westfalen ist im Volke noch lebendig, das des Kurfürsten nur in Denkmälern.

Im „Zeitalter von Leibniz und Prinz Eugen"

Im Todesjahr des Kurfürsten wählt das Münsterer Domkapitel wiederum einen erprobten Mann aus seinen Reihen und Sproß aus westfälischem Adel, Friedrich Christian von Plettenberg. Er hat schon in Christoph Bernhards Tagen dem Domkapitel als Dechant vorgestanden, ist ein Mann von Geist und Bildung und hat sich in der Schule des großen Bischofs zum gewiegten Diplomaten herangebildet. Ein Opportunist wie sein Meister, schwimmt er am liebsten im französischen Fahrwasser, weiß aber sein Schiff dahin zu steuern, wo ihm der größere Vorteil winkt.

Noch größere Bedeutung gewinnt das Jahr 1688 dadurch, daß die Neuwahl in Köln zwiespältig verläuft. Gegen die Wahl des 16jährigen bayerischen Prinzen Joseph Clemens will Ludwig XIV. einen ihm untergebenen Kandidaten mit Gewalt durchsetzen und läßt Truppen in das Kurfürstentum Köln und die Rheinpfalz einmarschieren. Daraus entbrennt der „Pfälzische Krieg" (3. Raubkrieg 1688 — 1687). Der Einsatz von münsterischen und Truppen des Westfälischen Kreises leidet unter politischen Quertreibereien des Bischofs Friedrich Christian. Während er in Münster bleibt und die Taler zählt, die von zwei Seiten in seine Tasche fließen, verbluten sich seine 3000 Soldaten erfolglos in Frankreich.

Unter den Männern, die im „Zeitalter von Leibniz und Prinz Eugen" (Rössler-Franz) den Gedanken des Reiches weitertragen, tritt ein Westfale, der Graf Georg Friedrich von Waldeck, hervor. Die vorbereitenden Maßnahmen für den Widerstand gegen das Frankreich Ludwigs XIV., die „Frankfurter Union" und die Beschlüsse des „Laxenburger Rezesses" sind sein Werk. Als Reichsfeldmarschall hat er rühmlichen Anteil an der 1690 Rettung Wiens aus der Türkengefahr. Die Niederlage von Fleurus hat der Alternde nicht mehr verwunden.

Zwei Westfalen, Eberhard Danckelmann, ein Lingener Wunderkind von ungewöhnlicher Begabung, und der Mindener Heinrich Rüdiger Ilgen, der als Sekretär Franz Meinders' angefangen und sich die Sporen verdient hatte, haben neben dem noch tätigen Meinders († 1695) die Politik des neuen Kurfürsten von Brandenburg, Friedrichs III., gelenkt. Unter Ilgens vorsichtiger und umsichtiger Führung hat das neue Königreich Preußen die schwierigen Jahre des Spanischen Erbfolgekrieges (1701—1714) durchgestanden. Der Westfälische Kreis bringt dieses Mal eine Gruppe von 8200 Mann auf die Beine. Ein Kriegsgeneral, der Freiherr von Hochkirchen, wird angestellt und mit dem Oberbefehl betraut. Er führt die Truppe dem kaiserlichen Heere zu und kämpft in dessen Verbande. Er selbst fällt bei Speyer, ein Teil seiner Truppen, das ihm zusätzlich unterstellte münsterische Regiment, wird an dem Tage fast aufgerieben. Die Kreistruppe, zusammengesetzt aus geworbenen Münsterländern, Paderbornern und Osnabrückern, nimmt in den folgenden Jahren an den entscheidenden Kämpfen auf dem süddeutschen Kriegsschauplatze teil 1704, und erleidet blutige, erhebliche Verluste. Bei Höchstedt August 13 fällt ein Sohn des Ravensberger Drosten und Generals Wolf Ernst von Eller.

202

Friedrich Christian, dem Bischof von Münster, muß zugute gehalten werden, daß er fast die Hälfte der vom Kreise zu stellenden Truppen aufgebracht hat. Sein Leben neigt sich in diesen Jahren dem Ende zu. Seine münsterschen Zeitgenossen haben an seinem politischen Wechselspiel keinen Anstoß genommen. Im *ancien régime* gehört das zur Politik wie im Mittelalter die Urkundenfälschung. Zwar weiß man, daß er die reichen Subsidiengelder, die er nach wie vor einkassiert, seinen zahlreichen Nepoten zuwendet oder, was man vor Augen hat, so prächtige Schlösser wie Ahaus und Nordkirchen davon bauen läßt; aber das erträgliche Maß von Steuern läßt diese Gelder auch dem Land zugute kommen. Er regiert auch wirklich, kümmert sich um die Verbesserung der Straßen und Posten, versucht eine Regulierung der Ems, reorganisiert die Beamtenschaft und die Verwaltung und ist um weitere Verbesserung der von ihm eingeführten allgemeinen Schulpflicht (1693) bemüht. Er stirbt 1706. Sein 1706 prächtiges Grabmal im Dom zu Münster wäre schwerlich errichtet worden, hätte die Nachwelt ihm jedes freundliche Gedenken versagt.

Junge Westfalen haben in der großen politischen Frage um die Thronfolge in Spanien „mitspielen" dürfen: Sie durften ihre Haut für fremde Interessen zu Markte tragen. Die Werbetrommel, Abenteuerlust, Geldnot und was alles hat sie in die Ungewißheit eines Krieges getrieben, von dem sie nicht fragen, wofür er geführt wird. Ungefragt beginnen sie das 18. Jahrhundert. Das politische Geschehen berührt sie nur. Ihre „Geschichte" bleibt umklammert von Interessen Fremder; aber sie befreit sich auch. Preußen, Bayern, Habsburg, Frankreich, Holland und England haben sich auf dem Boden der Westfalen bekriegt und tun es noch; den Westfalen selbst jedoch geht das nicht mehr an die Haut. Aus bloß Drangsalierten werden sie Zuschauer. Gespannt und voller Neugier sitzen sie vor dem Vorhang des großen Welttheaters.

Ein Postmeister

Das weiß der wohlbestallte, königlich-preußische Lippstädter Postmeister Pöppelmann. Vermutlich der Herforder Kaufmanns- und Bürgermeisterfamilie dieses Namens zugehörig. Ihr berühmter Sohn Matthias Daniel Pöppelmann hatte sich in Holland und Italien als Festungsbauer ausbilden lassen und war als 24jähriger von dem Kurfürsten von Sachsen nach Dresden gezogen worden. Kurfürst August der Starke fesselte ihn 1694 an seinen Hof und übertrug ihm die Ausführung aller seiner fürstlichen Baupläne, darunter den „Zwinger", das barocke Bauwerk „von spontaner Genialität" (Dehio). – In seiner Heimatstadt Herford hätte Matthias Daniel Pöppelmann keine Möglichkeit gehabt, sich zu entfalten. Die Stadt hatte sich von dem Gewaltstreich des Großen Kurfürsten nicht wieder erholt und verarmte.

Bei ihm gehen die Reisenden aus und ein, erzählen das Neueste aus aller Welt, bringen Gedrucktes mit, Pamphlete und Flugblätter, „Relationen", wie sie in Form von Einblattdrucken seit Gutenbergs Erfindung in Brauch gekommen waren, und Zeitungen aus Hamburg, Köln und Paris. Man reißt sich darum. Der kluge Postmeister erwirkt von dem König von Preußen und von dem Grafen zur Lippe – Lippstadt stand seit der Verpfändung von 1376 noch unter geteilter Landeshoheit – das Privileg, „Avisen ausgehen zu lassen", und läßt eine Zeitung drucken, die *Lippstädtische Zeitung,* die erste richtige Zeitung in Westfalen. Lippstadt als Hauptpoststation der großen Postlinie Berlin – Kleve bietet Gewähr für den Versand des Blattes nach auswärts. So kann die Zeitung das Jahrhundert

1710

überdauern und es schließlich auf 2000 Abonnenten bringen. Im Land Lippe beginnt damals das kleine Detmold sich zur fürstlichen Residenz auszuwachsen. Die Stadt Lemgo lebt noch in ihren Hanse-Traditionen und entwickelt mit Druckerei und Verlagsbuchhandel ein bedeutsames geistiges und kulturelles Potential. Der von seinen Reisen in den unbekannten Fernen Osten zurückgekehrte Engelbert Kämpfer (1651–1716) findet hier Ruhe und Muße, die Ergebnisse seiner Reise niederzuschreiben und am Orte selbst drucken und verlegen zu lassen.

Preußische Reformen

Anders ist alles, was von Berlin auf die Westfalen, soweit sie nun preußisch geworden sind, an Verordnungen, Verwaltungs- und anderen Reformen herunterprasselt. Es beginnt damit, daß die viele hundert Jahre alte Verfassung der Stadt Minden, ihre Wahl des Rates, der Rat selbst 1711 und die Selbstverwaltung abgeschafft und durch einen vom Staat ernannten Magistrat ersetzt werden. Dasselbe Schicksal trifft wenig später alle übrigen Städte im preußischen Westfalen bis – vorerst nur – auf Soest. Für die kleineren Orte und Flecken, die mehr sind als lokkere Bauerndörfer, steht eine Überraschung bereit. Sie werden zu Städten erhoben, nicht etwa, weil sie groß geworden wären oder werden sollten, sondern weil eine neue Steuer, Akzise genannt, von allen Waren, die in die Stadt eingebracht werden, an den Stadttoren oder Zugängen erhoben werden soll.

Der Versuch des brandenburgischen Kurfürsten vom Jahre 1674, die Akzise („Ziese") als eine allgemeine Steuerordnung für alle direkten und indirekten Steuern einzuführen, war am Widerstand der Stände, Städte und Bevölkerung gescheitert. Eine Neufassung von 1685 konnte sich auch nicht durchsetzen; denn der Adel nahm die Aufhebung seiner Steuerfreiheit, was die neue Ordnung vorsah, nicht hin. — Die von König Friedrich Wilhelm I. wiedereingeführte Akzise ist eine rein indirekte, auf bestimmte Waren gelegte Art Umsatzsteuer.

Die Akzise auf dem Lande und in Bauerndörfern zu erheben, hätte sich nicht gelohnt.

Seit den Tagen des Kurfürsten folgt eine Steuer der anderen: Kontribution, Reutergeld, Servisgeld, Rauchfang, Feuerstelle usw. Der Bauch des *miles perpetuus* ist unersättlich. Um die neue Steuer auch in den kleineren geschlossenen Ortschaften erheben zu können, geschieht deren Erhebung zu Städten, und es bedarf einer völligen Umgestaltung und Straffung des gesamten städtischen Verwaltungsapparates und der Stadtverfassung überhaupt. Die „Reformierung des rathäuslichen Wesens" soll sie bringen. Sie wird nicht überall sogleich durchgeführt. Der von den Bürgern gewählte Rat der alten Städte wird durch einen sechsköpfigen, vom König zu ernenneden 1719 Magistrat ersetzt. Die Städte fangen solche Neuerungen mit einigem Geschick auf; für die neuen, die „Titularstädte", bedeuten sie eine Umwälzung allen bisher gewohnten, gemeindlichen Zusammenlebens. Der Gemeindevorsteher, der mit dem Hut in der Hand herumging und Pfennige einsammelte, wenn eine Anschaffung, eine Ausbesserung oder dgl. gemacht werden mußten, wird durch einen dreiköpfigen Magistrat ersetzt, den Bürgermeister, den Kämmerer und einen „Senator".

Das schafft eine neue, fremde Welt. Künftighin soll der Gemeindehaushalt nach einem im voraus bestimmten Plan durchgeführt werden. Über jeden eingenommenen und ausgegebenen Pfennig muß schriftliche Rechnung gelegt werden, und jeder Pfennig wird nachgerechnet, bei jeder Einnahme gefragt, weshalb sie nicht mehr betrage, bei jeder Ausgabe, ob es nicht billiger hätte gehen können.

Den neuen Städten bringt die Reform Unruhe, Unsicherheit und Verwirrung. Wird einer ihrer Bürger zum Bürgermeister ernannt, verweigert er häufig die Annahme des Amtes, und die Regierung muß den Posten mit einem subalternen Beamten, einem Akziseinspektor oder einem ausgedienten Feldwebel besetzen. Von den alten Städten verlieren nicht wenige die eigenen Initiativen und dämmern dahin. Die Beseitigung der alten Ratsoligarchien mit ihrer Vetternwirtschaft und ihrem gemächlichen Geschäftsgang mitsamt dem Umtrunk nach altem Herkommen wäre auch auf anderem Wege zu erreichen gewesen, wie die Entwicklung der Stadtverfassung in den nichtpreußischen Teilen Westfalens zeigt. Zur Akzise greift man auch dort, wenn der Staat Geld braucht, geht aber behutsamer vor gegen Überlebtes und Veraltetes.

Hermann Adolf Meinders

Das Jahr 1719 hat einem Manne zu früh die Feder aus der Hand gewunden, dem ravensbergischen Richter Hermann Adolf Meinders. Sein hinterlassenes Werk, ein Berg von Handschriften, zwei gedruckte Bücher und drei kleiner Druckschriften, sind die Repräsentation der geistigen Haltung des Bürgertums der Westfalen in der Zeit um die Wende des Mittelalters zum Jahrhundert der Aufklärung. Es steht nicht allein, aber es hebt sich heraus aus einem Kreis von gleichgerichteten Bemühungen. Die Beteiligten kennen sich von ihren Arbeiten her, die meisten persönlich, viele haben Verbindungen mit der gelehrten Welt auch jenseits von Rhein und Weser. Meinders selbst wechselt Briefe mit Leibniz, polemisiert gegen Cocceji und möchte der Gesellschaft westfälischer Gelehrter, der er sich zurechnet, einen Namen geben nach dem Muster der Veranstalter der Leipziger *Acta Eruditorum*. Als Gesellschafter mag er sich den arnsbergischen

Freiherrn Caspar Christian Vogt von Elspe denken, der an einer *Historia Angariae et Westphaliae* schreibt und eine Sammlung *„Jus publicum Coloniensis dioecesis"* erstellt, den Märker Renatus Andreas Kortum, Verfasser der *„Antiquitates Marchicae"*, seinen lippischen Freund Ernst Casimir Wasserback, Herausgeber der Werke Hamelmanns, seinen Brieffreund Christian Ulrich Grupen (*„Origines Osnabrugenses"*), wohl auch den Vor- und Frühgeschichtler und Numismatiker Jobst Hermann Nünning, Jurist und Scholast des Stiftes Vreden (*„Sepulcretum Westphalica — Mimigardica — Gentile"*). — Er besitzt eine Anschrift des 1. Bandes der unvollendet gebliebenen Kirchen- und Profangeschichte des Johannes Ursinus (Seite 173).

Die seit den Tagen der Humanisten eifrigst betriebene Beschäftigung mit den „Altertümern" *(antiquitates et origines)* reizt Meinders zu ersten, ähnlichen Versuchen. Sie weiten sich bald aus zu dem Plane einer umfassenden, 12bändigen Sächsisch-fränkischen Altertumskunde (*„Antiquitates Saxonicae et Francicae sacrae et profanae"*). Im Druck erschienen sind nur Band 1 (*„Tractatus de statu religionis sub Carolo Magno"*, Lemgo 1711) und Band 6 (*„De judiciis centenariis"*, Lemgo 1715). Als Handschriften sind erhalten die Bände 2, 9, 10, 11 und 12 zur Geschichte der Grafen von Ravensberg und Herforder, Bielefelder, Engerer und Schildescher Altertümer. Von den übrigen Bänden sind nur die Titel (über den fränkisch-sächsischen Staat, seine Heeresverfassung, Adel, Geldwesen, Sprache und Dichtung) bekannt, die Handschriften selbst verschollen.

Das bedeutendste Stück des riesigen, zu groß konzipierten Werkes sind die beiden Teile des Bandes 9 (*„Jus publicum Ravensbergense"*). Meinders vertritt mit großer Schärfe die Rechte der Stände eines territorialen Staates gegenüber den wachsenden Machtansprüchen der Landesherren, erläutert Gerichtsverfassungen und Gerichtsverfahren, verzeichnet Hagenordnungen und ähnliche, noch unausgeschöpfte Quellen. Sein staatsrechtliches Denken wurzelt in dem Ideal eines germanischen Staatswesens, wie es ihm aus der Lektüre des Tacitus vorschwebt. Als eine vielschichtige Erscheinung der Geistesgeschichte seiner Zeit nimmt das Werk einen hervorragenden Platz ein. – Es hat leider noch keinen Herausgeber gefunden.

Aus Selbstzitaten im 1. Band der „Sächsisch-fränkischen Altertümer" geht hervor, daß Meinders sich frühzeitig als Ziel gesetzt hatte, eine Westfälische Universalgeschichte zu schreiben. Seine Arbeitskraft erlahmt aber jählings. Mit den Reformen König Friedrich Wilhelm I. vom Jahre 1719 wird sein Amt aufgehoben. Sich von heute auf morgen auf die Straße gesetzt zu sehen, die Rechtspflege seiner, der mittleren, Instanz in die Hände von Nichtjuristen als Pachtung übertragen, verwindet er nicht. Bis zu seinem Tode (1730) rührt er die Feder nicht mehr an. Die Tragik seines Lebens ist, sich selbst überschätzt zu haben. Sein Werk ist bedeutender als Erscheinung denn als Leistung.

Clemens August

Münsters Bischof Franz Arnold von Wolff-Metternich hatte die Mitra, auch die von Paderborn, elf Jahre lang mit jovialem Anstand getragen, dem Kaiser nochmals eine kleine Gruppe zugeführt und weder sich noch seine Landeskinder in Turbationen und Konflikte gestürzt. Am Weihnachtstage 1718 war er gestorben. Bei der Neuwahl sind die ausgeschiedenen Wittelsbacher wieder da. Unter Aufwendung von 60 000 Gulden „Wahlgelder" setzt Kurfürst Max Emanuel von Bayern die Wahl seines Sohnes durch. Es muß allerdings ein zweites Mal 1719 gewählt werden, weil der Gewählte kurz vor dem Wahltage gestorben war, was hinterher erst bekannt wurde. Als

Ersatz präsentiert Max Emanuel seinen jüngsten Sohn, den 19jährigen Prinzen Clemens August. Dessen Wahl geht in Münster und Paderborn ohne Schwierigkeiten durch.

1723 Bald wird offenbar, was sie bedeutet. Drei Jahre später wird Clemens August anstelle seines verstorbenen Onkels
1726 zum Erzbischof von Köln gewählt, 1728 auch zum Bischof von Osnabrück. So herrschen nun in Westfalen, nachdem Preußen noch die kleine Herrschaft Lingen aus dem Erbe der Oranier an sich genommen und die Grafschaft Tecklenburg von den Erben, die sich nicht darum einigen konnten, gekauft hatte, nur zwei Mächte: Wittelsbach und Preußen, die eine den Westfalen so fremd wie die andere, beide aber in einem seltsamen Mißverhältnis zueinander befangen sowohl hinsichtlich ihres Besitzstandes in Westfalen als auch in ihren für Westfalen verfügbaren militärischen Kräften. Setzt man für den flächenhaften Anteil der Herrschaft der beiden Häuser in Westfalen zusammen, d. h. für Westfalen ohne Lippe, Schaumburg, Waldeck, Hoya, Diepholz, Oldenburg, Corvey, Essen und Werden, die Größenzahl 10, entfallen davon auf Wittelsbach $7/10$, auf Preußen $3/10$. Für die beiderseitigen militärischen Kräfte ebenfalls die Größenzahl 10 gesetzt, ergibt dagegen für Wittelsbach $1/10$, für Preußen $9/10$.

Preußens König hat sich auf seine Weise eben wieder bemerkbar gemacht. Auf seine Anordnung erscheinen von Staates wegen sogenannte Intelligenzblätter. Sie sollen die Flut der königlichen Verordnungen über das Land ergießen und obendrein den königlichen Kassen Geld bringen. Die Blätter müssen von allen Behörden, Beamten und Standespersonen im Zwangsabonnement gehalten und bezahlt werden. Gegen Bezahlung nehmen sie auch private Inserationen auf; Nachrichten erhalten sie selten.

Der König von Preußen und der Kölner Erzbischof

210

sind die verkörperten Gegensätze. Clemens August überläßt die Verwaltung seiner Bistümer mehr oder weniger ihren Domkapiteln und Ständen; Friedrich Wilhelm I. ignoriert ständische Rechte und regiert bis auf den Tisch seines letzten Untertanen. Zeitgenossen und Nachfahren haben Clemens Augusts „katastrophale Verschwendungssucht und sinnlose Geldausgeberei" (Hoster) kritisiert. Der Preußenkönig ist die Sparsamkeit selbst. Clemens August liebt rauschende Feste, Musik, Theater und die Jagd. Friedrich Wilhelms einziges Vergnügen ist das Tabakskollegium, wo man sich an groben Späßen ergötzt und billiges Bier trinkt.

Um so verwunderlicher will es anmuten, daß die beiden grundverschiedenen Männer Gefallen aneinander gefunden haben. Sie haben sich zweimal besucht. Friedrich Wilhelm schreibt über Clemens August an den alten Dessauer: „... ist ein feiner Herr, schade, daß er nicht ein Soldat, denn er alle Inklination hat, ich habe gute Freundschaft gemacht."

Verwunderlich bleibt es nicht: Die Westfalen, die unter dem Krummstabe Clemens Augusts leben, haben sich 42 Jahre lang bei ihm wohl gefühlt und sein Andenken bewahrt. Die zeitgenössischen Verse

„Bei Clemens August trug man Blau und Weiß,
Da lebte man wie im Paradeis"

sind ein Ausdruck rheinischer Trauer um die dahingegangenen schönen Zeiten. Die anderen, die unter dem Korporalstock des Preußenkönigs, haben sich in den 27 Jahren seiner Regierung nicht einen Tag lang wohl gefühlt.

Wie um den König herum hat auf dem ganzen Lande das Bleigewicht seines Zwanges und seiner Gehorsam fordernden Stimme gelegen. Niemand wagt mehr, den Mund aufzutun. Er verängstigt seine Mitwelt, selbst die Polterer und Schimpfgewaltigen der lutherischen Ortho-

doxie. Als leisetretende Frömmler, Gebets- und Andachts-
bücher lesend, kommen sie nun. Der Pietismus findet
Eingang an den Fürstenhöfen, in der vornehmen Gesellschaft Westfalens und treibt merkwürdige Blüten. Ein
federwütiger Amtsschreiber im Ravensbergischen bestem-
pelt jedes Blatt seiner 10bändigen, handschriftlichen
„Collectanea" („*Allerhand Antiquitäten und andere
curiosa*..., *daß einem die Haare muggen zu Berge stehen*") mit
einem Totenkopf und dem Kartäusergruß „*Memento mori*".
Dann füllt er noch 3 Bände „*Todesgedanken*" mit Exzerpten
aus den Erbauungsschriften der Zeit.

1733   Aus Anlaß des polnischen Thronfolgestreites bringt Clemens August auf den Rat seines habsburgfeindlichen, wit-
telsbachischen Anhangs das kleine kölnische „Heer" auf
doppelte Stärke, insgesamt kaum mehr als 4000 Mann, und
hält in einem eigens dafür zwischen Bonn und Godesberg,
bei Plittersberg, hergerichteten Lager eine Truppen-
schau mit folgendem Manöver ab. Leider verregnet alles
total. „Der Wettergott war anscheinend vom Wiener Hof
bestochen" (Braubach). Aber das ist nicht das Schlimmste
— zu einem Manöver gehört, daß es regnet —; das Geld
geht aus, und daran sind die Westfalen die Schuldig-
sten. Die Domkapitel und Landstände erklären einmütig,
daß sie nur die Leidtragenden sein werden; stehen doch
an ihren Grenzen in Wesel, Hamm, Lippstadt, Bielefeld
und Minden die gefürchteten preußischen Regimenter.
Sie können es wagen, ihrem Landesherrn die kalte Schulter zu zeigen, und lehnen weitere Zahlungen für dieses
Kriegsspiel ab. Sie sehen recht. Der Kaiser veranlaßt seinen preußischen Verbündeten, Truppen zu Winterquar-
tieren in die Bistümer Münster und Paderborn zu schik-
ken, und will keinen Spaß verstehen. Was von Clemens
Augusts mangelhaft versorgten Soldaten nicht desertiert
ist, wird schleunigst in die Garnison zurückgerufen.

212

Der polnische Streit wird nur lässig geführt. Clemens August kann das Soldatenspiel erleichterten Herzens aufgeben; er baut lieber. Bei den Fundamentierungen für einen neuen Schloßbau in Brühl und bei einem Schloßneubau auf der Burg Arnsberg ist ihm der kurkölnische Artilleriehauptmann und Oberbaumeister J o h a n n   K o n r a d   S c h l a u n aus Norde bei Warburg aufgefallen. Er beauftragt ihn, in den wildreichen Wäldern und Heiden des H ü m m l i n g ein fürstlich-weitläufiges „Jagdlager", C l e m e n s w e r t h 1736 (Clemensinsel), zu bauen. Eine C l e m e n s k i r c h e läßt er ihn in Münster bauen, in der Nähe von Münster das 1745 R ü s c h h a u s (später der Sitz der Annette von Droste).

Andere Land- und Gartenhäuser baut Schlaun weit herum. Im Auftrage des Fürsten W e n z e l   A n t o n   v o n K a u n i t z, des großen Gegners des „Großen" Friedrich, baut er am Ende der Rietberger Schloßallee ein reizendes Kapellchen. Ein Kaunitz hatte 1699 die Grafschaft Rietberg erheiratet. Wenzel Anton, der Sohn, besucht seine 1746 Grafschaft, läßt für die Bauerschaften Liemke, Oester-

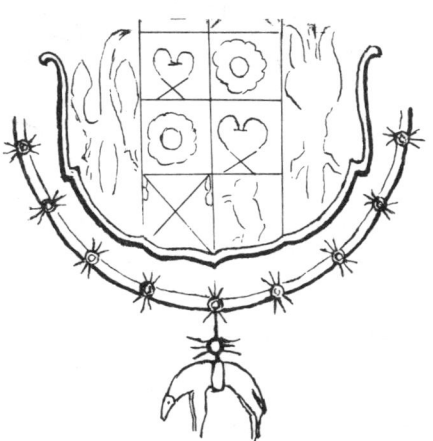

Wappen des W. A. von Kaunitz am Portal der Kirche in Kaunitz.

213

wiehe und Bornholte eine Kirche bauen und schmückt ihr
Portal mit seinem Wappen und dem Goldenen Vlies,
dem höchsten burgundisch-österreichischen Orden.
In Münster hat Schlaun dann den Erbdrostenhof
gebaut, sein Meisterwerk. Kein anderer Bau überwindet
mit so genialem Schwung eine Straßenecke, „im nördlichen Europa nicht seinesgleichen" (Henze). Schlaun
hatte den Meister des deutschen Hochbarocks, Balthasar
Neumann, kennengelernt, in Rom die Bauten Berninis
und Borrominis gesehen. So prahlerisch wie sie, so spek-
takulär hat er, der Westfale, nie gebaut. Das zurückhal-
tende Maß seines fast klassizistischen Barocks ist seine,
des Westfalen, ganz eigene Kunstform.

Absolutismus

Indessen: Clemens August hat nicht nur Schlösser gebaut,
im Hümmling Hirsche gejagt und in Bonn Feste gefeiert.
Fast jedes Jahr reist er durch Westfalen. Preußens Soldaten-
könig hatte sich nur einmal hier sehen lassen. Steuerdruck
und Pressung zum Waffendienst gibt es im nichtpreußischen
Westfalen nicht. Das „*sic volo, sic jubeo*" wird im nichtpreußischen Westfalen nicht gehört; im preußischen aber wird
dem Verwaltungsbeamten, der mit öffentlichen Geldern
umgeht, genau auf die Finger gesehen. Friedrich Wilhelm
greift durch, werden ihm Übergriffe gegen „Untertanen"
gemeldet. Die Leib- und Grundhörigkeit des Bauernstandes
will er abschaffen, muß sich aber bei dem Widerstand des
Landadels begnügen, den Bauern seiner eigenen Grundherrschaft in Westfalen die persönliche Freiheit zu geben und
deren Grundhörigkeit in ein meyerstättisch-freies,
d. h. in eine Art Erbpachtverhältnis, umzuwandeln. Gegen
„*die junkers ihre autorité*" setzt sich seine „*souveraineté*" trotz
aller Mißachtung nicht durch. Er braucht die Söhne des
Adels als Offiziere für seine Armee. Die grundherrlichen

Rechte des Adels kann er nur so weit beschränken, als er sie von den ordentlichen Gerichten überwachen läßt. Die Bauern der nichtköniglichen Grundherrschaften horchen auf, werden „renitent" und prozessieren gegen ihre Grundherren mehr, als sie jemals gewagt hätten. Der Kampf der Regierungen gegen die Vorrechte der adligen Landstände, im besonderen gegen ihr Recht der Steuerbewilligung, ist trotz allem absolutistischen Gebaren der Regierenden noch nicht ausgetragen. Die Steuerbewilligung wird nach wie vor von den Steuerfreien, dem Adel und der Geistlichkeit, ausgeübt.

Der „Hannöversche Krieg"

In den Kriegen des Preußenkönigs Friedrich II. um Schlesien kämpfen die preußischen Regimenter Westfalens, größtenteils zusammengesetzt aus westfälischen Bauernsöhnen, ausgehoben nach einem neuen Kantonsystem als Wehrpflichtige, bei Lobositz, Prag, Kolin, Roßbach, Leuthen, Kunersdorf und Torgau gegen Österreich; münsterische und paderbornische Kontingente kämpfen in Schlesien gegen Preußen. Krieg ist aber auch in Westfalen, Krieg zwischen England und Frankreich. England kämpft um seine Personalunion mit Hannover, Frankreich um seine Kolonie in Kanada. England, seit dem Vertrag von Westminster in Verbund mit Preußen, stellt die Hauptmasse eines in Westfalen, dem Vorfeld von Hannover, operierenden Heeres. Dazu stößt das vorzüglich ausgebildete Grenadierregiment des Grafen Wilhelm von Schaumburg und dessen gefürchtetes Artilleriekorps von 26 Geschützen. Preußen stellt im wesentlichen nur die Führer, den welfisch-hannoverschen Herzog Ferdinand von Braunschweig, Schwager des Preußenkönigs und Verwandter des englischen Königshauses, und ein paar Generäle. Frankreich, im Bunde mit Öster-

reich, schickt eine eigene Armee, vermehrt um ein kleines
sächsisches Freikorps, ins Feld. Es wird ein richtiger
Manöverkrieg. Man marschiert hin und her, her und hin,
um die bessere Position zu gewinnen und den Gegner von
seinen rückwärtigen Verbindungen abzuschneiden. Des
Requirierens und Fouragierens, Fahrzeuge- und
Gespannstellens ist kein Ende. Nach etlichen Zusammen-
1759, stößen wird eine große Schlacht geschlagen, in der Ebene
Aug. 1 bei Minden, eine merkwürdige Schlacht, merkwürdig
wie dieser ganze ,,Hannöversche Krieg", wie die
Zeitgenossen ihn genannt haben. Sie hat nur einen Vor-
mittag lang gedauert; geschlagen hat sie die englische
Infanterie, gewonnen der Herzog Ferdinand, strategisch
konzipiert hat sie sein ,,Generalstabschef" Philipp
Westphalen, ein Zivilist, der niemals ,,eine blinde Rotte
durch den Rinnstein geführt" hatte.

Dieser Krieg wird weder für noch gegen noch von
Westfalen geführt, ausgetragen aber wird er auf ihrem
Boden. Beide Parteien verlangen Kriegssteuern und
Quartiere, wo sie auch erscheinen. In Münster, dessen
Soldaten für Österreich in Schlesien kämpfen, wird den
einmarschierenden, für Österreich kämpfenden Franzo-
sen ein jubelnder Empfang bereitet. Als Ferdinand von
Braunschweig unter Preußens Fahne in Münster einzieht,
rührt sich keine Hand.

Schriften und Schreiber

Die Westfalen hat das Kriegsgetümmel recht gleichgültig
gelassen. Viel stärker ist man interessiert an den Fortschrit-
ten des ,,Jahrhunderts der Aufklärung". Nach dem Muster
der aus England kommenden Moralischen Wochen-
schriften schießen ähnliche Blätter in diesen Jahren
schier aus dem Boden: der *,,Westfälische Patriot"*, die
,,Westfälischen Bemühungen zur Aufnahme des Geschmacks

und der Sitten", der *„Westfälische Beobachter"*, die *„Mindener Beiträge zum Nutzen und Vergnügen"* als Beilage zu den Mindener Intelligenzblättern, die osnabrückischen *„Westfälischen Beyträge zum Nutzen und Vergnügen"* u. a. Das immer lebendige Interesse an Geschichte regt die Federn schriftstellender Juristen und Geistlicher an. Der Mindener Kriegs- und Domänenrat Ernst Albrecht Friedrich Culemann ist ein fleißiger Sammler von Nachrichten und Urkunden (*„Mindische Geschichte bis auf das Jahr 1713"* u. a.), seine eigenen Darstellungen aber sind von erschrekkender Dürre. – Der evangelische Pfarrer Dietrich von Steinen schreibt eine vierbändige *„Westphälische Geschichte"* u. a. Er ist eine ähnliche Sammelnatur; mit „Westphalen" meint er nur seine märkische Heimat. Große Mode unter den evangelischen Geistlichen sind die „Predigergedächtnisse" *(Dipticha ministerii ecclesiae").* Anton Gottfried Schlichthaber schreibt ein solches fünfteiliges Gedächtniswerk für Minden. Es ist durchsetzt mit Nachrichten über örtliche Ereignisse im Stifte Minden, geschrieben in einem ungepflegten, schwerfällig stelzenden Aktendeutsch.

Die letzte Schlacht des „Hannöverschen Krieges" in Westfalen, bei Vellinghausen, scheint eine Entscheidung anzubahnen. Beide Gegner aber brechen am Abend des zweiten Tages das Gefecht ab, bevor sie noch das Gros ihrer Verbände im Feuer gehabt haben.

1761,
Juli 15, 16

Erzbischof und Rokokofürst

Erzbischof Clemens August hat das Ende des Krieges nicht erlebt; er stirbt in diesem Jahre. Den König von Preußen, Friedrich, hat er nicht leiden können. Er nannte ihn nur den „Kurfürsten von Brandenburg", lebte aber in beständiger Angst vor ihm und sprach einmal von ihm als dem „gefährlichsten Revolutionär, den es seit Jahren in Europa gegeben" (Braubach). Das schillernde Bild seiner Person, der Mensch, der Priester, der Fürst und der Politiker, haben die Mitwelt gefangengenommen.

„Er könne nicht Priester werden", hat er als junger Mensch an seinen Vater geschrieben, „da er diesen Stand nur unwürdig vertreten werde". „Nun kann gewiß kein Zweifel daran sein, daß er gläubig und fromm war und daß er den besten Willen hatte, sowohl die kirchliche Aufgabe, die ihm zugefallen war, zu erfüllen als auch den Pflichten des Reichsfürsten und Landesherrn Genüge zu tun. Aber es stellte sich heraus, daß hinter diesen guten Vorsätzen kein fester Charakter und kein klarer Geist standen und daß er weder die Kraft zur Entsagung noch die Fähigkeit zur richtigen Erkenntnis der Dinge besaß, daß er im Grunde ein labiler, schwankender, unsicherer Mensch war, hin- und hergeworfen zwischen Stimmungen der verschiedensten Art, zwischen falschen Gefühlen der eigenen Größe, verzweifelten Empfindungen der eigenen Unzulänglichkeit, zwischen einer oft hektisch anmutenden Lebensbejahung und schwärzester Melancholie, leicht zu gewinnen, ebenso leicht wieder zu verlieren — alles in allem ein Mann, der weder die sittliche Eignung für das verantwortliche Amt des Oberhirten vieler Diözesen noch politische Einsicht und staatsmännische Befähigung besaß" (Braubach).

Im Kriege hat er auf seiten Österreichs gestanden und mußte dessen Verbündeten, den Franzosen, freie Hand lassen für kriegerische Unternehmungen in seinem Herzogtum Westfalen und in seinen Bistümern.

Bischofswahlen mit Geld und Gold

Nach dem Tode Clemens Augusts stehen, wie in Köln, auch in Paderborn, Osnabrück und Münster Neuwahlen an. In Paderborn siegt der Einfluß der England-Welfen. Als

Nachbarn und in Erwartung einer von Preußen insgeheim zugesagten allgemeinen Säkularisation sind sie daran inter-

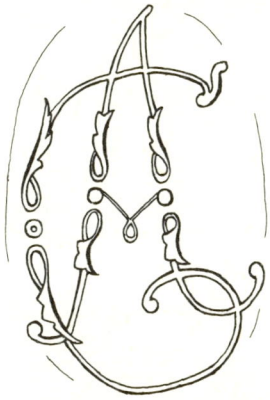

Monogramm Clemens Augusts an einem Treppenaufgang in Clemenswerth.

essiert, Söhne der großen Fürstenhäuser von dem Paderborner Stuhle fernzuhalten. Das Domkapitel wählt nach bewährter Hilfe den Osnabrücker Dompropst Wilhelm Anton von der Asseburg. — In Osnabrück sind die Welfen wieder an der Reihe. König Georg III. von England läßt sein noch nicht ein Jahr altes Söhnchen zum Bischof wählen und bestellt eine vormundschaftliche Regierung aus zwei hannoverschen Räten. England ist auch an Münster interessiert, mehr noch Holland, wo Münster als gefährlicher Nachbar in Erinnerung ist. Die Kandidatur des bereits in Köln zum Erzbischof gewählten schwäbischen Grafen Max von Königseck-Rotenfels, eines ältlichen, noch dazu nicht wittelsbachisch, sondern habsburgisch gesinnten, friedliebenden Herrn, erscheint ihnen als die passabelste, weil ungefährlichste. Die Stimmen des Domkapitels werden mit drei Millionen Gulden erkauft, bei welchem Geschäft der 34jährige Freiherr Franz Friedrich Wilhelm von Fürstenberg den diskreten Vermittler spielt. Zum Dank ernennt der

1767 neue Bischof ihn wenige Jahre später zum Minister und stattet ihn mit allen Vollmachten aus. Die landesherrlichen Pflichten seines hohen Amtes sieht er damit als erfüllt an und sich berechtigt, künftighin der Ruhe zu pflegen. Er hat keine schlechte Wahl getroffen.

Wirtschaft

Den „Hannöverschen Krieg" hatte keiner gewonnen und keiner verloren, und man kann nicht sagen, daß er, wie es sonst des Krieges Brauch ist, große Verheerungen angerichtet hätte. Die allgemeine Wißbegier hält die Druckereien in Arbeit, „gar mancher kommt vom Lesen der Journale", die Gewerbe, Handel und Wandel blühen auf. Die erste
1768 Aktiengesellschaft Westfalens wird mit einer holländischen Bleiche in Bielefeld gegründet, wo sich ein Zentrum des Leinengewerbes, insbesondere die Herstellung des „feinen" Leinens, kräftig entwickelt. Im verkehrsreichen Volmetal überflügeln die Hammerwerke das alte Breckerfelder Stahlschmiedegewerbe. Kanäle werden geplant, zum Teil auch ausgeführt. Der Ausbau der immer noch elenden Landstraßen wird ebenfalls geplant, scheitert einstweilen aber daran, daß niemand die Kosten tragen will. Die Landwirtschaft beginnt durch Anbau von Klee und Futterkräutern mit Stallfütterung. In einigen Gegenden entlastet man dadurch die Feldmarken, läßt sie dafür an anderen Stellen zu unwegsamen Heiden veröden. Vereinzelt taucht die Kartoffel auf.

Münsters großer Bischof

Franz Friedrich Wilhelm von Fürstenberg hat die Bürde, die zu tragen der dafür Berufene sich nicht getraute, mit Eifer auf sich genommen. Die von Clemens August hinterlassenen Schulden trägt er durch Erhebung neuer Steuern ab. Steuern erfreuen nicht den, der sie bezahlen soll; aber bereitwillig folgt man seinen Reformen zur Förderung der Landwirtschaft (Lehrbuch 1773 „Von der Landwirtschaft"), der Manufakturen (Kleinfabriken) und des Gesundheitswesens. Sein ,,Medizinalkollegium" wird Vorbild; vorbildlich ist auch sein Aus- 1776 bau des Schulwesens. Er eröffnet ein Theater und eine bischöfliche Hofkapelle. Als Kapellmeister beruft er einen Klarinettisten aus der großen Musikantenfamilie der Romberg, die damals als Geigen- und Cellovirtuosen ganz Europa bereisen. Die von ihm begründete Universität trägt seinen Namen und macht die Stadt Mün- 1780 ster zum geistigen Mittelpunkt Westfalens. Unwillen erregt er mit seinem Versuch, durch Wiederbelebung der Milizpflicht eine allgemeine Wehrpflicht einzuführen. Das Landvolk empfindet es als lästig, von der Feldarbeit weg zu militärischen Übungen einberufen zu werden. Kein Wunder also, daß er auch Anstoß erregt in einem Lande, wo schon der Stein am Wege aufbegehrt, wenn dereliebe Gott ihn anstößt. (,,Wat stött hei mi an?" fragte der Stein, der Jesu Fuß berührte, als er ins Münsterland ging).

Merkantilismus

Das allgemein übernommene System des staatlichen Merkantilismus fördert die Wirtschaft und behindert sie zugleich. Man will, daß das Geld im Lande bleibe, kann aber die Importe, so niedrig sie auch gehalten werden, nicht durch entsprechende Exporte ausgleichen. Die Konkurrenz des Auslandes ist in allen Sparten noch übermächtig. In den Registern des Sundzolles z. B. erscheint kaum einmal westfälisches Leinen. Die behördliche Lenkung der Wirtschaft durch praxisfremde Verordnungen führt mancherorts zu grotesken Blüten. Die viel berufenen Leinenleggen sind für die osnabrückischen und tecklenburgischen bäuerlichen Weber, die ihre Ware direkt an den Einzelhändler verkaufen, angebracht; in Ravensberg sind sie eine Besteuerung des Leinens. Der Herforder und Bielefelder Leinenkaufmann prüft die in seinem Auftrage hergestellte Ware selbst, wenn er vor der Konkurrenz bestehen will. Die „Legge-Ordnung" wird alle 10 bis 20 Jahre neugefaßt, ein Zeichen, daß sie nie richtig gewesen ist. Das Schlußstück der Legge, die „Königlich-preußische Schauanstalt" mit neuen Siegeln und Stempeln, von der Regierung aus Kaufmannskreisen ernannten Direktoren, Räten und Meistern, ist nie zusammengetreten. Die Kaufleute sabotieren sie. — Ein anderer Behördenscherz: Die Bewohner der Grafschaft Mark müssen ihr Salz statt aus den Salzquellen von Werl, Soest oder Unna aus Magdeburg beziehen. Auch muß jeder im preußischen Westfalen für eine bestimmte Zeit ein bestimmtes Quantum Salz kaufen, ob er es braucht oder nicht.

Im Handel ist das Hausieren der mit der Kiepe auf dem Rücken oder mit Pferd und Wagen reisenden „Tödden" oder „Höpster" aus dem Münsterlande und dem Tecklenburgischen großgeworden. Sie handeln mit allem, was in Westfalen hergestellt wird, mit Garn, Leinen, Eisenwaren, Sensen, Messern, auch mit Speck und Schinken, gehen über die Grenzen des Landes und des Reiches, vermitteln so wenigstens einen gewissen Export und kommen, zumal sie untereinander straff organisiert sind, zu Geld und Vermögen. — Der Getreidehandel geht noch wie im Mittelalter zum größten Teil über die Klöster. Sie sammeln ihre Zehnteinkünfte, soweit sie sie nicht durch Geldzahlung abgedingt haben, in ihren großen Zehntscheunen und Granarien und vertreiben sie durch Mittelsmänner, häufig durch jüdische Händler. Für zusätzliche Versorgung der Städte mit Schlachtvieh werden Ochsenherden aus Dänemark (Kolding) und Holstein nach Westfalen getrieben und dort von den Bauern schlachtreif gefüttert. Der Bauer selbst verkauft seine überschüssige Produktion auch über den Zwischenhandel. Sein Verhältnis zu den Grundherren, im besonderen den adligen, ist gespannter geworden, seine Lebensbedingungen sind besser geworden. Auch er ist zu Geld gekommen; es mehren sich die Fälle, sichtbarlich im Osnabrükkischen, daß er durch Freikauf seines Hofes vom Besitzer zum Eigentümer wird. – Das Handwerk lebt in seiner selbstgewählten Beschränkung weiter; seine Zünfte garantieren die Qualität der Arbeit, verhindern aber neue Niederlassungen.

Bildung, Dichtung, Kunst

Die Osnabrücker fühlen sich, ob unter Wittelsbach oder unter Welfen, immer als Westfalen. Ihr „*Advocatus patriae*", Justus Möser, Stellvertreter des welfisch-englischen, noch minderjährigen Bischofs und Landesherrn, gleichzeitig Syndikus der osnabrückischen Ritterschaft, erfüllt dank seines ausgleichenden Wesens diese schwierige Doppelrolle. Mit bewundernswürdigem Geschick lebt er seinen Landsleuten und Westfalens Fürsten und Herren das Beispiel eines Regenten vor, dessen einziges Ziel das Wohl des Landes ist. In seinen „*Patriotischen Phantasien*", zusammengestellt aus Beiträgen zu den von ihm geleiteten „Osnabrücker Intelligenzblättern" (mit der Beilage „Zum Nutzen und Vergnügen") spricht er in einer prägnanten, klaren Sprache alle Kreise an und behandelt Fragen des praktischen Lebens, wie und wo sie ihm begegnen. Das Buch hat bekanntlich auf dem Tisch gelegen, als Goethe und Carl August sich das erste Mal treffen. Goethe hat zeit seines Lebens den Namen Mösers mit Verehrung genannt. Die „*Osnabrückische Geschichte*" stellt der bis dahin 1775 üblichen Dynastengeschichte die Volksgeschichte und den Gedanken der geschichtlichen Entwicklung entgegen.

Ihm entgegengesetzte Natur, vielleicht flüchtig bekannt, ist der Jöllenbecker Pastor Johann Moritz Schwager, Herausgeber — oder Mitarbeiter — der den „Mindener Intelligenzblättern" anhängenden *„Beylage..."*. Er zeigt sich als gewandter Publizist, schreibt einen gepflegten Stil und folgt in der Auswahl seiner Stoffe dem osnabrückischen Vorbild. Mit Leidenschaft geht er dem Aberglauben, Hexen- und Zauberglauben zu Leibe. Rationalist und grobschlächtig, blamiert er sich mit seinem Roman *„Die Leiden des jungen Franken"*, einer Parodie auf Goethes Werther. Auch drei weitere Romane seiner Feder sind Mißgeburten. Dichter der Westfalen ist damals nicht Goethe, sondern — merkwürdiges Anziehungsspiel der Gegensätze — Klopstock. Das münsterische *„Gemeinnützige Wochenblatt"* warnt vor der Lektüre des „Werther". Von Westfalen werden damals noch zwei weitere Parodien auf den Werther geschrieben.

Schwerlich sind es mithin die Westfalen, die Goethe veranlassen, auf seiner Rückreise aus der Kampagne in Frankreich einen Umweg über Münster zu machen. Es reizt ihn, die *„Familia Sacra"* der Fürstin *Amalie von Gallitzin* kennenzulernen. Die Fürstin, Frau eines russischen Diplomaten und Tochter eines preußischen Generals, hatte Münsters allmächtigen Minister F. W. von Fürstenberg kennengelernt, sich für seine reformerischen Pläne begeistert, einen kleinen Kreis schöngeistiger, philosophierender und schriftstellernder Köpfe um sich versammelt und sich vorgesetzt, in Münster ein kleines „Weimar" entstehen zu lassen. Vor sieben Jahren hatte sie, zusammen mit Fürstenberg und Hemsterhuys, Goethe besucht. Ihr lebendiges, ein wenig schwärmerisches, für alle Fragen aufgeschlossenes Wesen hatte den Dichter beeindruckt. „Eine kostbare Seele" nannte er sie. Er verbringt drei Tage in Münster. Auf der Weiterreise erlebt er, was damals jeder Reisende in Westfalen erleben muß. Zwischen Warendorf und Lippstadt beschert die Landstraße ihm einen Umschmiß. Der solide Reisewagen, Goethes Eigentum, hält ihn aus. Ein Achsenbruch mit den unangenehmen Folgen, wie die Schopenhauers ihn ein paar Jahre zuvor im Osnabrückischen erlebt hatten, bleibt ihm erspart.

Nicht nur in Münster haben die Westfalen gelernt, daß es nicht genügt, die Jugend die Zehn Gebote Gottes und Lesen und Schreiben lernen zu lassen. Auch in Detmold und im preußisch-mindischen Petershagen werden Lehrerseminare errichtet. Peter Florens Weddigen, selbst Lehrer und Pastor, steuert bei zu den beliebten „Historisch-geographisch-statistischen Beschreibungen". Seine eine Zeitlang als Jahrbücher erscheinenden „Magazine" bringen ihm keinen Erfolg, reihen sich aber ein in die zunehmende Publizistik und in das Bildungsstreben der Zeit. Das Nachrichtenwesen erhält seine volle Ausbildung in dem von Arnold Mallinckrodt in Dortmund herausgegebenen „Westfälischen Anzeiger". Er zählt bald zu den besten Zeitungen Deutschlands (Joh. v. Müller). „Das Spucknapf Westfalens" nennt der Freiherr vom Stein das Blatt, weil es an allem und jedem Kritik übt.

Überall in Westfalen sind damals Zeitungs- und ähnliche Blättchen gedruckt und gelesen worden, überall haben wandernde Schauspieltruppen „die Bretter aufgeschlagen", haben Schiller und Kotzebue gespielt, ihn am meisten. Nur gedichtet haben die Westfalen in dieser Zeit nicht, wenigstens nichts von einiger Bedeutung. Des früh vollendeten Osnabrücker Theobald Wilhelm Broxtermeyer (1771–1800) Gedicht „Mit Eichenlaub umkränzt die Scheitel" hat immerhin den Beifall Goethes und Schillers gefunden. Der Ravensberger Florens Arnold Consbruch (1729–1784) gibt, trotz Lessings Ermunterung, seine Versuche, den Parnaß der Anakreontiker in seine Heimat zu verpflanzen („*Versuche in westfälischen Gedichten*" u. a.), frühzeitig auf. Die bürgerliche Wohlanständigkeit seines Richterberufes verträgt nicht die Beschäftigung mit brotlosen Künsten. Die Zeit überdauert hat allein der Bochumer Arzt K a r l A n t o n K o r t u m mit seinem grotesk komischen „*Hieronimus Jobst, dem Kandidaten...*".

Auch die M a l e r e i hat nur eine kurze Blüte gehabt. Ferdinands von Fürstenberg, des Paderborner Bischofs, Landschaftsmaler sind Einzelerscheinungen geblieben. Am Ende des Jahrhunderts aber taucht ein malendes Wunderkind auf, der Tischlersohn J o h a n n C h r i s t o p h R i n c k l a k e in Harsewinkel. Der Vater möchte ihn an die Hobelbank fesseln; aber der Junge zeichnet mit Holzkohle auf jedem Stückchen Papier. Er findet Gönner, wird ausgebildet und geht als Porträtmaler nach Münster. Alle Welt läßt sich von ihm malen. Das Bildnis der schönen Sibylle Katharina Busch, Mutter des Levin Schücking, und das willensstarke, schmallippige Gesicht des Freiherrn vom Stein sind u. a. bekannte Zeugnisse seiner Kunst. Sie kommt aus der Klassik und führt in das Biedermeier.

Stein

Neue Impulse erhält das Leben von allen Seiten. In der Grafschaft Mark entwickelt der eben 23jährige Reichsfreiherr K a r l v o m u n d z u m S t e i n eine erstaunliche Tätig-
1780 keit. Der preußische Minister von Heinitz hat ihn als Bergrat nach Wetter a. d. Ruhr berufen und ihn nach
1782 zwei Jahren zum Oberbergrat befördert. Der Bergbau, den der junge Jurist nie gelernt, nur auf Reisen in Sachsen und England gesehen hat, gewinnt ersichtlich unter seinen Händen. Für den Transport des Erzes an die Verarbeitungsstätten baut er eine K u n s t s t r a ß e von Meinerzha-

gen nach Essen-Steele, die erste in Westfalen. Er reformiert das Steuerwesen, wirkt auf die Forstwirtschaft ein und ruft eine „großzügige, merkantilistisch-psychokratische" (!) Gewerbe- und Handelspolitik ins Leben (H. H. Hofmann).

Gedanken der Französischen Revolution

Die Französische Revolution lehnen die Westfalen ab, nutzen aber deren Gedankenwelt. Im Sinne des Naturrechtes und der Aufklärung setzt sich, neben anderen, der lippische Generalsuperintendent Johann Ludwig Ewald mit dem Neuen auseinander. Er ist ein eifriger Förderer des Bildungswesens, als Publizist und Verfasser von Lehrbüchern tätig und mit den Weimarern in Berührung. Seine Schrift „*Über Revolution, ihre Quellen und die Mittel dagegen*" erregt in dem konservativen Lippe zwar Anstoß, wird aber im übrigen Westfalen gelesen und bewirkt eine Reihe von Neuerungen. So wird den Städten des kölnischen Westfalen die freie Ratswahl wiedergegeben; in Münster 1792 und Paderborn wird die Steuerfreiheit des Adels und der Geistlichkeit aufgehoben.

Blücher in Münster

Dann verdunkelt sich der politische Horizont. In dem wechselvollen Ersten Koalitionskriege erscheinen französische Revolutionstruppen in Nordwestdeutschland. Das in vier Kriegsjahren erschöpfte Preußen sieht sich zum Frieden von Basel gezwungen und muß der vorgesehenen Abtretung seiner linksrheinischen Besitzungen 1795 zustimmen. Um ihre Durchführung zu garantieren, soll eine Demarkationslinie über Münster, Kleve, Essen, Limburg/Lahn an den Main die Interessenssphären Preußens und Süddeutschlands gegen Frankreich abgrenzen.

Zu ihrer Bewachung schickt Preußen eine Observations-
armee unter *Blücher* in das ostwärtige Oberstift Münster
und besetzt das Stift Paderborn. Gleichzeitig wird der
Freiherr vom Stein zum Präsidenten der Kriegs- und
1796 Domänenkammer Hamm, im Jahre darauf zum Oberpräsidenten aller Kriegs- und Domänenkammern (Minden,
Hamm, Kleve — später Münster —) ernannt. Für ihn ist
der Friede von Basel „ein Verrat am Reich und an
Deutschland".

Im Zweiten Koalitionskriege hat Münster noch einmal
seine Pflicht gegen das Reich erfüllt. Seine Truppe, die
letzte, ein Kavallerieregiment, ergibt sich mit der Festung
1801 Ulm den Franzosen. Preußen ist in diesem Kriege neutral
geblieben. Als aber im Frieden von Lunéville das ganze
linke Rheinufer endgültig an Frankreich abgetreten wird,
zieht die Frage der Entschädigung Preußens für Kleve
und der übrigen links des Rheins angesessenen deutschen
Fürsten Westfalen in Mitleidenschaft und führt zu tiefge-
henden Veränderungen.
Das Bistum Paderborn ist das erste Opfer. Preußen,
das es bereits besetzt hält, nimmt es mit Einverständnis
Frankreichs in seinen Besitz. Preußens König läßt eine
goldene Denkmünze prägen.

Pauline zur Lippe

Das glücklichere Los zieht Lippe. Sein schwächlicher,
von Geistesstörungen heimgesuchter Fürst hatte vor fünf
Jahren die von Gesundheit strahlende, lebenssprühende
Prinzessin Pauline von Anhalt-Bernburg geheiratet.
Er stirbt in geistiger Umnachtung, und Pauline wird mit
Einwilligung der lippischen Stände zur Vormünderin
1802 ihres unmündigen Sohnes und zur Regentin erklärt. Sie
hatten die ungewöhnlichen Fähigkeiten der jungen Frau

228

erkannt. Es entspricht dem mütterlichen Wesen Paulinens, daß ihre ersten Maßnahmen der Hilfe der Armen und Kranken gelten. Was es im übrigen zu regieren gibt, regiert sie selbst. Den Umgang mit Staatsgeschäften hatte sie bei ihrem Vater gelernt; sie war seine Sekretärin gewesen, ist eigenwillig und gewohnt zu befehlen, hört ihre Staatsräte geduldig an, nimmt an jeder Kabinettssitzung teil, „dabei fleißig handarbeitend" (Kittel), entscheidet aber stets nach ihrem Kopf.

Stein in Münster

Mit der Eingliederung der als Entschädigung empfangenen Länder Münster, Paderborn und Hildesheim und der Abteien Herford, Essen, Werden und Elten beauftragt Preußen „Spezialorganisationskommissionen". Dem Freiherrn vom Stein als „Oberpräsidenten" der Kriegs- und Domänenkammern Minden und Hamm wird eine weitere, neue Kriegs- und Domänenkammer M ü n s t e r , zuständig für Münster, Paderborn, Tecklenburg, Lingen und die rechtsrheinischen Teile Kleves, unterstellt, dazu wird er zum Präsidenten der Spezialkommissionen für Münster und Paderborn ernannt. „Er kannte die westfälischen Verhältnisse, schätzte die Menschen hier und suchte bei allen Reformvorschlägen auf historisch bedingte, regionale Besonderheiten Rücksicht zu nehmen" (M. Lahrkamp).

Seine bestimmende Persönlichkeit und die Weite seines Geistes wirken sich auch auf das Leben der Stadt Münster selbst aus. In den verwirrenden Umbrüchen, Hoffnungen, Gerüchten und schier unglaublichen Berichten dieser Jahre flüchten ihre Bürger sich nicht nur in eine billige Bierbankpolitik. Selbst von dem mageren Ertrage seiner Feder riskiert man zu leben. F r i e d r i c h R a ß m a n n , ein lebendiger, kleiner, dicklicher Mann, Literat vom reinsten

Wasser, schreibt für Zeitungen und Zeitschriften, dichtet in allen Tonarten, gibt den Musenalmanach *„Mimigardia"* heraus und eine schöngeistige Zeitschrift *„Eos".* Sie erscheint dreimal in der Woche, leider nur ein halbes Jahr lang. Schließlich sammelt er noch die Daten und Titel der Werke aller münsterländischen Schriftsteller seines und des 18. Jahrhunderts.

Säkularisationen

Die zur Durchführung des Friedens von Lunéville auf Veranlassung Kaiser Franz II. gewählte „Reichsdeputation" deutscher Fürsten beginnt ihre Verhandlungen. Der Reichsdeputationshauptschluß läßt das Land Lippe, wie die übrigen, noch vorhandenen weltlichen Territorien Westfalens, Bentheim, Steinfurt, Gemen, Limburg, Rietberg und Rheda, bestehen, säkularisiert aber das Bistum Münster und das kölnische Westfalen. Das Stift Münster wird zerstückelt zwecks Abfindung der aus ihren linksrheinischen Besitzungen vertriebenen Herzöge von Aremberg und der von Croy, der Grafen von Looz-Corswaren und der Grafen von Salm-Salm, Salm-Kyrburg und Salm-Grumbach. „Moorgrafen" nennt sie der Freiherr vom Stein. Man hatte ihnen nicht eben die besten Stücke des Landes gegeben. Die restlichen Teile des Oberstiftes Münster erhält Preußen. Das Amt Meppen des Niederstiftes Münster und das kölnische Vest Recklinghausen fallen an die Herzöge von Aremberg, das kölnische Herzogtum Westfalen (Arnsberg) geht an Hessen-Darmstadt, die Reichsstadt Dortmund und Corvey an das Haus Nassau-Oranien (für Holland). Die Herzöge von Oldenburg endlich werden bedacht mit den Ämtern Vechta und Cloppenburg des Niederstiftes Münster und dem altoldenburgischen, dann bremischen, münsterischen, zuletzt hannoverischen Amt Wildeshausen.

Oldenburg, die nördlichste Grafschaft der alten Landschaft Westfalen, war 1667 an Dänemark vererbt worden
und wurde durch dänische Stadthalter verwaltet. 1773
war es durch Tausch an das Haus Holstein-Gottorp
gefallen und 1777 zum Herzogtum erhoben.

Blücher, der die Säkularisation Münsters in der Stadt
Münster miterlebt, nennt sie „eine Hundsfötterei". Ein
anderer Zeitgenosse, ein Paderborner Kleriker, empfindet die Wegnahme seines 1000 Jahre alten Staates als
eine Teufelei. „O *Tempora, o mores, quantum distamus ab
istis. Pereat Natio Diabolica Borussica et Vivat antiquus noster
Egon Episcopus in Adventu eius*", schreibt er auf die Rück- 1805
seite einer für ihn ausgestellten Papsturkunde (Stadtarchiv
Bielefeld).

Die Herrlichkeit der entschädigten „Moorgrafen", eine
vermehrte deutsche Kleinstaaterei, ist nicht nach Napoleons
Geschmack. Sie müssen seinem „Rheinbund" beitreten. 1806
So dürfen sie eigenstaatlich weiterleben.

Großherzogtum Berg

Noch zu Anfang dieses Jahres erhebt Napoleon das Herzogtum Berg, das ihm im Jahre zuvor durch den Vertrag
von Schönbrunn abgetreten war, zum Großherzogtum
und gibt es, vergrößert um Bentheim, Steinfurt, Rheda,
Limburg und um die eben neu entstandenen Rheina-Wolbeck der Grafen Looz-Corswaren und um die Herrschaft
Horstmar der Grafen von Salm-Grumbach – 1808 nochmals vergrößert um die im Tilsiter Frieden den Preußen
genommenen Gebiete Lingen, Tecklenburg, Münster und
Mark und um Dortmund –, seinem Schwager Joachim
Murat. Der läßt kurz darauf die Gebiete der Abteien
Essen, Werden und Elten, die im Reichsdeputationshauptschluß Preußen zugesprochen waren, besetzen.

Napoleon will es noch nicht mit den Preußen verderben und schilt seinen Schwager einen Dummkopf. Preußen reagiert auch prompt, setzt Blücher von Münster aus in Marsch und fordert ultimativ Zurückziehung der großherzoglichen Truppen. Das Ultimatum bleibt unbeantwortet; der Krieg Frankreichs gegen Preußen bricht aus.

Das ruft Pauline zur Lippe wieder auf den Plan. Sie muß befürchten, daß ihr Land von Frankreich, das sie als den voraussichtlichen Sieger in diesem Kriege einschätzt, geschluckt wird. Ihre einzige Hoffnung, ihr Land überleben zu lassen, sieht sie im Rheinbund. Durch eifrige Vorstellungen beim Fürstenprimas des Rheinbundes, dem Mainzer Kurfürsten Karl Theodor von Dalberg, und durch dessen Vermittlung erhält sie die von Talleyrand in Warschau entworfene, von ihm gegengezeichnete und von Napoleon „En notre camp Impérial de Finckenstein" unterschriebene Urkunde über die Aufnahme Lippes in den Rheinbund. Zwei Monate später, im Frieden von Tilsit, verliert Preußen alle seine Länder westlich der Elbe an Frankreich und damit alle seine Besitzungen in Westfalen.

1807,
April 30,
Juli 9

Königreich Westphalen

—, August 18   Napoleons neue Schöpfung, das Königreich Westphalen, stürzt Pauline in neue Ängste. Kurz entschlossen macht sie sich auf die Reise nach Paris, um Napoleon selbst um Schonung zu bitten, wenn militärische und andere Forderungen an ihr Land gestellt werden sollten. Ein paar Wochen lang, solange ihr schmaler Geldbeutel reicht, läßt sie sich in den Trubel des kaiserlichen Hoflebens ziehen. Da sie leidlich französisch spricht, wird sie überall eingeladen und als Urbild einer hausbackenen norddeutschen Fürstin bei den eleganten Damen der Pariser nachrevolutionären Gesellschaft herumgereicht. Ihr hartnäckiges Warten und Drängen auf eine Audienz bei

232

Napoleon hat schließlich Erfolg. Er führt freundliche Gespräche mit ihr und gibt ihr einige Versprechungen auf den Weg. Die Persönlichkeit des Kaisers macht starken Eindruck auf sie — wie bekanntlich auch auf andere.

Tief beeindruckt wird sie bald auch von dem französischen Gesandten am neuen Kasseler Hofe, K a r l F r i e d - rich R e i n h a r d. Dieser schwäbische, als Hauslehrer nach Frankreich verschlagene Pfarrerssohn, ein fein gebildeter, „vielseitig interessierter, sprach- und weltgewandter Literat" (Hofmann), hatte sich in Paris bemerkbar gemacht und war von Talleyrand in den Diplomatendienst gezogen, von einem Auslandsposten zum anderen geschickt, unterhielt lebendige Beziehungen zur deutschen Literatur und führte einen ständigen Briefwechsel mit Goethe. In Kassel soll er den jungen König J é r ô m e überwachen und in den Regierungsgeschäften zur Hand gehen. Gewiß auf seine Anregung hin hat Pauline als erste die B a u e r n b e f r e i u n g durchgeführt. Eingeführt ist sie auch im Königreich Westphalen, aber auf die Aufhebung der persönlichen Unfreiheit der Bauern beschränkt geblieben, weil die Bauern nicht die Mittel hatten, die Rechte der Grundherren auszukaufen.

Das K ö n i g r e i c h W e s t p h a l e n soll nach Napoleons Plan als Muster eines modernen Staatswesens den deutschen Fürsten vorgeführt werden. Es erweckt in der Tat mancherlei Hoffnungen: Die Öffentlichkeit des G e r i c h t s v e r f a h r e n s wird wiederhergestellt, die Beteiligung der Laien an der Rechtsprechung mit Errichtung der Schwurgerichte eingeführt. Für Bagatellsachen wird ein „Friedensrichter" zuständig (der heutige Schiedsmann). Die J u d e n erhalten volle bürgerliche und gewerbliche Gleichberechtigung; der „Judenschutz", eine weidlich ausgenutzte Einnahmequelle geldbedürftiger Fürsten, wird abgeschafft. Mit Aufhebung der Zünfte wird der Grundsatz einer allgemeinen G e w e r b e f r e i -

heit nahezu durchgeführt. Die Einführung der Zwangsimpfung gegen die Pocken kommt einem von weiten Kreisen in Westfalen langgehegten Wunsch entgegen. Zivilstandsregister treten an die Stelle der Kirchenbücher.

Eine Enttäuschung dagegen wird die Verfassung. Die „Reichsstände", zusammengesetzt aus 100 gewählten Grundeigentümern, Kaufleuten und Gelehrten, werden nicht mehr einberufen, als sie wagen, eine Regierungsvorlage abzulehnen. Die Steuerschraube wird in einem selbst unter den Preußen nicht bekannten Maße angezogen und durch Zwangsanleihen verstärkt, da Napoleon dem Lande an Lasten ein Vielfaches von den regulären Staatseinkünften auferlegt und für sich in Anspruch nimmt. Am schlimmsten sind die Aushebungen für den Kriegsdienst. Die aus allen Waffengattungen bestehende „Westphälische Armee" hat ständig große Abgaben an den Rheinbund zu stellen. Sie werden in den Kriegen gegen Österreich und Spanien verwandt. Die Aushebungen werden mit rücksichtsloser Strenge und brutaler Gewalt − „ab nach Kassel" − durchgeführt. Vielerorts kommt es dagegen zu offenen Auflehnungen. Die Einrichtung des Ersatzmannes *(remplaçant,* „Rampelmann") wird trotz aller Gleichheit und Brüderlichkeit beibehalten; nur Begüterte können von ihr Gebrauch machen. 23 000 Mann der Westphälischen Armee (nach anderer Version 30 000) sind zur Armee Napoleons gestoßen und nach Rußland marschiert, nur 2000 (1000) sind zurückgekehrt.

Jérôme Bonaparte

Hinzu kommt, daß die Zivilliste des zur Sparsamkeit nicht erzogenen jungen Königs mit eine Million Talern über alle Gebühr hoch ist. Das landläufige Urteil allerdings wird ihm nicht gerecht. So unerfahren, so unbekümmert und

234

leichtsinnig er ist, das verhätschelte Nesthäkchen aus der großen Kinderstube von Madame Mère, so wenig fehlt es ihm an Geist und Charme, an gutem Willen, an Einsicht und an nüchterner Erkenntnis seiner Lage. Er bezaubert seine Umgebung, nicht nur die Frauen, durch sein ungezwungenes Auftreten und sein natürliches, gewinnendes Wesen, in diesem Punkte das Gegenteil seines plumpen großen Bruders. Von diesem wie ein dummer Junge behandelt und abgekanzelt zu werden, nimmt er gelassen hin; aber er scheut sich nicht, ihm seine Meinung zu sagen. Er sei sich klar darüber, schreibt er 1808 an seinen Bruder, daß er immer 100 000 Bajonette unterhalten müsse, um einen unbedeutenden Thron zu stützen, und er wolle lieber Privatmann sein als ein Herrscher ohne Volk. „Wenn ich nicht in Berlin regieren werde, wird der König von Preußen mich eines Tages aus meinem Reich jagen. Dieses wird ohnehin mit dem Leben des Kaisers zu Ende sein." Er warnt Napoleon vor dem Feldzug nach Rußland und vor der Rache der Völker, besonders der Deutschen. Den Freiherrn vom Stein zu verhaften weigert er sich.

Anders als seine Brüder hat er in den entscheidenden Augenblicken dennoch bei Napoleon ausgehalten. Ob es allerdings richtig ist, daß er zu Beugnot, wie dieser in seinen Memoiren berichtet, nach der Leipziger Schlacht auf dem Rückweg nach Frankreich gesagt habe, er habe ein Angebot der Alliierten, zu ihnen überzugehen und sein Königreich zu behalten, bleibt in dieser Form wohl zweifelhaft; es sei denn, daß es ein Gedanke von Metternich gewesen wäre, der Frankreich schonen wollte. Während die anderen Brüder an den Röcken der Mutter hängen und von deren ersparten Gelde zehren, hat er das Abenteuer von Elba mit seinen letzten Goldstücken unterstützt und bei Waterloo bis zur Verwundung gekämpft. Mit seiner zweiten Frau, der württembergischen Prinzessin Katharina, hat er in glücklicher Ehe gelebt. Sie hat jedes Angebot ihres Vaters, gegen eine Pension von ihrem Mann zu lassen, abgelehnt.

Jérôme ist, 76 Jahre alt, ausgestattet mit einem Gnadengehalt Napoleons III. und dem Titel eines Gouverneurs des Invalidendoms, 1860 in Paris gestorben. Der französische Graf Beugnot, der Jérôme dienstlich und privat nahestand, charakterisiert ihn in seinen Memoiren: *„J'avais remarqué chez lui, à travers les emportements de la jeunesse, de la loyalité et la résolution; mieux préparé, je ne doute pas, qu'il n'eut porté le fardeau de son nom, si lourd qu'il fut.“* Ein anderer, Marc André Fabre, hat ihm noch 1952 eine umfangreiche Biographie gewidmet. Er nennt ihn *„... certes pas un saint, mais pas davantage le César d'operétte ... naturellement bon et généreux, ... un homme très près des autres ... très dépassé par les événements auxquels il fut mêlé. Un peu grisé par eux, il lui reste, cependant, le mérite de ne pas l'avoir éte davantage“.* — Nur sechs Jahre sind dem Königreich Westphalen beschieden gewesen; aber sie sind angefüllt von einem erregenden Geschehen und von immerwährenden Spannungen. Seine Menschen werden hin- und hergeworfen zwischen Hoffnung und bitterer Enttäuschung. Dem König selbst geht es nicht anders.

Jérômes Tochter Mélanie — er war 16 Jahre alt, als sie geboren wurde, die Mutter war eine Bürgerstochter aus Nantes — heiratet den deutschen Baron von S c h l o t t h e i m und wurde mit dem Gute Wietersheim bei Minden ausgestattet. Schlottheim wurde später Landrat des Kreises Minden. Auf der Höhe von Bergkirchen bei Minden, am Waldrand unter zwei schmiedeeisernen Kreuzen, liegen beide begraben.

Beugnot

Weniger von sich reden gemacht hat das Großherzogtum Berg. Es hat auch keine repräsentative Hofhaltung. Murat, sein Großherzog, tauscht es gegen die Königs- 1808, krone von Neapel ein. Napoleon überträgt das Land Berg Juli seinem erst vier Jahre alten Neffen Napoleon Louis, dem Sohne seines Bruders Louis, König von Holland, und der Hortense Beauharnais, und stellt es unter die kommissarische Regierung des Grafen Jaques Claude Beugnot, 1809 eines der „billigst denkenden Repräsentanten des Kaisers in deutschen Landen" (Goecke). Er nimmt sich der Aufgabe mit Ernst und mit Eifer an. Seine korrekte, loyale Haltung erwirbt ihm viele Freunde am Rhein. Die westfälischen Teile des Großherzogtums hat er gelegentlich besucht. In seinen Memoiren berichtet er von einer Reise durch das südliche Münsterland und die Grafschaft Mark. „Auf dem platten Lande", schreibt er, „habe ich gutmütige, gastfreie Männer, sittenreine, arbeitsame Frauen und gut erzogene Kinder gefunden. Als ich, meine ,Germania' vor Augen, das altehrwürdige Münsterland durchzog, habe ich immer wieder empfunden, wie echt und wahr die

Darstellung des großen römischen Sittenschilderers ist." In der Grafschaft Mark beeindruckt ihn der Gewerbefleiß der Bewohner und der hohe Stand ihrer Manufakturen und Industrien. Die Märker erscheinen ihm wie engagierte Preußen.

Westfalen 1810

Der Begriff „Westfalen", sofern eine solche Vorstellung noch lebendig ist, umgreift nunmehr die zum K ö n i g r e i c h W e s t p h a l e n gehörenden f r ü h e r e n L ä n d e r
Paderborn, Corvey, Rietberg, Ravensberg mit Stadt und Abtei Herford, Minden und Osnabrück,
zum G r o ß h e r z o g t u m B e r g gehörenden
Mark mit Lippstadt märkischer und lippischer Hälfte, Münster, Essen, Werden, Elten, Dortmund, Tecklenburg, Lingen, Bentheim, Steinfurt, Limburg und Rheda;
zum R h e i n b u n d gehörenden
Lippe, Waldeck, Schaumburg, Herzogtum Westfalen (Arnsberg), Aremberg (Recklinghausen), Croy (Dülmen), Salm (Anholt), Gemen, Oldenburg mit Vechta, Cloppenburg und Wildeshausen;
zum K a i s e r r e i c h F r a n k r e i c h gehörenden
Hannover, Hoya und Diepholz.
Graf Ludwig von B e n t h e i m - S t e i n f u r t hatte kurz vorher, während der französischen Besetzung Hannovers (1802 — 1805), die hannoversche Pfandschaft durch Zahlung von 800 000 Francs an Napoleon eingelöst und war nach Bentheim zurückgekehrt. Ohne die Einlösungssumme zurückzuzahlen, depossediert Napoleon ihn, vermutlich, weil der Graf sich nicht genug rheinbundfreundlich gezeigt hatte.

1810, Dez. 10 Durch einen S e n a t s k o n s u l t verfügt Napoleon dann, daß alle Länder nördlich einer willkürlich gezogenen

238

Linie Wesel — Haltern — Minden — Nienburg —
Lauenburg zusamt der Stadt Lübeck zum Kaiserreich
Frankreich geschlagen werden. Damit verlieren auch die
Fürstentümer Salm (Anholt) und Aremberg und das Her-
zogtum Oldenburg ihre staatliche Selbständigkeit. Die
südlich der Linie gelegenen arembergischen Landesteile
Recklinghausen und Croy (Dülmen) werden zum Groß- 1811
herzogtum Berg gegeben.

„Münsterisches" Münster

Münster hatte die Einverleibung in das Großherzogtum Berg (1808, Januar 28) wieder mit Bällen und Reu-
nionen gefeiert, glücklich darüber, der preußischen „Ket-
zerherrschaft" ledig zu sein. Aber die Gleichgültigkeit der
Franzosen dem Kirchenwesen gegenüber und ihr
Umspringen mit säkularisierten Klostergütern bereiten
den Münsterern Unbehagen; neue Lasten und Steuern
bleiben ihnen nicht erspart.

Unberührt von dem Weltgetöse um ihn herum lebt in
Münster ein ehemaliger Mönch, Johann Nikolaus
Kindlinger. Er hatte von höchster Stelle Befreiung von
seinen Gelübden erwirkt, um sich ungehindert von Pflichten geschichtlichen Studien hingeben zu können. Eine
„Geschichte der Hörigkeit" hat er geschrieben und 200 Folio-
bände mit Abschriften von Urkunden und Quellen gefüllt. Als
er daran gehen will, das Zusammengetragene zu weiteren
Darstellungen zu bringen, tritt ihm der Tod in den Weg.
Sein Nachlaß ruht im Staatsarchiv Münster und wird eifrigst
benutzt. Viele Urkunden und Nachrichten sind nur in seinen Abschriften erhalten.

Allein in der Grafschaft Mark gibt es Leute, die die Trennung von Preußen bedauern. Als Zeugnis für die preußische Gesinnung der Märker, die miterleben, wie Handel und Gewerbe durch Förderung von seiten preußischer Behörden aufblühen, wird der Ergebenheitsbrief des Pfarrers von Elsey, Johann Friedrich Möller, an den König von Preußen vom 10. März 1806 zitiert. Er trägt die Unterschriften von damals bekannten märkischen Personen. Der Brief ist diktiert von der Sorge, französisch zu werden. Es war bekannt geworden, daß in Berlin daran gedacht war, Länder westlich der Weser an Frankreich abzutreten im Tausch gegen andere Objekte. Zitiert wird auch seine plattdeutsche Adresse an den König nach dessen Proklamation vom 24. Juli 1807, in der die Westfalen ihrem neuen Landesherrn empfohlen werden. *„Dat Hart woll uns breken, als wi dinen Avsged van uns lasen ...",* schreibt der Pfarrer.

Nachhall

An die Stelle der im 16., 17. und 18. Jahrhundert begonnenen und fortschreitenden Überfremdung Westfalens 1813 ist die totale Verfremdung getreten. Die die Jahrzehnte der napoleonischen Herrschaft miterlebt haben, im Untergang des Reiches allein gelassen und erdrückt von der unbegreiflichen Gewalt eines einzelnen Menschen, können nur einem versinkenden Westfalen nachtrauern.

Die „Franzosenzeit" hat im Volke mancherlei Erinnerungen zurückgelassen. *„Du Bonnepart"* war noch in unserem Jahrhundert ein beliebtes Schimpfwort der Plattdeutschen; statt „zum Zeitvertreib" sagten sie *„för'n Paslantant"* (pour passer le temps). Einzigartig ist die Inschrift auf dem

Türbalken einer Scheune des Hofes Ober-Entgelmeyer (jetzt Böckelmann) in Huchzen-Remerloh (5 Kilometer nordnordwestlich von Löhne-Bahnhof):

> „VIEL UNRUH WAR AUF UNS GEBRACHT,
> NAPOLEON HAT ES GEMACHT.
> MIT FRANKREICH WAR EIN GROSSER STREIT
> IN ALLEN LANDEN WEIT UND BREIT.
> ES DAUERTE SIEBEN JAHRE DER KRIEG,
> DA GAB GOTT FRIEDRICH WILHELM SIEG.
> HIER GEKOMMEN 1806,
> WEICHEN MÜSEN 1813."

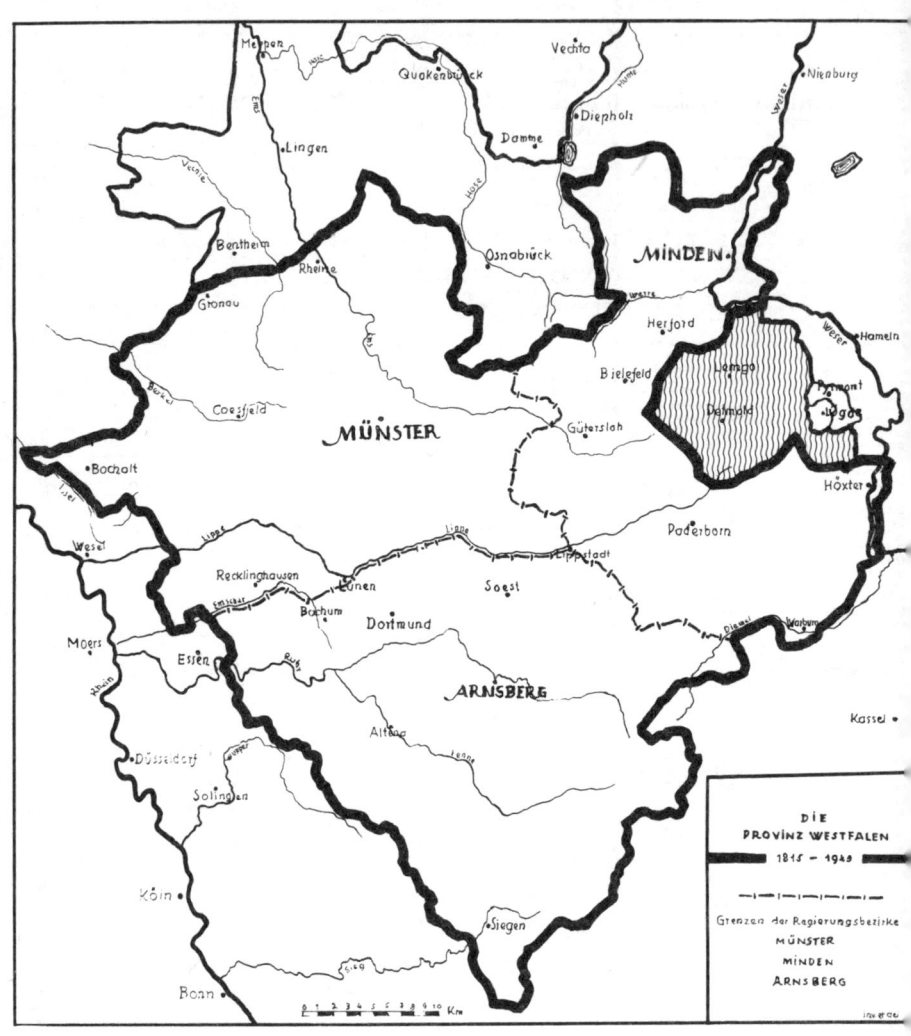

DIE
PROVINZ WESTFALEN
1815 – 1945

Grenzen der Regierungsbezirke
MÜNSTER
MINDEN
ARNSBERG

242

VII. Die preußische Provinz Westfalen (1813–1945)

Waterloo

Fürstin Pauline zur Lippe glaubt der Nachricht von Napoleons Niederlage erst, als am 6. November ein 1813 Kosakenpulk in Detmold einreitet. Den Glauben an Napoleons Genius hat sie zeit ihres Lebens nicht verloren. Sie kann nicht begreifen, daß er besiegbar sein soll, dieser Mensch, der nach einer totalen Katastrophe buchstäblich „Armeen aus der Erde stampft", der mit einem Heer von Rekruten, ohne ausreichende Kavallerie, die Panzerwaffe damaliger Kriegsführung, den vereinigten Mächten Europas die Zähne zeigt.

Westfälische Truppen haben noch bei Thuin und Ligny 1815 gekämpft. Bei Waterloo hat das Landwehrbataillon Osnabrück den Kommandeur der französischen Garde, General Cambronne, gefangen genommen. Der General, schwer aus Wunden blutend, läßt den Stumpf seines Degens fallen und sagt nur ein Wort, das Wort, das jeder Soldat in verzweifelter Lage einmal auf den Lippen geführt hat; die von der sterbenden Garde, die sich nicht ergibt, hat er erwiesenermaßen nicht gesprochen. – Der Wagen des fliehenden Napoleon ist einer Mindener Truppe in die Hände gefallen. An den letzten Gefechten des Krieges, bei Issy vor Paris, sind wieder Westfalen beteiligt.

In den „Freiheitskriegen" hat es auf seiten der Verbündeten bekanntlich mehr Niederlagen als Siege gegeben. Ohne Gneisenau, den besten Schüler Napoleons, wären sie nicht gewonnen. Eine militärische Glanzleistung der

Alliierten sind sie nur an dem letzten, allerletzten Tage gewesen, am Abend von Waterloo, als Wellington schon verzagte, in dem Eingreifen der von Ligny und dem ununterbrochenen Marsch erschöpften Armee des verwundeten Blücher und in der von Gneisenau angesetzten Verfolgung bis zum letzten Hauch von Mann und Roß.

Gewiß ist Preußens Wiedererscheinen in Westfalen als Befreiung von der Fremdherrschaft begrüßt worden, selbst in Münster; aber die Hochstimmung des Freiheitskampfes ist nirgends aufgekommen, es sei denn bei den Märkern. Sie haben zum Waffendienst mehr Freiwillige gestellt, als gefordert wurden. Im Paderbornischen und im Münsterschen sind die Freiwilligenmeldungen fast gleich Null, in Osnabrück nicht mehr als befriedigend gewesen, im kölnischen Westfalen, in Minden und Ravensberg haben sie kaum den Erwartungen entsprochen. Zu glauben, daß die Freiheitskriege in Westfalen eine Sache aller gewesen seien (M. Lahrkamp), ist schwer.

Der Wiener Kongreß

1815   Zwei junge Westfalen werden auf dem Wiener Kongreß als Beobachter und Zuschauer geduldet, ein Ledebur und Werner von Haxthausen. Er schreibt sorgenvolle Briefe nach Hause, als er hört, was alles aus Westfalen gemacht werden könne. Das sächsische Königshaus wolle man nach Westfalen verpflanzen, die rheinbündlerischen Herzöge von Mecklenburg nach Westfalen strafversetzen. Lord Castlereagh, der Gesandte Englands, denke nur daran, die Preußen aus Ostfriesland wieder herauszubringen und sie von den Rhein- und Nordseehäfen fernzuhalten, vollends blamabel sei es, zu sehen, wie Talleyrand alle, von Hardenberg bis Humboldt und Metternich, an die Wand spielte. Er vertrete nicht mehr einen geschlagenen Kaiser, sondern Frankreich. Was Westfalen eigentlich sei, hat der von Pauline nach Wien entsandte Regierungsrat Friedrich Wilhelm Helwig erst Mühe, der versammelten Prominenz Europas klarzumachen; so muß er z. B. erläutern, daß es sich bei Lippe und Schaumburg-Lippe um zwei völlig voneinander unabhängige Fürstentümer handele (Kittel).

Am 30. April 1815 wird aus Wien verkündet: Westfalen südlich einer Linie Minden — Wiehengebirge — Tecklenburg — Rheine, jedoch ohne Lippe, Schaumburg-Lippe und Waldeck, ebenso die Rheinlande werden Teile des Königreichs Preußen und mit ihm durch eine Militärstraße verbunden.

„Provinz Westfalen"/Vincke

Das so vergrößerte Königreich wird in 10 Provinzen eingeteilt, eine von ihnen ist die Provinz Westfalen.

Mit dieser Provinz gewinnt Preußen zu dem Stande von 1801 nunmehr endgültig hinzu die ehemaligen Bistümer Paderborn und Münster sowie das ehedem kölnische Herzogtum Westfalen mit dem Vest Recklinghausen, die Reichsstadt Dortmund und die Abtei Corvey, die Herrschaften Steinfurt, Rheda, Limburg, Rietberg, die Fürstentümer Salm-Salm und Salm-Kyrburg (Anholt) und Salm-Horstmar, Croy und Teile von Rheina-Wolbeck. Ihre Besitzer werden, wie die Grafen von Bentheim und Steinfurt, mediatisiert und zu „Standesherrn" erhoben, d. h. erniedrigt. Das Haus Oranien gibt seine Besitzungen auf und siedelt nach Holland über. Ihre Herrschaften Siegen und Wittgenstein fallen an Preußen und werden zur Provinz Westfalen gezogen.

Die Abteien Essen und Werden, schon seit dem Großen Kurfürsten unter brandenburgischer Schutzherrschaft, fallen endgültig an Preußen, werden aber der Rheinprovinz zugewiesen. Lippe, Schaumburg-Lippe und Waldeck-Pyrmont bleiben selbständige Staaten.

Die altwestfälischen Teile Hoya und Diepholz, das Bistum Osnabrück, Teile von Rheina-Wolbeck und Teile des Herzogtums Aremberg an der unteren Ems fallen dem neuen Königreich Hannover zu, die Pfandschaft Bentheim wird zugunsten Hannovers beendet. Oldenburg wird in seinen letzten Grenzen wiederhergestellt, um das zwischen Münster und Osnabrück immer streitige Amt Damme vergrößert und zum Großherzogtum erhoben. Von dem altwestfälischen Raume ist somit nur die südliche Hälfte als Westfalen übrig; für die nördliche Hälfte beginnt sich der ostweserische Name „Niedersachsen" einzubürgern.

Den verlorenen Kindern Westfalens sich beigesellen zu lassen, versteht allein das Land Lippe zu vermeiden. Die vormundschaftliche Regierung der Fürstin Pauline nötigt der Welt Achtung ab. Ihre sozialen Reformen, ihr Arbeitsethos, ihre Auffassung von Pflicht, Recht und Billigkeit und ihre menschliche Schlichtheit haben so tiefe Wirkung ausgeübt, daß heute noch von einem „paulinisch" geprägten Lippe gesprochen wird, und das, obwohl sie mit den Ständen ihres Landes nie auf einen guten Fuß gekommen ist und ihr Verfassungsvorschlag am Widerspruch der Stände scheitert.

Umwälzungen wie die der vergangenen zweieinhalb Jahrzehnte hatte man nie erlebt. Ihre zeitliche Rasanz überfordert das Vorstellungsvermögen des einfachen Mannes. Dem Letzten geht auf, daß nicht einfach wiederaufgenommen werden kann, was 1801 aufgehört hatte zu bestehen. Die Lösung „Provinz Westfalen" ist ein Schock! Inhalt und Umfang der Wiener Entscheidung und ihre vorauszusehenden Folgen lassen die Zeitgenossen ermessen, mit welchen Hammerschlägen alles, was bisher westfälisch hieß, umgeschmiedet werden soll.

246

Die Ernennung des Freiherrn Ludwig Vincke zum 1815
Oberpräsidenten der neuen Provinz und zum Regierungspräsidenten von Münster wird von vielen Westfalen
begrüßt, nicht von allen. Für den münsterischen Adel ist
ein Verkehr mit dem protestantischen Oberpräsidenten
von vornherein ausgeschlossen. Obwohl man anerkennt,
daß er Toleranz übt und Rücksichtnahme auf die Katholiken fordert, bleibt es nicht verborgen, daß er keinen
Versuch macht, in den Geist des katholischen Wesens ein-
zudringen.

Mit Interesse verfolgt er die Versuche und Unternehmungen des 25jährigen Friedrich Wilhelm Harkort, 1818
der in diesem und den folgenden Jahren in Wetter und
Olpe Maschinenfabriken, Walz- und Eisenwerke baut, in
der Eisenverarbeitung das Puddelverfahren einführt,
unter Anleitung englischer Ingenieure als erster in
Deutschland eine Dampfmaschine und mechanische
Webstühle herstellt und für seine Arbeiter Krankenkassen
und Altersversorgung schafft.

All dem Neuen, das seit der Jahrhundertwende vornehmlich aus England kommt, steht Vincke aufgeschlos-
sen gegenüber. Er reist nach England, um dessen wirtschaftlichen und staatlichen Einrichtungen, die damals
aller Welt weit voraus sind, an Ort und Stelle kennenzulernen. Für Kunst, Literatur aber, für schöngeistiges
Leben überhaupt, scheint ihm, dem Westfalen, der Sinn
zu fehlen. An den Dramen des jungen Christian Dietrich Grabbe, die immerhin einiges Aufsehen erregen,
und an der Sensation der falschen „Wanderjahre" des Detmolder Pastors Friedrich Wilhelm Pustkuchen ist er
vorbeigegangen. Selbst Zeitungen sind ihm nur „ein not-
wendiges Übel" (Behr). Seine scharfe Handhabung der
Zensur hindert den münsterschen Verleger Joseph Cop-
penrath, dem „Westfälischen Merkur", seiner Tageszeitung, 1822
ein politisches Gesicht zu geben. Nicht anders ergeht es dem

„Mindener Sonntagsblatt", dessen Herausgeber, der Arzt Dr. August Meyer, Goethes Haushalt mit westfälischen Schinken und Würsten versorgt hat.

Die Verwaltung der neuen Provinz nach preußischen Grundsätzen zu organisieren, stellt Vincke sich als Aufgabe. Sein Arbeitseifer wirkt anfeuernd bis in die letzte Schreibstube; den Typus des pflichtbewußten, integren, unbestechlichen, autoritätsgläubigen und Autorität heischenden preußischen Beamten bringt er den Westfalen. Kompromißlos in seinem Verlangen nach Recht und Billigkeit, hilfsbereit, wo immer Not und Elend seinen Weg kreuzen, wird er die legendäre Figur, der man auf den Landstraßen Westfalens begegnet, angetan mit dem blauen Leinenkittel des Landmannes, die Pfeife schmauchend, unerkannt und ohne sich bekannt zu machen.

1823/25 Bekannt ist er, wo Straßen gebaut werden wie die „Kunststraße" von Minden nach Köln, Ruhr und Lippe schiffbar gemacht, die ersten Sparkassen und Anstalten für Blinde, Arme, Irre und Taubstumme errichtet werden. Bewundernd steht er vor englischen Drehbänken, die in Milspe bei Hagen massenweise Schrauben liefern, wie sie bisher nur stückweise und in mühsamer Handarbeit hergestellt werden konnten.

Die Gewerbefreiheit, das Glanzstück der „Königlich-preußischen Wirklichen Geheimen glorious revolution" Hardenbergs von 1810, ist nun auch in Westfalen eingeführt, die Einberufung eines Provinziallandtages wird vorbereitet. Soll, was immer außerhalb aller Möglichkeiten gelegen hat, was den Vorfahren seit Jahrhunderten als Traum vorgeschwebt hat, soll ein politischer Raum, eine Einheit Westfalens, Wirklichkeit werden?

1829, Der Provinziallandtag tritt in Münster zusammen, Okt. 29 je 20 Vertreter der Ritterschaft, der Städte und der übrigen Grundbesitzer. Eine Volksvertretung? Die Auffas-

248

sung, daß, wer dem Staat nichts gibt, auch nichts von ihm
zu fordern und ihm nichts zu sagen hat und umgekehrt,
ist den Herrschenden nach wie vor die Norm; die Stände
wehren sich noch dagegen, die Nichtbesitzenden nehmen
sie hin. In diesem Landtag darf geredet, doch nicht mitge-
redet werden. Aber er ist einmal da. Für das Weitere
bleibt den Westfalen „auch morgen ein Tag". Dem Freiherrn vom Stein, dem Landtagsmarschall, ist er eine
Enttäuschung; der Freiherr ist nicht der Mann, der warten kann.

Ungeduldig, so liest man's heute, sei auf die Bauern-
befreiung gewartet worden, auf die Ablösung der Bauern von ihren Leib- und Grundherren. Sie wird jetzt in
Angriff genommen, geht nur schrittweise voran und trifft
nicht überall auf Ungeduld und grimmiges Genüge. Die
persönliche Unfreiheit (Leibeigentum) der Bauern in der
Grundherrschaft des preußischen Königs war schon zu
Anfang des 18. Jahrhunderts, für die übrigen Grundherren durch die Regierung Jérômes aufgehoben. Die Entschädigung der grundherrlichen Ansprüche wird grund-
sätzlich auf das 25fache des Wertes der Abgaben und
Dienste festgesetzt, die der bäuerliche Betrieb jährlich
dem Grundherrn zu leisten hat. Besonders dafür einge-
richtete Rentenbanken strecken den Bauern die Ablö-
sungssumme gegen mäßigen Zins vor. Ein nicht geringer
Teil der Bauern steht aber dem Befreiungsgedanken skeptisch gegenüber, wohl wissend, daß die neue Freiheit noch
kein Äquivalent sein wird für die Geborgenheit in der
Grundherrschaft, zumal eine gesetzliche Regelung des
von dem westfälischen Bauern immer geübten Anerben-
rechtes und der Unteilbarkeit der Höfe noch aussteht.
Der Bauer hatte nicht gelernt, zu rechnen und wirtschaftlich zu denken. Vincke weist in einer kleinen Schrift
„*Über die Zerstückelung der Bauernhöfe*" warnend darauf

hin, daß die persönliche Hörigkeit der Bauern durch eine Hörigkeit von Wucherern abgelöst werden könne. Tatsächlich sind in dem folgenden halben Jahrhundert fast 30 Prozent der alten Höfe durch mißverständliche und mißbräuchliche Handhabung des freien Veräußerungsrechtes oder durch Verschuldung verschwunden.

1829   Vincke fordert schon mit Nachdruck die Durchführung der für Preußen längst angeordneten Markenteilung, d. h. die Aufteilung der gemeinbesitzlichen Feldmarken (Allmenden). Nach Aufnahme der Stallfütterung und Aufkommen neuer Düngemittel büßen sie ihre Bedeutung für die Landwirtschaft mehr und mehr ein und verwildern vielfach zu öden Heiden. Die Teilung gibt den Höfen erheblich größere wirtschaftliche Kräfte, sie bietet andererseits den Köttern, Markköttern und Brinksitzern die Möglichkeit, durch Zukauf von kleinen und kleinsten Teilungsparzellen, die für den Betrieb des Altbauern uninteressant sind, ihren Besitz zu vergrößern und wirtschaftlicher zu machen. Allen Neusiedlungslustigen öffnet sich schließlich, ganz im Sinne der Populationspolitik der Zeit, ein weites Feld. Aber auch die Markenteilung hat ihre Probleme gehabt. Die Städte im besonderen sträuben sich dagegen. Kein Stadtbürger kann eine Kuh entbehren; denn Milch zu kaufen gibt es nicht. Nun können sie ihre Kühe nicht mehr auf die Weide treiben.

1832   Mit Vinckes Gedankengängen trifft sich auch die Einführung der Steinschen Städteordnung. Sie befreit die Städte von der staatlichen Bevormundung, in die sie im 18. Jahrhundert hinabgerückt waren, und gibt ihnen ein gesundes Maß an Selbstverwaltung wieder. – Einer der wenigen, greifbaren Erfolge des Provinziallandtages ist die Errichtung der Westfälischen Provinzial-Hilfskasse. Sie stellt Mittel bereit für gemeinnützige Anlagen und Bauten, für die Entschuldung der Gemein-

den und für Förderung der Gewerbe. Sie findet Nach-
ahmungen in anderen Provinzen Preußens (Wischer-
mann).

Ob Vincke sich mit dem Schmuggelwesen befaßt
hat, das an den Grenzen seiner Provinz gegen das nun
hannoversche Osnabrück und gegen Lippe unerfreuliche
Blüten treibt, und ob er endlich auch die innenpolitischen
Schwierigkeiten gesehen hat, die mit den Vorboten der
„Industriellen Revolution" (Toynbee) sich bemerk-   um 1835
bar machen, die der alte Goethe „wie ein Gewitter" her-
aufziehen sah, steht dahin. Revolutionierend ist schon die
Herstellung von Koks und seine Verwendung anstatt von
Holz und Holzkohle, für die Verhüttung des Eisens und
zur Gewinnung von Stahl, wie sie von Friedrich
Krupps Gußstahlfabrik, Essen, und von der Guten-
hoffnungshütte, Sterkrade, in ebendiesen Jahren aufgenommen werden, revolutionierend auch die von Franz
Haniel bis zu vielen hundert Meter Tiefe hinabgetriebe-
nen Kohlenschächte.

Die Aufgabe aber, die Vincke sich selbst gestellt hatte,
sein Westfalen zu einem freiheitlichen, unter Mitverant-
wortung seiner Bürger regierten Lande zu erheben, hat er
nicht, nicht einmal in bescheidenen Ansätzen, erfüllen
können. Daß sie unter den gegebenen Verhältnissen und
im Rahmen des damaligen preußischen Staates überhaupt
unlösbar war, muß ihm zur bitteren Erkenntnis geworden
sein und ihn mit sich selbst und seinem hohen Amt in
Konflikt gebracht haben. Wenn er, der die im preußischen Wesen lebendigen Kräfte bejaht und von Preußens
Größe allein das Heil für sein eigenes Land, für ein altes,
großes Westfalen, erhoffen zu können glaubt, nicht
einmal, sondern zu wiederholten Malen seinen Rücktritt
anbietet, ja fordert, müssen es schwerwiegende Gründe
gewesen sein, die ihn zu solchen Schritten veranlassen.

251

Seine Abneigung gegen den Zentralismus der Berliner Regierung und gegen ihr ständiges Hineinreden in seine Verwaltung ist so weit gegangen, daß er sich häufig über Verfügungen aus Berlin, die ihm für Westfalen nicht passend erschienen, einfach hinwegsetzt.

Das hat indessen seine Grenzen. Gegen die Demagogenverfolgung der preußischen Restauration ist er machtlos. In einem Prozeß der Berliner Zentraluntersuchungsbehörde werden 30 Westfalen verurteilt, wenig später nochmals 20.

1835

Wie dem Freiherrn vom Stein ist auch Vincke trotz aller von beiden geflissentlich geübten Toleranz und Konzilianz versagt geblieben, in dem unter der Decke schwelenden, mit Leidenschaft geschürten Brand des Konfessionalismus ausgleichend zu wirken. Gelegentliche Ausbrüche zeigen, daß die Lage eher schlimmer ist, als sie je gewesen. Das ist auch draußen bemerkt worden. Ein Schlesier veröffentlicht eine bitterböse Satire, *„Katechismus der Münsterländer"*, „Sein erstes Gebot für Männer lautet: Du sollst keine Fremden neben Dir leiden, Du sollst Dir kein gutes Bild machen von einem, der kein Münsterländer ist; das achte: Du sollst von niemanden, absonderlich von Freunden und Ketzern, nichts Gutes reden." (Behr).

Das „Kölner Ereignis"

1837

Die Verhaftung des Kölner Erzbischofs Clemens August von Droste-Vischering und seine Gefangensetzung in den Festungen Minden und Magdeburg führt in Münster zu Straßenunruhen. Der Erzbischof, vormaliger Bistumsverweser in Münster, hatte sich geweigert, die zwischen seinem Vorgänger in Köln und dem preußischen Staat geschlossene Konvention wegen der konfessionellen Mischehen durchzuführen.

252

„Das ‚Kölner Ereignis‘ war ‚der schlimmste Mißgriff‘ des preußischen Staates in die westlichen Verhältnisse. Es drängte die Katholiken Rheinlands und Westfalens in eine schroffe Abwehrstellung gegen Preußen und sein protestantisches Herrscherhaus. Der Rückzug, den der Staat unter Friedrich Wilhelm IV. und seinem Nachfolger antrat, konnte den Schaden nie wiedergutmachen" (Hartung).

Adel und Geistlichkeit des katholischen Westfalens verharren in solcher Ablehnung. Daß die bürgerlichen Kreise, im besonderen das gebildete Bürgertum, in demselben Maße davon ergriffen seien, ist nicht anzunehmen. Das — in Westfalen nur spärliche — Literatentum der Zeit, die Detmolder Georg Weerth und Malvida von 1839 Maysenbug, der Soester Ferdinand Freiligrath und Levin Schücking aus Sassenberg im Münsterschen, wird von den politischen Tagesfragen angezogen. Die französische Juli-Revolution von 1830 hatte ganz Europa wieder aufhorchen lassen. Die tönenden Worte eines Karl Marx und die scharfe Zunge des Wuppertaler Nachbarn Friedrich Engels werden von den Westfalen nicht überhört, mögen auch alle Ohren den zaubernächtigen Weisen und den Abenteuer- und Rittermärchen der Romantik gern lauschen.

Baumwolle

Sie hören nicht das Grollen des „Gewitters", das aus dem Nachbarlande sich in das Westmünsterland vorschiebt: die Baumwolle, „Baumseide" genannt, das Schreckgespenst aller, die mit dem Flachs und dem Lein arbeiten, das ideale Material für die englischen Spinnmaschinen und mechanischen Webstühle. Aus dem holländischen Enschede kommt ein Weber nach Nordhorn. Er bringt 20 mechanische Webstühle mit und eröffnet eine Kattunschnellweberei. Sein Schwiegersohn Jan van Delden in Deventer liefert ihm jede Menge maschinengesponnenen Baumwollgarnes; auch er siedelt wenig später nach Nordhorn über.

Schlüter und Annette

In die Stadt Münster kommen sie nicht, die Maschinenbesessenen. Auch die preußischen Beamten werden hier nicht „akzeptiert", erst recht nicht die preußischen Offiziere. Man bleibt unter sich. Ein Kreis von Schülern und Gutgesinnten schart sich um den fast erblindeten Christoph Bernhard Schlüter und zehrt von dem Reichtum seiner Anregungen. Sein Schwager Wilhelm Junkmann liest eigene Gedichte bei ihm vor, auch plattdeutsche. Seine Schwärmerei für Recht und Freiheit des Volkes macht ihn der Polizei verdächtig. Er geht auch in Rüschhaus, dem schönen Schlaun-Refugium der Droste, aus und ein. Annette kann seine großen, schwärmerischen Augen, seine Frömmigkeit und Gescheitheit gut leiden. Das zarte Fräulein Annette von Droste-Hülshoff schreibt in dieser Zeit mit am „*Malerischen und romantischen Westfalen*", das zu schreiben Freiligrath übernommen hatte, aber über eine rauschende Einleitung nicht hinausgekommen war und das Schücking unter Annettes Beihilfe zum Ende bringt. Annette wagt sich damals mit ihren

1839 Gedichten zum ersten Male an die Öffentlichkeit. Die „*Judenbuche*", ihr reifstes Werk, bestehend in der Kunst der indirekten Charakterisierung der Handelnden, ist im Entstehen. In ihrer Nachricht an Levin Schücking über den Tod

1844 Vinckes: „Er starb und wurde begraben, ohne daß ein Hahn nach ihm gekräht hätte", schwingt eine Entrüstung mit; sie wußte, wer Vincke war, und Münster war nicht auf beiden Augen blind. Der Satz umschließt den Teil des Wirkens Vinckes, den er unvollendet zurückgelassen hat.

254

Im Todesjahr Vinckes importiert Westfalen fünf- oder sechsmal so viel englisches Maschinengarn wie in den vorhergegangenen fünf bis zehn Jahren zusammen. Das trifft die vielen, die den Flachs mit der Hand spinnen. Ihre Lage hat sich in den 30er und 40er Jahren ohnehin verschlechtert. Mißernten haben die Preise steigen lassen, und der gleichzeitig und in demselben Maße zunehmende Import von maschinengewebtem Leinen bewirkt, daß die Spinner auf ihrem noch so fein gesponnenen Garn sitzenbleiben, besonders die des Ravensberger Landes, dessen Boden sich für den Anbau von Flachs als ergiebig erwiesen hatte. Zu Tausenden hatten sie sich auf dem Lande niedergelassen, in Scheunen, Backhäusern und Feldhütten der Bauern eine Unterkunft gefunden und mit dem Kapitalminimum von einigen Spinnrädchen für alle Familienmitglieder, große und kleine, eine Existenz gründen können. Versuche staatlicher und privater Initiative, der Verelendung dieser Massen mit Hilfsvereinen, Volksküchen u. ä. entgegenzuwirken, haben geringen Erfolg. Der Bau der Köln-Mindener Eisenbahn, ein für 1845 die Zeit riesiges Unternehmen, hilft nur einigen tausend Menschen, gibt ihnen Arbeit, oft aber nur ein kärgliches Brot. Schamlose Ausbeutung der Arbeiter durch die Schachtmeister führt in Schildesche bei Bielefeld zu Unruhen. Auch das Lipperland wird hart getroffen. Seit langem gingen jährlich um die 1000 junge Lipper als Torfstecher, Ziegelbrenner oder Erntehelfer ins Ausland, vornehmlich nach Holland. Jetzt steigt die Zahl auf 4000 und mehr.

In Bielefeld kommt es zu Massenversammlungen. Hohe Regierungsbeamte aus Berlin, Kaufleute und Weber, die beide ihre Existenz bedroht sehen, und ein Heer hungernder Spinner reden erregt aufeinander los und gehen wieder, ratlos, wie sie gekommen sind. Im Mindischen, im Lippischen, auch in der Grafschaft Mark und in den Landsstädten des Münsterlandes klopft die Not an die Türen. Die Kunde von dem Umsturz in Frankreich im Februar 1848 und von den Berliner März-Ereignissen, die „Revolution", schlägt den Funken in dieses Pulverfaß. „Revolution" muß man machen, damit es anders und besser wird. Überall in Westfalen kommt es über Nacht zu Tumulten.

1848

Selbst das platte Land wird angesteckt. Bauern bedrohen die Schlösser der Adligen, Kötter die Höfe der Bauern.

Otto Lüning, Rudolf Rempel

Anhänger des Freidenkertums folgen mit Leidenschaft der Ideenwelt, die von Marx und Engels als Sozialismus gelehrt wird. Sie gehören ausnahmslos dem gehobenen Bürgertum an, haben sich, von der Polizei bespitzelt und beargwöhnt, schon seit ein paar Jahren in geheimen Zusammenkünften getroffen, so der „Rietberger Kreis" auf Schloß Holte zwischen Paderborn und Bielefeld. Ihre Zeitschrift, das „Weserdampfboot", 1844 erschienen, war sofort verboten worden, im Jahre darauf aber als „Das Westfälische Dampfboot" wieder erschienen. Sein Redakteur, der Rhedaer Arzt Dr. Otto Lüning, hatte sich durch eine Schriftenfolge „Dies Buch gehört dem Volke" bekannt gemacht. Der herausfordernde Titel war eine betonte Abwandlung von Bettina Brentanos schwärmerischem „Dies Buch gehört dem König". Von Lünings Schriften ist starke Wirkung ausgegangen. An vielen Orten Westfalens erscheinen jetzt, von der — vorübergehend — aufgehobenen Zensur nicht behindert, ähnlich gerichtete Zeitschriften und Zeitungen. Als Lüning im Mai das „Dampfboot" aufgibt, begründet sein eifrigster Mitarbeiter, der Bielefelder Leinenkaufmann Rudolf Rempel, den „Volksfreund".

256

Er versteht, wie sein Freund Lüning, mit der Feder umzugehen. Temperamentvoll und angriffslustig, wissen sie ihre Leser zu packen. Als Fanatiker der neuen Ideen greifen sie zu starken Tönen und stoßen damit die gebildete Leserschaft ab, die sie gerade gewinnen wollen. Lüning vertritt einen humanitären Sozialismus; in seinem Eintreten für die Armen und „Rechtlosen" aber kann er unsachlich werden und in bloßes Hetzertum verfallen. Rempels grobschlächtigere rhetorische Gallopaden fordern den Spott der Gegner heraus. Beide gelten als „Kommunisten", obwohl sie den Kommunismus in seiner reinen Form keineswegs bejahen, auch vor Anwendung von Gewalt warnen. Rempel, glänzender Stilist und an Dialektik den Gegnern aus seiner eigenen Gesellschaftsschicht haushoch überlegen, schwenkt mehr in die Lassallesche Richtung ein; er versucht auch selbst, Handwerker zu „Associations-Gesellschaften" zusammenzufassen. Damit scheitert er. Als erster Westfale gebraucht er das Wort „Sozialdemokrat".

Er und seine Freunde rufen den „Ersten Westfälischen Demokratenkongreß" zum 10. und 11. September nach Bielefeld ein. Die Versammlung, von Rempel selbst geleitet, steckt bei der Ungeklärtheit aller Begriffe ihre Ziele zu weit und läßt ihre Aufgabe, eine Art Parteiprogramm aufzustellen, unerfüllt. Selbst das Zauberwort „Republik" schlägt nicht durch. Ein Teil verlangt sie stürmisch, die meisten bekennen sich nur mit Vorbehalt zu ihr, einige warnen sogar vor dem bloßen Gebrauch des „staatsfeindlichen" Wortes. Wie die Versammlung sonst verlaufen ist, kann man sich vorstellen, wenn man hört, daß die Nachricht von der Ermordung der beiden Abgeordneten des Frankfurter Parlamentes, Lichnowski und Auerswald, mit Händeklatschen begrüßt wird und ein unflätiges Geschimpfe gegen das „reiche Pack" und die „lumpige Bourgeoisie" auslöst.

Rempel und Lüning haben als Fackelträger und Verkünder eines neuen Evangeliums ihren Platz in der Geschichte der Westfalen. Daß die Westfalen ihnen die Gefolgschaft versagt haben, das haben sie, der eine wie der andere, sich selbst zuzuschreiben. Als geborene Westfalen mußten sie wissen, daß Westfalen − zu ihrer Zeit − kein Boden war für ihren konsequenten Atheismus. Mit allem, was von der Kirche, von Glaube und Gott her kam, treiben sie einen Spott, der in Rüpelhaftigkeit ausartet. Ihre wütenden, keinerlei Maß haltenden Angriffe auf das „Pfaffentum" prallen an dem unerschütterlichen Glaubensgebäude der Katholiken nicht nur wirkungslos ab, sondern begegnen hier tiefster Verachtung. Die Evangelischen, die eben in der „Erweckungsbewegung" des minden-ravensbergischen Pastors Volkening und seinen Missionsfesten neuen Halt und Zulauf haben, empfinden dergleichen als frivol und weisen es ebenfalls mit Empörung zurück. Die beiden Hitzköpfe hätten ihrer Sache auf andere Weise besser gedient. Ihr Gezeter über die „verlumpte, verlotterte Geldsack-Bourgeoisie" ist nur ein Aushängeschild.

Als in den kritischen Novembertagen 1848 die Berliner Nationalversammlung die Genehmigung des Budgets für 1849 verweigert, vornehmlich wegen des hohen Anteils des Heeresetats, und es daraus zu einem Konflikt mit der Regierung kommt und die Regierung die Nationalversammlung nach Brandenburg verlegt − während die Abgeordneten der äußersten Linken, unter ihnen die meisten Westfalen, als „Rumpfparlament" in Berlin verbleiben −, ergreift eine Welle der Empörung ganz Westfalen. Man empfindet das Vorgehen der Regierung als offenen Bruch des Rechtes. Der Paderborner „Volksverein" und der „Demokratische Verein Bielefeld" rufen einen neuen, allgemeinen Kongreß nach Münster zum 18. November ein. In der Tat erscheinen in Münster „die

Vertreter von 14 demokratischen Vereinen, 9 Bürgervereinen, 7 Volksvereinen, 10 Volksversammlungen und 8 Gemeinden, dazu noch 20 Vertreter von konstitutionellen Vereinen. Der Antrag des Paderborner Oberlandesgerichtsreferendars von Löher, das Berliner Rumpfparlament als die allein gültige und gesetzliche Vertretung des preußischen Volkes anzuerkennen und in eine allgemeine Steuerverweigerung einzutreten, und ein weiterer Antrag, das Frankfurter Parlament aufzufordern, durch Reichstruppen in Berlin, wo Belagerungszustand herrscht, die Ordnung wiederherstellen zu lassen, werden fast einstimmig zu Beschlüssen erhoben. Löher und der Dortmunder Hermann Becker, wegen seines brandroten Haares der „Rote Becker" genannt, rufen außerdem in flammenden Worten zu Umsturz durch Gewalt auf.

Es ist nicht dazu gekommen. Aufruhr, Empörung, Bürgerkrieg? Diese Teufel an die Wand zu malen, ist zu der Zeit unklug. Der Kongreß verläuft sich. Die Erregung ebbt freilich im ganzen Lande nur langsam ab. Die festgefügte militärische und polizeiliche Macht des Staates ist stark genug, Ansammlungen und Kundgebungen, wo sie in der Folge auftauchen, in Münster, Dortmund und Paderborn, im Keime zu ersticken. Der Sprecher des münsterschen Kongresses, v. Löher, und der münstersche Oberlandesgerichtsdirektor Jodocus Donatus Hubert Temme u. a. werden verhaftet und ins Zuchthaus gebracht.

Rempel entzieht sich der Verhaftung durch die Flucht, stellt sich aber im Jahre darauf dem Schwurgericht in Hamm, das die „Dezember-Gefangenen", die Teilnehmer des münsterschen Kongresses, aburteilen soll. Das „Proletariat", dessen Fahne Rempel sich aus Büchern entliehen hat, steht, soweit es hier im Lande überhaupt schon existiert, den Dingen noch teilnahmslos — oder verständnislos — gegenüber. Auf der Anklagebank in

Hamm sitzen ausnahmslos Angehörige des Bürgertums, Juristen, Offiziere, Beamte, Lehrer, Geistliche und ein Gastwirt, die „Bourgeoisie", die Rempel so wütend bekämpfte.

Schnell wird auch die Hoffnung zunichte, daß eine Klärung der Lage sich anzubahnen scheint, als der König am 5. Dezember 1848 den ihm von Georg Vincke, dem Sohne Ludwig Vinckes, abgerungenen Entschluß bekanntgibt, dem Lande eine konstitutionelle Verfassung zu geben. Die Wahl zu dem neuen Parlament, das die „oktroyierte" Verfassung nicht nur genehmigen, sondern auch „revidieren" soll, bringt zwar den Demokraten beträchtlichen, aber längst nicht den erhofften Gewinn; denn die Beibehaltung des Systems der Wahlmänner und das neu eingeführte Dreiklassenwahlrecht sichern den Begüterten, die, sei es aus Angst, sei es aus Achtung vor dem Gesetz und dem Staat, Revolution und Umsturz ablehnen, alle Vorteile und öffnen überdies einer skrupellos gehandhabten Wahlbeeinflussung durch Landräte, Gutsbesitzer, Fabrikherren, Großbauern und Kirche Tor und Tür.

Die Enttäuschung wird vollständig, als die Frankfurter Entscheidung in der immer noch und von allen Seiten leidenschaftlich diskutierten Frage der Einigung Deutschlands und der Kaiserwahl der Ablehnung des Königs verfällt. Friedrich Wilhelm IV. will die Wahl nicht, wie man damals sagt, aus der Hand eines Georg Vincke, sondern nur von Fürsten entgegennehmen.

Iserlohn

In Süddeutschland und in Sachsen bricht die Revolution aus. Sie droht auf die preußischen Rheinlande und das Bergische Land überzugreifen. Aus Elberfeld gehen

260

Sendlinge in die Grafschaft Mark und schüren zum Aufstand. Die westfälische Landwehr wird mobilisiert und an verschiedenen Orten Westfalens zusammengezogen. Als ruchbar wird, daß sie gegen die badischen Aufständischen eingesetzt werden soll — was, zunächst wenigstens, nicht beabsichtigt gewesen ist —, geschieht das in der preußischen Heeresgeschichte Beispiellose: In Hagen und Iserlohn meutern die Landwehrleute und weigern sich, zur Einkleidung zu gehen. In Iserlohn bemächtigen sie sich unter Teilnahme der Bürgerschaft der Waffenbestände des Zeughauses, richten ultimative Forderungen auf Abzug der anmarschierenden Linientruppen an den kommandierenden General in Münster und verbarrikadieren die Stadt. Die Forderungen werden abgelehnt; beruhigende Zusicherungen aus Münster aber erreichen die Stadt nicht mehr. Am Himmelfahrtstage 1849, dem 17. Mai, rückt ein Bataillon des 24. Infanterieregiments, das an der Niederwerfung des Aufstandes in Dresden beteiligt gewesen war, in die Stadt ein. Es wird mit Schüssen empfangen. Der Kommandeur stürzt tödlich getroffen vom Pferde. Ein Blutbad, mehr als 100 Tote, Männer, Frauen und Kinder, ist die traurige Folge.

1849

Das ist das Ende, ein „Ende ohne Ausgang" (W. Schulte). Vor der letzten Konsequenz, Gewalt gegen Gewalt zu setzen, sind alle, auch die Radikalsten, zurückgeschreckt. Niemals aber sind die offenen, antipreußischen Bekundungen nicht nur der katholischen Kreise, sondern auch weiter Kreise der überzeugten Demokraten so scharf und eindeutig gewesen wie in diesen Jahren.

Eine verzichtende Mutlosigkeit ist das Ergebnis der Jahre 48 und 49 in Westfalen. Tiefer Pessimismus spricht aus den Erinnerungen und Aufzeichnungen eines Hermann Becker, Joh. Hermann Hüffer, Hermann Schauenburg und Friedrich Wilhelm Weber, des Dreizehnlinden-Dichters. Männer wie Waldeck, Ernst von

Bodelschwingh, Georg Vincke, Temme u. a. ziehen sich aus dem politischen Leben zurück. Rempel und Lüning geben sich nicht sogleich zufrieden, verstummen aber, als Reaktion und Zensur ihnen das Wort abschneiden.

Politische Parteien

Das politische Leben in Westfalen verliert an Gesicht; der Zug geht vom Landschaftlichen weg. Die politischen Parteien, die sich aus den bisherigen Gruppen, Gesellschaften, Klubs und Vereinen zu formieren beginnen, bilden sich nicht nach Landschaften, sondern nach politischen Grundsätzen. Aus den katholischen „Pius-Vereinen für Wahrheit, Recht und Freiheit" erwächst das liberal-konservative „Zentrum", aus den Evangelisch-Kirchlichen gehen die „Christlich-Konservativen" hervor, der „Zentralverein der konstitutionellen Vereine für Rheinland und Westfalen" bildet die liberale „Freie Konservative Partei", und die „Deutsche Fortschrittspartei", Teile der Konstitutionellen, schlagen sich zu der „Nationalliberalen Partei". Aus dem „Arbeiterverein" des Altenaer Gerichtssekretärs Wilhelm Tölcke erwächst als Gruppe des Lassalleschen „Allgemeinen Deutschen Arbeitervereins" endlich, von dem Arnsberger Lohgerbersohn Wilhelm Hasenclever, dem bekannten Sozialistenführer Lassallescher Prägung, begründet, in Westfalen die erste Gruppe der „Sozialdemokratischen Arbeiterpartei". Bevor sie alle politisch wirksam werden können, hat es noch gute Weile.

Eisenbahn und Industrie

Unter der preußischen Restauration erstirbt den Westfalen der Wille zu eigenem politischen Handeln. Was ihnen noch bleibt, ihr Provinziallandtag, ist nicht viel mehr als ein Schemen. Dafür stürzen sie sich, als gäbe es nichts anderes mehr zu bedenken, in die Wunderwelt der neuen Techniken und Erfindungen, wohl wissend, daß sie, wie sie nun sind: ein wenig schwerfällig, bedächtig, prüfend und rechnend, den Anschluß verpassen, wenn sie jetzt nicht tätig werden.

Nach einer Bauzeit von wenig mehr als zwei Jahren rollt die Köln-Mindener Eisenbahn von Südwest 1849 nach Nordost durch Westfalen, zwei Jahre später die Bergisch-Märkische Bahn von Elberfeld über Schwelm, Hagen, Witten, Dortmund von West nach Ost, eine dritte Strecke, die staatliche Westfälische Eisenbahn-Gesellschaft in Ost-West-Richtung von Paderborn über Lippstadt, Soest nach Hamm und auch nach Münster. So geht es weiter. Im Ruhrgebiet sind bald mehr Schienenstränge als Straßen.

Nur die Lipper müssen weiterhin auf Schusters Rappen traben oder mit der Postkutsche fahren und die schweren Frachtwagen mit Vorspann und Peitschenknall auf schlechten Straßen über ihre Berge ziehen. Ihr junger Fürst will von dem Neuen nichts wissen. Schlecht beraten, überdies von keinem anderen als dem „wilden" Bismarck bestärkt, macht er die von seinem Vater gegebene liberale 1853 Verfassung wieder rückgängig, ein Schritt, der erstmalig, aber unverkennbar anzeigt, daß sein Land künftighin außerhalb seiner natürlichen und geschichtlichen Verbundenheit mit Westfalen ein eigenes Leben führen will. So schließt es sich selbst aus und „hinkt in allem hinterher" (Kittel), was sich bei den Nachbarn tut. Seine Wirtschaft verkümmert, die Zahl seiner Wanderarbeiter verdoppelt sich in wenigen Jahren auf 8000. Hatten die Lipper die Zeit verschlafen? Ein Spötter könnte fragen, ob die fromme Luise Hensel aus Paderborn sie angesteckt hätte mit ihrem in einer Sammlung von „*Gedichten*" eben erscheinenden „Müde bin ich, geh zur Ruh'"?

Ihren Nachbarn, den Ravensbergern, ist das Glück auch nicht in den Schoß gefallen. Erst nach langen Zweifeln, Überlegungen und Berechnungen entschließen sie sich, die Maschine in die zeitraubende und schwierige Herstellung eines Stückes Leinen einzuspannen. Unter der führenden Initiative des Leinenkaufmanns Hermann Delius wird der gesamte Herstellungsprozeß vom Spinnen bis zum Weben und Bleichen in einer einzigen, leistungs- und wettbewerbsfähigen Werksgruppe konzen-

1854 triert: „Ravensberger Spinnerei", „Bielefelder AG für mechanische Weberei" und „Holländische Bleiche" entspringen einem Grundplan und werden unter starker Beteiligung von auswärtigem Kapital im Laufe eines Jahrzehntes erstellt.

Der Landwirtschaft bringen diese 10 Jahre freilich eine Überraschung. Die Spinnfabriken kaufen den Bauern ihren Flachs nicht mehr ab, weil die Maschine den russischen und belgischen Flachs besser verspinnt. So verschwindet das blau blühende, vom Winde sanft gewellte Flachsfeld aus dem altgewohnten Bilde der Landschaft. Kartoffel, Steckrübe, Zuckerrübe und Runkelrübe, ein vorzügliches Futtermittel und zum Einmieten für den Winter geeignet, machen halb so viel Arbeit und erbringen doppelten Gewinn.

1856 ff. Die Bünder Zigarrenindustrie, die aus der Herstellung von Zigarrenkisten erwachsene Herforder Möbelindustrie und die an den Bielefelder „Leinenfaden" sich anhängenden Nähmaschinen und Maschinenfabriken knüpfen sich an die Namen Tönnies Wellensiek, Nicolaus Dürkopp, Karl Baer, Heinrich Koch und Theodor Calow, alle in ihren Anfängen tüchtige Handwerksgesellen und nicht die dümmsten. Den unternehmerischen Weitblick aber, die Intuition, das Wagnis, das Risiko und die verantwortungsbewußte Sorge für ihre Mitarbeiter bringen sie nicht mit. Aus ihren Werkstätten werden erst Fabriken, wenn der Geldgeber und Unternehmer sich beigesellt und tausend Räder in Gang setzt, die „tausend Räder", die ein „starker Arm" stillegen kann, die aber tausend Arme nicht wieder in Gang bringen, wenn sie stillgelegt sind.

Dies Hineinwachsen in ein Werk gibt es nicht an der Ruhr. Dort wird der Geist des Unternehmertums herausgefordert. Es allein ist imstande, die Rohstoffe Kohle und Eisen, die sich in steigender Fülle anbieten und im bisher üblichen Tagesbau nur geringe Erträge liefern, durch Anlage von Stollen in Mengen herbeizuschaffen, zu verhütten und damit eine großzügige Eisenindustrie und Stahlerzeugung zu entwickeln. Nachdem vollends der preußische Staat in einer Reform des Bergrechtes die Kompetenz seiner Bergbehörden auf das Gesundheits- und Sicherheitswesen im Bergbau beschränkt hat, sind dem freien und lebendigen Wettbewerb die Wege geöffnet (Teuteberg).

In den Dezennien der 40er, 50er und 60er Jahre ist das ganze Gerüst der Ruhrindustrie aus der Erde gewachsen. Um das Bild einer sich überstürzenden, vielschichtigen Entwicklung vor sich zu sehen, braucht es nur der Nennung von ein paar Namen: Jacob Mayer (Erfinder des Stahlformgusses und Gründer der Stahlformgußwerke „Bochumer Verein") und seiner Nachfolger Louis und Fritz Baare, Johann Dietrich Piepenstock (Hörder Bergwerks- und Hüttenverein), Thomas Mulvany aus Irland (Zechen Shamrock in Herne, Erin in Castrop, Bergbaugesellschaft Hibernia in Bochum), Robert Müser (Harpener Bergbau), Friedrich Hammacher (Verein für die bergbaulichen Interessen des Oberbergamtsbezirkes Dortmund, „Langnamverein" genannt), endlich Friedrich Krupp (Bessemer Stahlwerk). 1862

Die Unrast der Zeit macht dennoch halt vor der einen oder anderen Tür. In Brilon waltet Johann Suibert Seibertz als Hüter von Recht und Gesetz. Sein Amt läßt ihm viel Muße. Seine Mitmenschen sind friedlich, kaum einer hat Zeit, Böses zu tun. Johann Suibert vertieft sich in die Geschichte seiner Heimat. Ein *„Urkundenbuch"* für das ehedem kölnische Herzogtum Westfalen, eine *„Landes- und Rechtsgeschichte des Herzogtums Westfalen"*, *„Quellen zur westfälischen Geschichte"*, jeweils 3 Bände, u. a. sind die Frucht seiner Studien, heute wie ehedem begehrt.

Den Wünschen seines zeichnerisch begabten Sohnes Engelbert gibt er nur widerwillig nach: „Vermehre denn die hungrige Zunft der Maler", entläßt er ihn. Aber Engelbert erwirbt sich als Porträtist die Gunst der großen Welt. Der Bayernkönig Ludwig nennt ihn einen „groben Westfalen" (W. Schulte).

Die Zunft der Dichter darf nicht mehr auf Barrikaden singen. Freiligrath, in 20 Jahren Ausland alt und grau geworden, kehrt zurück und wird gefeiert. Jetzt reitet er 1864 die *„Rosse von Gravelotte"*. Rittershaus' *„Westfalenlied"* kommt an und wird gesungen. Der alte Reimeschmied aus Corvey, Hoffmann von Fallersleben, dichtet sein vollmundig überhebliches Lied auf ein neues Deutschland, die Sehnsucht aller damals. In Detmold hält Paulinens Sohn, ein scheuer Sonderling, Konzerte und Theater. Andreas Romberg, wie sein Vater, der münsterische Hofkapellmeister, Virtuose auf verschiedenen Instrumenten, vertont Schillers *„Glocke"* und reist damit von Ort zu Ort. Eigenes Musikschaffen von Bedeutung macht sich sonst nicht bemerkbar. An Fördertürmen und Maschinendenken wollen sich die Künste nicht entzünden. Berge und Städte werden mit Denkmälern verunziert. Die Baukunst findet nicht zu einem eigenen Stil.

Die preußischen Kriege von 1864, 1866 und 1870 ver-
langsamen das Tempo der Entwicklung nur um ein Gerin- 1866
ges. Der „Bruderkrieg" gegen Österreich wird von den
Westfalen abgelehnt. Hermann von Mallinckrodt spricht im
Norddeutschen Bundestag offen aus, Preußen haben den
Krieg zu Unrecht geführt (Behr). Das lippische Bataillon 1867
kämpft an der Seite Preußens in der Mainarmee. Mit der im
Jahre darauf zwischen Lippe und Preußen geschlossenen Militärkonvention geben die Lipper einen nicht
unwichtigen Teil ihrer so lange und hartnäckig gehüteten
Eigenstaatlichkeit auf. Von Torfstechen und Ziegelbrennen leben inzwischen immer mehr Menschen. Ihre Arbeit
wird ein Gewerbe. Auf dem jährlichen „Zieglermarkt" in 1869
Lage vermittelt ein vom Staat bestellter „Ziegelbote" die
Arbeitsstellen, in der Regel für die ganze Zeit von April
bis Oktober.

Der Eindruck der preußischen Siege von 1870 und die
Neugründung des „Reiches" bewirken, daß die Hinwen-
dung der Westfalen zu ihrem Staat den Charakter einer
mit starken Divergenzen belasteten Auseinandersetzung
verliert. Auf beiden Seiten zeigt sich das Bemühen, zu
einer „Vernunftehe" (Koser) zu kommen. In Berlin
hat man eingesehen, daß der Oberpräsident von Flott-
well, dem in Münster einmal die Fensterscheiben einge-
worfen waren, für die Westfalen nicht der passende Mann
gewesen ist. Sein Nachfolger, Franz von Duesberg,
Westfale und überzeugter Katholik, in allen Sätteln
gerecht, bewährt sich in Aufgaben, deren Durchführung
Takt und Geschick erfordern. Von der Gründung der
Zentrumspartei durch den „Soester Kreis" (Mallinckrodt, Hüffer, Hülskamp, Windhorst, v. Schorlemer-Alst
u. a.) hält er sich als hoher Beamter fern. Ob zwischen seinem Rücktritt und der Auflösung der „Abteilung für den

katholischen Kultus" im preußischen Kultusministerium ein Zusammenhang besteht, ist ungewiß. Die Giftwolke, die sich daraus ansammelt, erreicht ihn nicht mehr; sie wälzt sich, wie vor 300 Jahren, wieder auf Münster und das Münsterland. Das übrige Westfalen, ausgenommen Paderborn, wird kaum davon berührt.

Der Kulturkampf

Viel mehr als Bismarcks Kampfansage an den „hochverräterischen" Katholizismus machen an der Ruhr zwei 26jährige von sich reden: Albert Hoesch, Gründer der „Eisen- und Stahlwerke Hoesch" und Emil Kirdorf, nach eben beendeter Lehrzeit schon Direktor der „Gelsenkirchener Bergbau AG". Wer weiß, ob sie und alle, die an der Ruhr an Eisen und Kohle, Maschinen und Geld denken, überhaupt Kenntnis genommen haben von dem, was Bismarck in Berlin für sein Preußen sich ausgedacht hatte: die Mai-Gesetze vom 1. April 1873. Die sollen ein neues Blatt preußischer Geschichte aufschlagen. Als „Kulturkampf" sind sie in die Geschichte eingegangen. Sie entspringen auch politischen Motiven; wenigstens hat Bismarck es später so hingestellt, und so erklärt sich wohl die mehrheitliche Zustimmung des preußischen Landtages. Die Agitation des polnischen Adels und der katholischen Geistlichkeit in den ostpreußischen Grenzgebieten hätten Gegenmaßnahmen verlangt; das Zentrum, meinte er, wollte sich mit außerdeutschen Mächten wie Frankreich, Italien und Österreich, mit den Polen und den Welfen verbinden zugunsten eines Eintritts für die päpstlichen, mit dem „Syllabus" von 1865 erneut erhobenen weltlichen Herrschaftsansprüchen. Die Mai-Gesetze, wie schon der vorhergegangene „Kanzelparagraph" und das „Jesuitengesetz", richten sich zunächst aber einseitig gegen die katholische Kirche und deren Anspruch auf

1871
1873

268

Beherrschung der Schulen und der Erziehung der Jugend in einem — vermeintlich — staatsgefährlichen Sinne. Sie bedrohen Geistliche mit Gefängnis oder Festungshaft, die öffentlich oder in der Ausführung ihres Berufes Angelegenheiten des Staates in einer Weise erörtern, die den Bestand des Staates und der öffentlichen Sicherheit gefährden können.

Während in den übrigen preußischen Provinzen die Durchführung der Mai-Gesetze von den höheren Behörden mit Maßen betrieben wird, ist es in Westfalen, vornehmlich in Münster und im Münsterlande, gerade der oberste Beamte, der den Kampf mit allen Mitteln auf die Spitze treibt und in bedenkenloser Kurzsichtigkeit alles in Frage stellt, was Preußen nach dem Stimmungsumschwung seit der Eingliederung an Sympathien in Westfalen gewonnen hatte. Westfalens Oberpräsident, v. Duesbergs Nachfolger, Friedrich von Kühlwetter, „führte den Kampf mit äußerster Rücksichtslosigkeit, obwohl er Katholik war" (L. Ficker aus eigenem Miterleben).

Zu welch grotesken Situationen der neue Oberpräsident, ein Fanatiker des Autoritätsglaubens, es kommen läßt, zeigt die folgende, von Ficker erzählte Begebenheit: Als einer der ersten wird in Münster der Bischof Johann Bernhard Brinkmann unter Anklage gestellt, weil er geflissentlich unterläßt, die in ein Amt einzusetzenden Geistlichen dem Oberpräsidenten zu benennen, wie das neue Gesetz es fordert. Er wird zu hoher Geldstrafe verurteilt, erklärt aber, daß er als Geistlicher kein Vermögen besitze, und läßt sich pfänden. Sein gesamtes Mobiliar, seine Kutsche und seine Milchkuh verfallen der Versteigerung. In ganz Münster aber findet sich niemand bereit, die gepfändeten Gegenstände zum Versteigerungslokal zu transportieren. Aus Tecklenburg müssen protestantische Arbeitsmänner unter polizeilicher Bedeckung nach

Münster geholt und mit ihrer Hilfe der Transport durchgeführt werden. Zum Versteigerungstermin erscheint eine stattliche Menge Menschen; aber nur einer, ein begüterter münsterscher Kaufmann, gibt für das jeweils aufgerufene Stück ein Gebot. Für die mit 50 Talern ausgesetzte Kuh bietet er 100 Taler, für den mit 500 Talern ausgesetzten Wagen 770 Taler und so fort. Er erhält jedesmal den Zuschlag und legt das Geld auf den Tisch, bis die Strafsumme samt Kosten gedeckt ist. „Zum Rücktransport der Möbel bedurfte es keiner Tecklenburger. Die Volksmenge bemächtigte sich derselben und führte sie im Triumph in das bischöfliche Palais zurück" (Ficker).

Bei dieser Gelegenheit und in ähnlichen Fällen wird das in Münster garnisorierende Militär zum Eingreifen bereitgehalten. Der Bischof bleibt weiterhin das Ziel der Verfolgungen. Er wird schließlich zu Gefängnis verurteilt und flieht, wie der ebenfalls unter Anklage gestellte und verurteilte Bischof von Paderborn, ins Ausland.

Wenn es um diese Zeit in Münster noch einen Rest von 1878, Preußensympathie gegeben haben soll, mag das Soziali-
Okt. 1 stengesetz Bismarcks ihr den letzten Boden entzogen

Zeitgenössische Karikatur aus dem „Kladderadatsch".

haben. Die 48er Bewegung hatte Münster ziemlich gleichgültig gelassen; inzwischen war immerhin eine sozialistische Tageszeitung erschienen und wird gelesen: die *Westfälische Freie Presse*. Mit dem Erlaß des Sozialistengesetzes wird sie verboten.

Der „*Westfälische Verein für Literatur*" hingegen, den die Brüder Julius und Heinrich Hart in Münster ins Leben rufen und der dem hochmodernen, verdächtigen Naturalismus zuneigt, erscheint den Preußen nicht gefährlich, auch nicht der befreundete „fahrende Scholar" Peter Hille und seine kreuz und quer bekritzelten Zettel in seinen Manteltaschen, erst recht nicht die verspätet romantischen Schwärmereien des „*Dreizehnlinden*"-Dichters Friedrich Weber, des „*Singschwan*"-Dichters 1882 Ludwig Brill und die historisierenden Versepen jener Jahre. Sie werden von den gefühlskühlen Westfalen, die einst für Klopstock geschwärmt haben, wieder mit Begeisterung gelesen.

Das „kühlwettersche Regiment" in Münster ist nachgerade ein Tagesgespräch in Deutschland geworden. Da Kühlwetter sich durch seine Schroffheit mißliebig macht, legen sich die westfälischen Abgeordneten von Heeremann, von Schorlemer und Ludwig Windhorst ins Mittel und verlangen seine Abberufung. „Will der Herr Minister die Sache, solange der Kulturkampf dauert, in Westfalen auf eine andere Basis bringen, so kann ich ihm nur empfehlen, dem Herrn Oberpräsidenten von Westfalen Muße zu gewähren, seine Memoiren zu schreiben", ruft Windhorst im Abgeordnetenhause, und Miquel, der spätere Finanzminister, fügt hinzu, daß der Kulturkampf in Westfalen auf Dinge ausgedehnt werde, „wo er nichts zu suchen hat". — Kühlwetter wird auf das Krankenbett geworfen und stirbt.

Sein Nachfolger, der bisherige Regierungspräsident von Düsseldorf, R o b e r t   v o n   H a g e m e i s t e r, ist ein Mann der Konzilianz und sein Streben „von vornherein darauf gerichtet, versöhnend zu wirken" (Ficker). Auch in Berlin setzt sich die Überzeugung von der Unhaltbarkeit der eingerissenen Zustände durch, nicht zuletzt auf Betreiben der Kaiserin Augusta. „Wir machen uns durch unsere Kirchenpolitik Rom gegenüber vor Europa lächerlich", schreibt sie.

Der aussichtslose Kampf wird endlich abgebrochen, die kirchenfeindlichen Erlasse und Gesetze werden Schritt für Schritt zurückgenommen. Bischof Johann Brinkmann kehrt nach siebenjähriger Verbannung zurück.

Da die Regierung in der Frage der S c h u l a u f s i c h t wenigstens einiges erreicht hatte, konnte Bismarck später es sich nicht versagen, wie Memoirenschreiber, Chronisten, Annalisten und Bulletinisten es gern tun, den Mißerfolg in einen Erfolg umzudeuten. Die Ereignisse in Westfalen hat

Zeitgenössische Karikatur aus dem „Kladderadatsch".

er mit keinem Wort berührt, wie er auch die Verantwortung für die Mai-Gesetze ihrem Redaktor, dem Kultusminister F a l k, aufbürdete. Ihre häufig brutale Durchführung

272

gegen die hohe Geistlichkeit im besonderen, von der er erst im Laufe der Ereignisse Kenntnis erhalten haben wollte, legte er dem Ungeschick preußischer Gendarmen zur Last, „die mit Sporen und Schleppsäbeln hinter gewandten und leichtfüßigen Priestern durch Hintertüren und Schlafzimmer nachjagten" (Gedanken und Erinnerungen II, 24). – Falk selbst bekannte später, „die ungeheure Gewalt der katholischen Kirche über die Herzen der Menschen unterschätzt und gegenüber diesen Imponderabilien der brutalen Macht des Staates eine siegreiche Überlegenheit beigemessen zu haben, die sie nicht hatte und nicht haben konnte".

Als der Kulturkampf im Abflauen ist, lädt die Stadt Münster den Kaiser, der sich bei den Herbstmanövern am Rhein befindet, zu einem Besuch ein. Die ehrwürdige Gestalt des Monarchen beeindruckt die Münsterer. An der kaiserlichen Tafel sitzt der eben zurückgekehrte Bischof Johann Brinkmann. Bismarck, für den ein Quartier gemacht war, ist nicht erschienen; vom Kulturkampf wird nicht gesprochen. Eine vom münsterschen Adel unter Führung des Herzogs von Croy beabsichtigte, darauf zielende mündliche Vorstellung unterbleibt auf einen Wink des Hofmarschallamtes. Eine münstersche Tageszeitung läßt es sich aber nicht nehmen, am Tage darauf den Finger auf diese noch nicht geschlossene Wunde zu legen.

Zwei Männer, beide in Münster und weit über Münster hinaus bekannt, haben in diesen Jahren dem Glauben ihrer streng katholischen Familien abgesagt: der bedeutende Zoologe, humorvolle Schriftsteller und Spaßvogel Hermann Landois und der Schriftsteller Levin Schücking. Landois war Priester gewesen; die frühzeitig als falsch erkannte Wahl und Aufgabe dieses Berufes sollen ihn zeit seines Lebens bedrückt haben (Wilh. Schulte). Schücking, ehedem Redakteur der Kölnischen Zeitung, hatte sich aus dem politischen Leben zurückgezogen, betätigte sich nur noch als Schriftsteller und war in seiner Zeit der meistgelesene Romanautor Deutschlands. Ob ihre Abkehr von der Kirche mit dem Kulturkampf etwas zu tun gehabt hat, ist ungewiß.

Industrie und Verwaltung, Staat und Gesellschaft

Münsters wirtschaftliche Entwicklung, gehemmt schon durch die wechselnden politischen Eingriffe, die seit Anfang des Jahrhunderts sich einander ablösten, stagniert nach den neuen Belastungen weiterhin. Die Hauptstadt der Provinz darf zusehen, wie aus neuen Walzwerken in Bochum und Essen, aus ganzen „Walzstraßen", Eisen- und Stahlbleche für den Schiffbau nach England geliefert werden, die ersten Exporte deutscher Industrieprodukte. — Die Bielefelder Industrie stellt Zentrifugen her, Registrierkassen, Geldschränke, jährlich 15 000
1885 Nähmaschinen und eröffnet mit dem Bau von Fahrrädern, mit den haushaltgerecht abgepackten Backpulver (Oetker), mit Seide (Delius) und Wäsche (Kisker) weitreichende Industrien. Harkorts „Mechanische Werk-
1887 statt", nach mehreren Fusionen zur „Märkischen Maschinenbau AG" gewachsen, baut für den Hamburger Hafen einen Riesenkran für 150 Tonnen.

Die überwältigende Entwicklung der Industrie in Westfalen ist begünstigt durch die „Provinz Westfalen", den endlich Wirklichkeit gewordenen, einheitlichen politischen Verband des westfälischen, genauer gesagt des restwestfälischen Raumes innerhalb eines größeren Staatswesens. Der preußische Staat kommt darüber zu der Einsicht, daß seine neue Provinz nicht länger die „neue" Provinz bleiben kann und gibt ihr, was seine alten Provinzen schon lange, eine nach der anderen, erhalten haben: die Provinzialordnung. Sie beschränkt die Ausübung der Staatsgewalt, d. h. das Amt des Oberpräsidenten, auf die Gesetzgebung, soweit sie die Provinz allein betrifft, auf das Gerichtswesen und die Polizei, behält ihm aber ein Aufsichtsrecht über die gesamte Verwaltung und das Recht der Einsichtnahme aller Akten vor und ordnet ihm in diesem Sinne die Regierungspräsidenten und Landräte unter. Die übrige Verwaltung aber, d. h. der gesamte Komplex der kommunalpolitischen Angelegenheiten im weitesten Sinne, wird dem Provinziallandtag übertragen. Dieser ist nicht mehr eine Vertretung der Stände (Adel, Geistlichkeit, Städte). Seine Mitglieder werden von den kommunalen Behörden und Gremien (Kreistag, Magistrat, Amt, Gemeinderat) gewählt. Der Provinziallandtag wird einberufen, sooft die Geschäfte es erfordern, wenigstens alle zwei Jahre einmal und jeweils für 14 Tage. Der Oberpräsident eröffnet ihn. Er kann die Beschlüsse des Landtages mit aufschiebender Wirkung beanstanden. Geschieht es, steht dem Landtag die Verwaltungsklage offen.

Der Landtag wählt zur Vorbereitung seiner Beschlüsse aus seinen Mitgliedern und Nichtmitgliedern, soweit sie qualifiziert erscheinen und das passive Wahlrecht zum Landtag besitzen, den Provinzialausschuß für die Dauer von jeweils sechs Jahren. Für die Durchführung der Beschlüsse wird eine neue Behörde, der Provinzialverband, als Körperschaft des öffentlichen Rechtes geschaffen. Die in ihm Tätigen erhalten Beamtencharakter. Die oberen Beamten werden vom Provinziallandtag gewählt; der leitende Beamte mit dem Titel „Landesdirektor" wird dem Oberpräsidenten unterstellt.

Der Provinzialverband wird damit zu einem großangelegten Organ der öffentlichen Selbstverwaltung und geht weit hinaus über die Bereiche von Selbstverwaltungen, wie sie in den 40er Jahren den Städten, Gemeinden und Kreisen gegeben waren. Ein großer Beamtenapparat ist nötig, um den wachsenden Kreis der Aufgaben zu bewältigen: soziale Fürsorge, Krankenhäuser, Armenpflege, Wohnungsbau und Siedlungswesen, Straßenbau, Kanäle, Klein- und Nebenbahnen, Denkmalpflege, Heimatpflege, Museen, wissenschaftliche Institute und Kommissionen für Geschichte, Volkskunde u. a. Zur Finanzierung des Riesenprogrammes gibt die preußische Regierung der Provinz jährlich eine Dotation von einigen Millionen Talern.

Die provinzielle Selbstverwaltung gibt dem Bürger die Möglichkeit, an weitesten Bereichen und Erfordernissen des öffentlichen Lebens „gestaltend und verantwortlich mitzuwirken, während bisher das bürokratische Element des vornehmlich evangelischen preußischen Beamtentums, dem man in den katholischen Gegenden Westfalens häufig skeptisch gegenüberstand, nach zentralistischen Gesichtspunkten die Entscheidungen traf" (Soll).

1887   Von den 88 Abgeordneten des Provinziallandtages sind bereits 11 Fabrikanten, Kaufleute und Bankiers. In den 90er Jahren verdoppeln sich diese Zahlen; die Wirtschaft dringt energisch in die Regelung der öffentlichen Angelegenheiten ein. Männer wie Hugo Stinnes und Emil Kirdorf, Gründer großer Konzerne und des Kohlensyndikates, sprechen in allen Amtsstuben vernehmlich oder „zwischen den Zeilen" ein Wort mit.

Die Entwicklung an der Ruhr hat zur Folge, daß sich die Einwohnerzahl des Regierungsbezirkes Arnsberg durch den Zuzug ausländischer Arbeiter, vornehmlich von Polen, gegen die Zahl vom Jahre 1818 vervierfacht.

1889   In dem großen Bergarbeiterstreik sind sie, mehr als die Einheimischen, die Antreiber. Der Streik muß von der bewaffneten Macht des Staates niedergeschlagen werden; dabei gibt es sieben Tote und eine Anzahl Verletzter. Eine

276

Abordnung der Bergleute, die eine Audienz beim Kaiser erwirkt hat, um ihm die Nöte der Bergleute vorzutragen, wird von dem jungen Herrscher in brüsker Form abgekanzelt. Der neue „Staatsfeind", die Sozialdemokratie, die an der Ruhr bisher nur geringe Anziehungskraft hatte, gewinnt jetzt großen Zulauf. Allein im Wahlkreis Dortmund-Hörde erhöht sie sich bei der Reichstagswahl auf das Achtfache. 100 000 Bergleute haben an dem Streik teilgenommen; die wenigsten von ihnen waren bereits gewerkschaftlich organisiert. Als sich daher nach Aufhebung des Sozialistengesetzes von 1878 die Sozialdemokratische Partei des Ausbaus der freien Gewerkschaften mit Nachdruck annimmt, ist der Erfolg gesichert, zumal die Gewerkschaften in dem Bünder-Herforder „Zigarrenarbeiterverband", einer Untergruppe des Fritzeschen „Allgemeinen deutschen Zigarrenarbeiterverbandes", und in den ravensbergischen „Arbeitervereinen" Vorläufer in Westfalen haben.

Die Auseinandersetzung der Staatsgewalt mit den heraufwachsenden Mächten bleibt auf einen Kampf der Redner und der Federn beschränkt. Die Provinzialverwaltung, die Selbstverwaltung, drängt vorwärts und will ihr „Selbst" weiterentwickeln. Der bisher „Landesdirektor" genannte oberste Beamte des Provinzialverbandes wird zum „Landeshauptmann" erhoben; er bleibt nicht mehr dem Oberpräsidenten unterstellt, sondern wird ihm nebengeordnet.

Lippe im Thronstreit

Ganz andere Sorgen hat man in Lippe. Ein Thronfolgestreit erschüttert die Gemüter. Die Lippe-Biesterfelder, eine Nebenlinie des regierenden Hauses zur Lippe, bestreiten ein Geheimabkommen des kinderlosen Fürsten Woldemar, des Enkels der Fürstin Pauline. Er hatte sei-

1895

nen Verwandten, den Prinzen Adolf zu Schaumburg-Lippe, Schwager Kaiser Wilhelms II., zu seinem Nachfolger bestimmt. Die Biesterfelder fechten die Rechtmäßigkeit des Abkommens an, weil es ohne Kenntnis und Mitwirkung des lippischen Landtages geschlossen war, und beanspruchen den Vorrang ihrer Erb- und Nachfolgerechte. Wiederholt greift der Kaiser in seiner ungeschickten Weise für seinen Schwager ein. Der lippische Landtag verbittet sich jede Einmischung, besteht auf gerichtliche Entscheidung und kommt damit durch. Leopold zur Lippe-Biesterfeld hält als Fürst zur Lippe einen triumphalen Einzug in Detmold.

Sein „Volk" triumphiert weniger. 14 000 Ziegelbäcker — bis vor wenigen Jahren waren es nur 10 000 — müssen im Ausland ihr Brot verdienen. Auch der lippische Bauer ist nicht auf Rosen gebettet. Er mäht sein Getreide noch mit der Sichel, drischt mit dem Flegel und läßt sein Pferd den Göpel drehen. Mähmaschine, Dreschmaschine, Zentrifuge und ähnliches Maschinenwerk, wie es in den Nachbarländern schon in Gebrauch ist, kann er sich nicht
1898 leisten, vor Elektrizität hat er Angst. Das große RWE (Rheinisch-Westfälisches Elektrizitätswerk), eine Gründung Stinnes', zieht seine Drähte an Lippe vorbei. — Tief im Lippischen Walde entspringt ein Bächlein, die Ems. Der große Kanal, der sie mit der Lippe und mit der Kohle von Ruhr und Emscher verbindet, der nach langen Mühen und Querelen endlich fertig gewordene Dortmund-
1899 Ems-Kanal, erreicht die Ems erst in ihrem Mittellauf.

Dem RWE und ähnlichen neuen Großunternehmungen der Energieversorgung, z. B. dem EMR (Elektrizitätswerk Minden-Ravensberg), verschließen sich vielfach auch die Städte. Sie wollen ihre eigenen, mit großen Kosten erstellten Elektrizitätswerke, wie auch Gasanstal-

278

ten und Wasserleitungen, behalten. Das führt zu mancherlei Schwierigkeiten. In größeren wirtschaftlichen Zusammenhängen denken lernt man nicht von heute auf morgen.

Krupp

Die Entwicklung der Industrie um die Jahrhundertwende verkörpert der Name K r u p p .

Friedrich Alfred, einziger Sohn Alfred Krupps († 1887), der „Kanonenkönig", genialer Erfinder und Unternehmer, übernimmt ein väterliches Erbe von Fabriken und 21 000 Beschäftigte, erwirbt die Germania-Werft in Kiel, das Gruson-Werk in Magdeburg. Das Unternehmen wird damit über seinen westfälischen Rahmen hinausgeführt und in die hohe Politik eingespannt. Nach seinem Tode geht die Leitung an seine Tochter B e r t h a und deren Ehemann G u s t a v Krupp von Bohlen und H a l b a c h . Das Werk wird in eine Familien-AG mit einem Kapital von 160 Millionen Mark umgewandelt.

Essen und die Ruhr sind nicht mehr Westfalen, sind „R e v i e r ", „Kohlenpott". Ein eigener Menschenschlag wächst hier heran: „Kumpel Anton" mit seinem originellen Sprachgemisch aus Hochdeutsch, Platt und Polnisch, mit Taubenverein und Bergmannskuh. Für ihn sind „Grafschaft Mark, Herzogtum Westfalen und Vest Recklinghausen" nicht einmal „historische Begriffe" (Behr).

„ Wer sind sie, diese Westfalen?"

Das Neue wird stärker als das Alte; es verdrängt es und schiebt es beiseite. Die Geschichte bricht immer einmal ab. „Wir tun so, als sei sie noch aus einem Stück; aber in Wahrheit ist sie's nicht" (Golo Mann). Daß die Westfalen des Mittelalters es nicht zu einer staatlichen Form gebracht hat-

ten, entsprach ihrem Wesen; die „Provinz" ist nicht ihre
1900 Schöpfung. Die Westfalen von 1900 sind schon nicht
mehr die von 1800. Jeder Versuch, einem Osnabrücker,
Bentheimer, Emsländer, Südoldenburger, Diepholzer,
Hoyaer, Schaumburger einzureden, er sei eigentlich und
von Rechts wegen ein Westfale, stößt auf absolutes
Unverständnis. Oldenburg, Waldeck, Lippe und Schaumburg sonnen sich noch in ihrer Fürstenherrlichkeit, verleihen Titel und Orden und leben ihr Gottesgnadentum weiter, möglichst fern von Verfassung, Volk und Staat. Man
hört gern das Dröhnen der eisenbeschlagenen Soldaten-
stiefel auf den Pflastern der Residenz und das feine Spo-
rengeklingel der Offiziere. Der Offizier beansprucht –
und erreicht – für seinen militärischen Eid und seinen
Ehrenkodex, über alle Stände der bürgerlichen Gesellschaft erhoben zu werden. Bei Hofempfängen hat der
jüngste Leutnant den Vortritt vor dem ältesten Universitätsprofessor.

Die „Welt der blanken Säbel, in der Etwasgelten und
Gefürchtetwerden eine und dieselbe Sache waren" (Golo
Mann), kommt mit der Jahrhundertwende auf die West-
falen zu und wirft auf alles ihren gleisnerischen Schein.
Kein Unteroffizier tritt aus der Front ohne den aufge-
zwirbelten Schnurrbart des allerhöchsten Kriegsherrn. In
Gruppenbildern von Fabrikarbeitern beherrscht der „Es-
ist-erreicht" die Gesichter.

Der Westfale sei kein homo politicus, hat man oft
gehört. Ist er zu gerade dafür, zu grob, ein wenig langsam? Es hat eine „Bayernpartei" gegeben, eine „Welfen-
partei"; eine „Westfalenpartei" hat es nie gegeben. Man
kann ein hundertprozentiger Westfale sein, „westfälische
Geschichte" kann man nicht mehr machen, und wenn
man ein Bismarck wäre.

Den um 1900 Geborenen, soweit sie noch leben, bleibt
diese Zeit, die großartige „Kaiserzeit", „Deutschland

280

über alles", von einem gewissen Nymbus umfangen.
Schulen, von der Volksschule bis zur Universität, Kirche
und Presse sorgen, daß der Bürger nur die Glanzseiten
seines Daseins sieht. Er nimmt sie mit Behagen entgegen.
Die Männer bärtig und breitschultrig, wohlbeleibt und
überernährt; korsettgeschnürte Frauen lassen lange Klei-
der auf der Erde schleppen und balancieren phantastische
Hutgebäude. Wohlhabenheit macht sich breit und zeigt
sich gern. Geld- und Preisschwankungen gibt es nicht. Ein
Brief kostet seit eh und je 10 Pfennig Porto, und das wird
er in aller Ewigkeit kosten.

Westfalen ist jetzt Münster, die Hauptstadt, die „vor-
nehmste Stadt Deutschlands" (Ric. Huch). Ihre Theolo-
genschule wird volle Universität. Breitkrempig behutete
Professoren, Franz Jostes, Germanist, Trachten- und
Volkskundler, u. a. schreiten einher. Studenten in Mütze
und Band flanieren auf den Straßen. Hochgebaut und
backsteingemauert, wie ein kaiserliches Postamt, aber
unansehnlich, geheimnisumwittert, schiebt sich ein Staatsarchiv in eine der neuen Häuserzeilen vor dem alten
Stadtwall. Ein repräsentables Portal für ein- und auslau-
fende Menschenströme gibt es nicht, nur eine kleine,
schmale Tür. Du mußt dreimal schellen, deinen Namen in
ein Buch schreiben, wer und was du bist und mußt schrift-
lich deklarieren, was du in diesen Hallen und Gewölben,
unter Bergen von Akten und Pergamenten zu finden
hoffst, bevor du Einlaß erhältst zu den Staatsgeheimnis-
sen, Kriegserklärungen und Friedensbeteuerungen von
Bischöfen, Grafen und Herren, Kaisern und Königen,
Präsidenten und Geheimen Räten. Viel Geistlichkeit sieht
man in der Stadt, freundliche, lebhafte Herren, nicht jene
Wächter des Fegefeuers, die in Dörfern die Menschen in
Zucht und Ordnung halten. Nonnen aller Orden eilen
geschäftig her und hin. Immer ein wenig zurückgezogen,
von der Straße abgerückt, sind die „Höfe" des Adels. In

den Läden unter den Bögen des Prinzipalmarktes wird erlesene Eleganz geboten. Bei Schuchan trifft man sich zum Kaffee, bei Pinkus Müller hinter Überwasser gibt es die „Töttchen".

Die Stadt kann nicht verleugnen, daß sie eine fürstliche Residenz gewesen ist. Ein Bischof residiert hier nach wie vor, Oberpräsident und Regierungspräsident regieren, ein General kommandiert, der Landtag parlamentiert. Kein rauchender Schlot stakelt in den Himmel. Was ist Dortmund dagegen? Ein aufgeschreckter Ameisenhaufen. Paderborn? Verschlafen, verängstigt immer noch. Soest, wie Lemgo, die ganze Stadt ein Museum. In Hamm, Bielefeld und Rheine sitzen sie hinter ihren Hauptbüchern und rechnen. Minden? Sein Bischof wurde vor Jahrhunderten aus der Stadt geekelt; jetzt gibt es in Minden nur Soldaten und Beamte. Detmold allein, die „wunderschöne Stadt", hat das Flair einer fürstlichen Residenz bewahrt. Lakaien und Hofchargen katzbuckeln vor Toren und Türen. Minister und Geheime Kammer- und Kanzleiräte tragen ihre Würde durch die Straßen. Serenissimus ist das Gespräch in guten Stuben und Damenkränzchen. Es gibt ein Hoftheater, man geht in die Oper, man begrüßt sich in der Pause, distinguiert, vornehm.

Als „vornehm" zu gelten, zu den „vornehmen Leuten", den Akademikern, Fabrikanten und besseren Kaufleuten gerechnet zu werden, ist das Wunschziel dieser Zeit. Dem Handwerker und kleinen Geschäftsmann sind die Pforten zu dieser Welt verschlossen. Dafür hat er seinen Gesangverein und sein geliebtes, soldatenspielerisches Schützenfest. Da bleiben „die anderen" draußen. Gewiß ist der Strom, der die beiden trennt, nicht so breit, daß er — gelegentlich — nicht auch übersprungen werden könnte; man bemüht sich sogar um Brückenschläge, selbst auf die Gefahr hin, dabei an das Komische zu grenzen. Ein neuer „Stand" ist nämlich aufgestanden, der Bauer. Aus seiner langen Gleichstellung mit dem lieben Vieh endlich erlöst, erscheint er nun an allen Tischen und ist überall willkommen. Er hat seinen Reitklub und veranstaltet Pferderennen. Offiziere benachbarter Garnisonen erscheinen dazu mit ihren edlen Pferden. Zu Konkurrenzen zwischen Offizier und Bauer kommt es natürlich nicht. Diese Schranke ist noch geschlossen. Bei der Preisverteilung aber und der festlichen Schlußfeier fraternisieren die schneidigen jungen Herrn, sogar die von Adel, gern mit rotbäckigen Bauernsöhnen. In Strömen fließt der schäumige Sekt.

Zwischen diesen Ersten, Zweiten und Dritten, neben und unter ihnen, lebt der vierte Typus Mensch, der Arbeiter. Industrie, Fabrik, Hochofen und Bergwerk haben ihn als Masse geformt und lassen ihn sich selbst als die neue Klasse empfinden. Er sondert sich bewußt ab, hat seine eigenen Heime, Lokale, Gesangvereine, Musik- und Theatervereine, sogar, merkwürdigerweise, seinen eigenen Schützenverein. Dessen Festmarsch durchs Städtchen geht ein pickelhaubiger Polizist mit grimmigem Gesicht und umgeschnalltem Säbel voraus. Berührungen der einen mit der anderen Seite gibt es nicht und werden nicht gesucht. Nur in strenger Absonderung und Festlegung auf eine Ideologie glaubt der Arbeiter seinem Ziele näherkommen zu können, an dem Ertrag der Arbeit seiner Hände angemessen beteiligt zu werden.

Niemandem entgehen die ungeahnten sozialen Spannungen, die das gesamte Gesellschaftsgefüge dieser Zeit unterschwelen. Die überhastete Entwicklung der Industrie, übermäßige Inanspruchnahme ihrer führenden Köpfe, das verführerische Wissen um die Macht des Geldes, nicht zuletzt auch die Gefährdung des eigenen Standestatus stehen Erörterungen dieses Grundproblems auf breiterer, beiderseitiger Basis entgegen. Von einem

Manne wie Hugo Stinnes kann man nicht erwarten, daß er, im Aufbau eines Riesenwerkes, sich nebenher noch um die Lösung der sozialen Frage bemühe. In dem Maße, wie sein Konzern von „1535 Unternehmungen mit 2828 Betriebsstätten" (Frantz) nur noch den Boden der Westfalen berührt, rückt auch die Komplexität der sozialen Frage von den Westfalen ab zu einer deutschen, europäischen und weltumspannenden Frage. Der Westfale wäre nicht Westfale, hätte er sich nicht an ihrer Lösung beteiligt. Seine Stadtrechte und Kaufmannsrechte, Zunft-, Feldmark- und Leggeordnungen haben einmal europäische Bedeutung gehabt und sind eifrigst nachgeahmt worden. Eine Lösung der Probleme aber, die die Jahrzehnte von 1890 bis 1918 aufwerfen und hinterlassen, haben die Westfalen — und haben andere — nicht gefunden.

Die politische Lawine, die jetzt über Europa hinrollt, überdeckt die heimischen Interna. Auf der Suche nach einer Lösung der aus Machtwille, Eifersucht, Mißtrauen und Mißverständnis heraufbeschworenen europäischen Krise spielen die Beteiligten so lange mit der Ultima ratio „Krieg", bis sie sich hineingeschlittert sehen. Gewollt hat wohl keiner diesen unsinnigsten aller Kriege. Die Generäle auf allen Seiten haben großartige Strategien entwikkelt; keiner von ihnen hat eine genügende Vorstellung gehabt von der Waffenwirkung, die er entfesselt.

Der Weltkrieg ruft die Westfalen „unter die Fahnen". Sie bewähren sich in der Verteidigung; beim Angriff, hat man gesagt, seien sie ein wenig langsam. Mag sein; in der Hölle von Verdun erstürmen sie Fort Vaux. Sie haben in diesem Kriege nicht mehr und nicht weniger Opfer gebracht als die anderen. Anzumerken ist, daß die Mengen an Waffen, Eisen und Stahl zum größeren Teil von den Werkstätten an der Ruhr geliefert werden. Das ist in früheren Kriegen schon ähnlich gewesen. Aber an der Ruhr leben jetzt mehr Nichtwestfalen als Westfalen.

In diesem Kriege von den Heeresberichten nur gelegent- 1918
lich Genannte, die Lipper und ihr kleines Land, werden
mit dem Kriegsende schnell und einfach fertig. Der Vor-
stand des Detmolder, nach Muster der Nachbarn gebildeten „Volks- und Soldatenrates", Clemens Becker,
Heinrich Drake und Max Staercke, alle drei nicht
Soldaten, erklärt: „Die vollziehende Macht in Lippe ruht
bei dem Volks- und Soldatenrat Detmold; die Landesregierung folgt seinen Weisungen." Fürst Leopold IV.
dankt ab; der lippische Landtag beschließt eine neue
Verfassung: Ein dreiköpfiges „Landespräsidium"
(Becker, Drake, Neumann-Hofer) übernimmt alle
Gewalt im Staate. – Damit hat es sich. „Revolution"
hatte man schon 1848 in Lippe nicht gemacht.

Das „Landespräsidium" ist ein „verfassungsgeschichtli-
ches Unikum" (Kittel). Jeder der drei Landesväter ist
zugleich Staatsoberhaupt, Ministerpräsident und Minister.
Führender Kopf und unernannter „Präsident" des „Präsi-
diums" wird Heinrich Drake.

Als Sohn eines Lemgoer Schuhmachers 1881 geboren,
erwirbt er durch Selbstschulung und als Lehrling in der
Buchhandlung, in der Druckerei und im Zeitungsverlag
der Firma Wagener, Lemgo, Kenntnisse, wird Journalist,
Stenograph, schließlich Redakteur der bei Wagener
erscheinenden *„Lippischen Post"*. Nur garnisondienstfähig,
wird er im Ersten Weltkriege in der Verwaltung beschäftigt.
Als Vorsitzender des Dreimännerkollegiums, das weiterhin
Lippe regiert, erhält er 1932 den Titel „Präsident der Landesregierung".

In der Weimarer Republik

Die Provinz Westfalen überdauert, wie die übrigen
preußischen Provinzen, das Königreich, das „alte" Preu- 1919

285

ßen, und wird in der Weimarer Republik, wie sie, zu einer Art „Reichsprovinz" (Bühler). Die Einführung des gleichen, geheimen und direkten Wahlrechtes gibt dem Provinziallandtag endlich den Charakter einer echten Volksvertretung. Entsprechend werden die Befugnisse des Provinzialausschusses erweitert. Er wirkt künftighin mit bei der Ernennung des Oberpräsidenten, der Regierungspräsidenten, der Vorsitzenden des Provinzialschulkollegiums und des Landeskulturamtes.

Weltverbesserer, die bei Gelegenheiten wie dem katastrophalen Ausgang des Weltkrieges ins Kraut zu schießen pflegen, fürchten wieder Angriffe auf Kirche und Schule und propagieren eine Bewegung „Los von Berlin!".

Carl Severing, Ruhraufstand, Besetzung

Andere wünschen sich eine eigene „Rheinisch-westfälische Republik". Sie werden als separatistisch verschrien. Vor den täglich bedrohender werdenden Unruhen der Massen unzufriedener und hungernder Bergleute verschwinden sie wieder aus den Spalten sensationslüsterner Zeitungen. Um der Lage Herr zu bleiben, schickt die Berliner Regierung den wegen seiner Tatkraft und besonnenen Festigkeit geschätzten und in schwierigen Verhandlungen bewährten Westfalen Carl Severing als „Reichs- und Staatskommissar" mit weitgehenden Vollmachten nach Westfalen.

Carl Severing war 1875 in Herford geboren, begann als Schlosserlehrling und wurde 1901 Gewerkschaftsfunktionär, war von 1907 bis 1912 Mitglied des Reichstages und 1919 Mitglied der Nationalregierung, „ein kleiner, unscheinbarer, schweigsamer Mann mit den Händen eines Arbeiters, der Stirn eines Gelehrten, den Augen eines Gläubigen" (Vossische Zeitung).

Die Bewegung im Ruhrgebiet trägt im Anfang, für Westfalen bezeichnend und im Vergleich mit den gleichzeitigen Bewegungen in Berlin und Mitteldeutschland, ein gemäßigtes Gesicht. Die „Programmatische Kundgebung der rheinisch-westfälischen Bergarbeiter- und Soldatenräte an die Bevölkerung des Ruhrgebietes" liest sich wie eine populäre Erläuterung eines nationalökonomischen Problems: die Sozialisierung des Kohlenbergbaues über ein kompliziertes System von Vertrauensräten, Revierräten, Zentralräten, beaufsichtigenden Räten und Volkskommissaren. Sie zeigt die drei sozialistischen Parteien noch in gemeinsamem Handeln und hält sich fern von den üblichen, rechts und links gleich beliebten Schimpfworten „Halunke", „Gesindel", „Verbrecher", „Mörder", „Blutsauger", „Schlotbaron", „Offiziersmeute", „Sklavenpeitsche", „nieder!", „hoch!" usw.

Als bekannt wird, daß auch Industrielle zu den Sozialisierungsausschüssen zugezogen werden, empfindet man das als einen Verrat an der Republik. Die Bewegung schwenkt spontan um in das Lager einer kommunistischen Revolution. Die Massen setzen sich in den Besitz der aus dem Kriege vorhandenen Vorräte an leichten und schweren Waffen mitsamt Munition und formieren sich zu militärischen Verbänden. Gegen sie entsandte Freikorps und örtliche Bürgerwehren werden überwältigt und größtenteils entwaffnet. Die Kämpfe arten vielfach in Roheiten aus und bringen beiden Teilen, besonders im Kampf um den Essener Wasserturm, blutige Verluste.

Das Arbeiterheer, angeblich 50 000 Mann oder mehr, bringt die Städte Dortmund, Hagen und Essen in seine Gewalt. Da ein Verlust des Ruhrgebietes die wirtschaftliche Kraft der jungen Weimarer Republik untergraben und schwerste außenpolitische Folgen haben müßte, gewinnt Severing die Überzeugung, daß der Staat nur durch Einsatz größerer und regulärer militärischer Verbände zu retten ist. Um eine solche, weiten Kreisen von rechts und links unpopuläre Maßnahme rechtfertigen zu können, gelingt es Severing, die Verantwortung der Gegenseite zuzuspielen. Er bringt Vertreter der Aufständischen nach Bielefeld an den Verhandlungstisch und schließt mit ihnen das „Bielefelder Abkommen". Obwohl es schwer durchführbar gewesen wäre und den Aufständischen „nicht übersehbaren Machtzuwachs" gebracht hätte (Arning), in einigen Punkten sogar als verfassungswidrig gelten konnte, auch in den Kreisen um Severing selbst, besonders bei dem militärischen Befehlshaber, dem Freiherrn von Watter, auf Ablehnung stößt, bewirkt es, was es bewirken soll: die Front der Aufständischen zu spalten. Teile halten sich daran und laufen auseinander; der Rest ruft um so entschlossener zum Kampf und stellt sich an der Lippe bereit. Nun rollen, wie einst in den Augusttagen 1914, lange Transportzüge wohlausgerüsteter Truppen über Osnabrück und Rheine auf Severings Geheiß nach Süden. Zu größeren Kampfhandlungen ist es nicht mehr gekommen. Der Aufstand bricht schnell zusammen.

1920, März 24

Das Ruhrgebiet aber soll noch nicht so bald zur Ruhe kommen. Die Besetzung durch französische und belgische Truppen bringt der Bevölkerung schwere Prüfungen. Bei Zusammenstößen mit französischem Militär in Essen gibt es Tote und Verwundete. Aktiver Widerstand ist nutzlos, nutzlos auch der Opfergang des Leutnants Albert Leo Schlageter. Dagegen bewirkt der passive Widerstand, von der Bevölkerung, besonders von der Arbeiterschaft, mit Nachdruck durchgeführt, daß die Besatzung nach ein paar Jahren zurückgezogen wird, als die Franzosen feststellen, daß sie trotz aller Bemühungen nur die Hälfte der Kohlenmengen, die sie für ihre lothringische Eisenindustrie haben wollten, erhalten. Übernahme und Transport der Kohle ist auf seiten der Franzosen so

1923, Jan. 11

mangelhaft organisiert, daß die gelieferte Ruhrkohle über den Hafen Rotterdam auch mal nach Deutschland zurückverkauft oder anderweitig verhandelt wird.

Inflation, Rentenmark, Schwerindustrie

Nach der beispiellosen, in solchen Ausmaßen nie erlebten Inflation, die Scheinblüten hervorruft und gesundes 1923 wirtschaftliches Denken untergräbt, gibt das „Wunder der Rentenmark" der Industrie und den Gewerben Westfalens wieder Auftrieb. Aber die „Rentenmark" ist nur eine Inlandswährung und hemmt, zunächst noch, den Wettbewerb gegen das Ausland. So kommt das Baugewerbe trotz des großen Nachholbedarfes, aber bei noch fehlenden Großaufträgen von seiten der Industrie, nur langsam wieder auf einen grünen Zweig. Die Beckumer Zementindustrie z. B., aus kleinen Kalkbrennereien vor der Jahrhundertwende langsam emporgewachsen, jetzt mit 31 Werken und 3150 Beschäftigten, hält ihre Kapazität nur in etwa aufrecht durch die staatlichen und kommunalen Bauprogramme für Wohnungsbau, Schulen, Krankenhäuser, Theater, Bibliotheken, Bäder u. a. (Bordscheid). In dem „Salzwerk" bei Rehme a. d. Weser, wo vor einigen hundert Jahren warmes, salziges Quellwasser zu Salz verkocht wurde, bis auf Anregung des Berghauptmanns Freiherr von Oeynhausen der Staat das Quellengebiet mitsamt seinen Bauernhöfen aufkaufte und einen großen Badebetrieb einrichtete, läßt der Staat es nicht an Mitteln fehlen zum großzügigen Ausbau des Bades, vollends nicht, als der Jordansprudel, die große 1926 Thermalquelle, erbohrt wird. — An Ruhr und Rhein tritt der Mitgründer der „Vereinigten Stahlwerke", Albert Vögler (1877—1945), neben die Großen, Stinnes, Kirdorf u. a. „Die graue Welt lärmt und grüßt mit Eisengepolter und Hallengedröhn" (Walter Vollmer).

Die Übernahme der Essener Kreditanstalt durch die Deutsche Bank und die Konzentration der Großbanken auf den Rhein ist eine der Ursachen, daß die Schwerindustrie Westfalens ersichtlich zum Rhein drängt bzw. dorthin gedrängt wird und daß der „Raum Westfalen" aufgeweicht wird. Im Südosten wird das Bistum Paderborn zum Erzbistum erhoben; ihm werden die ostfälischen Bistümer Hildesheim und Fulda als Suffragandiözesen zugewiesen. Es wird kaum wahrgenommen; aber es ist. Ein Westfale möchte fragen, was es sein wird. Der Historiker soll nicht fragen. Er hat „nicht von dem zu reden, was noch nicht ist" (Golo Mann).

1929,
Juni 10

Nationalsozialismus und Widerstand

Andere Dinge gibt es zu bereden. Der Nationalsozialismus kommt zu den Westfalen. Der „Lippische Wahlkampf" (Wahl zum lippischen Landtag, von Hitler als Prestigeerfolg benötigt) wird von dem Chefpropagandisten der „Partei" zu einem Erfog erster Ordnung hochgestochen, um den Weg in das für sie schwer zugängliche Westfalen zu ebnen.

Die Widerstandsbewegung hat in Westfalen zahlreiche Opfer gefordert, als erstes den Oberpräsidenten der Provinz, Johann Gronowski. Nach der „Machtergreifung" wird er sogleich entlassen. Er verzichtet auf ein „Gnadengehalt" und schlägt sich und seine Familie als Handelsvertreter durch.

Der westfälische Provinziallandtag wird gemäß der Suprematie der Staatsgewalt aufgelöst. Bald darauf wird auch der Provinzialausschuß durch das sogenannte „Oberpräsidentengesetz" aufgelöst und der Behördenapparat des in seiner rechtlichen Stellung nicht veränderten Provinzialverbandes dem neuen Oberpräsidenten Ferdinand Freiherr von Lüninck unterstellt in der

1933,
Juli 17

—, Dez. 15

Weise, daß der Landeshauptmann seiner eigenen Behörde gegenüber als Stellvertreter des Oberpräsidenten gilt. Dem Landeshauptmann verbleiben trotz der Durchsetzung seiner Dienststelle mit Nationalsozialisten seine früheren Aufgaben im wesentlichen erhalten; ja, von hier aus und im Verein mit berufsständischen Organisationen gelingt es, eine von den Nationalsozialisten angestrebte Teilung Westfalens nach den Grenzen der beiden Parteigaue „Westfalen-Nord" und „Westfalen-Süd" einstweilen zu verhindern.

War das Halbwestfalen des Wiener Kongresses den Westfalen schon ein schwer zu schluckender Bissen gewesen, so bleibt eine nochmalige Teilung der ihnen gebliebenen Hälfte außerhalb ihrer Vorstellung. Es ist leicht zu sehen, welche Kräfte von politischen, geschichtlichen, geographischen oder volkstumsmäßigen Bewußtheiten ausstrahlen und wie hartnäckig sie festgehalten werden. Der im späten Mittelalter in Westfalen sich bildende „territoriale Nationalismus" (Hömberg), „Markaner", „Mindener", „Tecklenburger", „Ravensberger", „Paderborner", „Schaumburger" usw. zu sein, ist bis auf den heutigen Tag lebendig, obwohl die Verbindungen mit den alten Herrscherhäusern, weltlichen und geistlichen Landesherrn längst abgerissen und Grenzen der alten Territorialstaaten als Verwaltungsbezirke nur selten bestehengeblieben sind.

Der „Löwe von Münster", Bischof Clemens August Graf von Galen, verkörpert den Widerstand einer geschlossenen, unangreifbaren Kirche. Der von den Nationalsozialisten gegen beide Kirchen entzündete Kirchenkampf trifft die Evangelischen am schwersten. Gegen den Spaltungsversuch der „Glaubensbewegung Deutsche Christen" richtet Pfarrer Martin Niemöller 1934 aus Lippstadt, ehemaliger U-Boot-Kommandant, einen „Pfarrernotverband" und ruft auf zur „Bekennenden

Kirche". Er wird gefangengesetzt und bleibt in Haft. Führerlos und von Spaltungen in sich selbst bedroht, findet die Bekennende Kirche in Westfalen Rückhalt an der Person des Präses D. Karl Koch. Der für ein neues „Bistum Münster" eingesetzte protestantische Pfarrer Bruno Adler und die Deutschen Christen können sich in Westfalen nicht durchsetzen. Aber auch die Bekennende Kirche hat ihre Last, aus ihren Kirchgängern in Westfalen gleiche Gemeinden zu bilden.

1935   Bischof Clemens August von Galen darf es wagen, an Rosenbergs *„Mythos des 20. Jahrhunderts"* Kritik zu üben. Man läßt ihn ungeschoren, um keinen Märtyrer zu machen. Westfalens Oberpräsident hingegen, Freiherr von Lüninck, von den Nazis selbst eingesetzt, gerät in das Ränkespiel der Parteigrößen, widersetzt sich den Teilungsplänen der NS-
1938   Gauleiter, wird seines Amtes enthoben und in Haft gesetzt. Sein Nachfolger, Dr. Alfred Meyer, ist gleichzeitig Gauleiter von Westfalen-Nord, Reichsstatthalter von Lippe und Schaumburg-Lippe. Hinter seinen „Gau" tritt die Provinz zurück; es gibt sie kaum noch.

Die Teilung und die Ämtergier der Parteileute bestimmen auch das Schicksal des jungen Landeshauptmanns Karl Friedrich Kolbow. Er war Wandervogel gewesen, später Korpsstudent, und hatte gehofft, die Erfüllung seines idealistischen, von widerstrebenden Gedanken bestimmten Weltbildes im Nationalsozialismus zu finden. Seine Intelligenz hatte ihn bemerkbar gemacht; man griff sich gern solche Leute.

So kommt er in ein Amt. Die Berührung mit den höheren Parteistellen läßt ihn bald seine Hoffnungen als getäuscht erkennen. Die Flucht in die zum Schein geduldete Heimatbewegung gibt ihm Halt. In der Kopplung seines Amtes als Landeshauptmann mit dem eines Leiters des „Westfälischen Heimatbundes" findet er eine ersprießliche Betätigung. Zu den drei weithin gehörten

Predigten von Galens gegen die Euthanasie und den „Klostersturm" und zu dessen offenen Angriffen gegen 1941 den Terror der Gestapo hat er anscheinend nicht Stellung genommen, auch nicht zu den — erfolgreichen — Bemühungen Friedrich von Bodelschwinghs um die Errettung unheilbar Kranker der Anstalten Bethel vor dem Euthanasietod. Er spürt bald, daß man ihn, der den Widerspruch nicht scheut, beargwöhnt. Zum Verhängnis wird ihm, daß er mit von Lüninck in Verbindung bleibt. Lüninck wird wegen Beteiligung am Zwanzigsten Juli 1944 verurteilt und stirbt den Tod der „Verräter". Kolbows Brief an Lüninck, kurz vor dessen Ende geschrieben, wird gefunden. Er wird abgesetzt, aus der Partei ausgestoßen, wird als Soldat an die Westfront geschickt und stirbt in 1945 Kriegsgefangenschaft.

Ruhrkessel

Der Zweite Weltkrieg verwandelt alle größeren Städte und Industrieunternehmungen Westfalens in Trümmerfelder. In den letzten Kriegstagen geht noch durch unglückliche Verkettungen Paderborn in ein Flammenmeer auf. Die Bekämpfung der gegnerischen Luftstreitkräfte durch Flakartillerie, deren Bedienung vornehmlich aus Jugendlichen, halben Kindern, besteht, ist wirkungslos, wirkungslos und unsinnig auch die Versuche, im „Ruhrkessel" Widerstand zu leisten und durch zusammengewürfelte Genesenden- und Krankenkompanien und durch unzulänglich bewaffnete Verbände des „Volkssturmes" längs des Teutoburger Waldes eine Verteidigungsfront zu errichten. Amerikanische Truppen, die bei Kriegsende Westfalen besetzt halten, werden noch 1945 durch englische Truppen abgelöst. —

Das Reich ist dahin, und Preußen ist dahin. Ein preußi-

293

sches Erbe ist den Westfalen geblieben; sie sind noch nicht damit fertig. — Die Westfalen sind keine Preußen gewesen, ob sie katholisch oder lutherisch waren, ob sie in Münster oder Paderborn, in der Mark oder zwischen Osning, Wiehen und Weser leben. Sie sind es nie gewesen und sind es nie geworden.

Stehen wir mit leeren Händen vor unserer Vergangenheit? Nicht einmal einen Staat haben wir fertiggebracht? — Eben das ist es. Daß wir unseren eigenen S t a a t s g e danken gewollt haben, macht unser M i t t e l a l t e r so reizvoll, so „pittoresque". Auch wir waren, was Heinrich Böll von seinen Rheinländern gesagt hat, „i n d i e f a l sche Geschichte geraten".

VIII. Westfalen im Lande Nordrhein-Westfalen (Ausblick)

Provinzialverband

Mit der Kapitulation vom 7. und 9. Mai 1945 tritt Westfalen unter eine Militärregierung der Siegermächte. Für sie bleibt die Provinz Westfalen in ihrer alten Form zunächst bestehen.

Sie beruft den früheren Regierungspräsidenten von Münster, Dr. Rudolf Amelunxen, zum Oberpräsidenten und unterstellt ihm den ihr aus den ersten Tagen der Besetzung und seiner Tätigkeit im Provinzialverband bekannten Landesrat Bernhard Salzmann als Landeshauptmann. Der neue Oberpräsident gliedert sein Oberpräsidium in neun Generalreferate; unter ihnen ist aber keines für den Bereich des kommunalen Provinzialverbandes. Die Erhaltung dieses Verbandes sieht Salzmann damit in Frage gestellt, hält aber zäh und eigenmächtig am Bestehen fest mit dem Argument, daß eine Vermischung der Aufgaben der kommunalen Selbstverwaltung mit den Staatsaufgaben unzulässig sei, überdies durch ein Gesetz des Alliierten Kontrollrates über die „Aufhebung von Nazi-Gesetzen" auch das Oberpräsidenten-Gesetz von 1933, das den Landeshauptmann dem Oberpräsidenten unterstellte, aufgehoben sei. Damit weiß Salzmann seinen Gegner Amelunxen und dessen Generalreferenten, Dr. Walter Menzel, Severings Schwiegersohn, hinzuhalten. Die Parteien kommen sich indessen wieder näher, als auf seiten der Alliierten neue Pläne zur Teilung Westfalens erörtert und bekannt werden. Der französische „Bidault-Plan" möchte das Ruhrgebiet unter internationale Kontrolle stellen, der „Bevin-Plan" der Engländer Teile Westfalens, besonders das Ruhrgebiet, einem „Rheinland" als Bereich der britischen Besatzungszone zuweisen. Die Militärregierung ruft ein Gremium von 100 Westfalen zusammen und befragt es um seine Meinung. Es lehnt im Einvernehmen mit der Provinzialverwaltung und der Provinzialregierung und nach spontanen Kundgebungen der Bevölkerung jede Teilung Westfalens ab. Die Provinzialverwaltung und kommunale Kreise um den Oberstadtdirektor von Münster, Dr. Karl Zuhorn, gehen noch einen Schritt weiter, indem sie nach Absprache mit dem Chef der rheinischen Provinzialregierung, Dr. Robert Lehr, als Gegenvorschlag den Zusammenschluß Rheinlands und Westfalens zu einem neuen „Lande" anregen.

Im Lande Nordrhein-Westfalen

Solche Gedanken finden ihren Niederschlag in dem von Dr. Zuhorn und Dr. Helmut Naunin, dem ersten Landesrat in Salzmanns Provinzialverwaltung, der britischen Militärregierung unterbreiteten *Entwurf eines Rahmengesetzes über die Bildung eines Landes Nordrhein-Westfalen*. Der Entwurf sieht zur Gewährleistung der notwendigen Dezentralisierung der regionalen Selbstverwaltungssachen für die Bereiche Rheinland und Westfalen je eine eigene Selbstverwaltungskörperschaft mit eigenem Provinziallandtag als Parlament und eigenem Landeshauptmann als ausführendes Organ vor.

Die Militärregierung nimmt nicht offiziell Stellung zu dem Entwurf. Angeblich will sie ähnliche Pläne bereits selbst verfolgt haben; jedenfalls erklärt sie, schnell entschlossen, die preußischen Provinzen Westfalen und Rheinland für aufgelöst und faßt sie zur staatsrechtlichen Form eines „Landes" Nordrhein-Westfalen zusammen. Amelun-

296

xen wird Ministerpräsident des neuen Landes. Das Amt 1946,
des Oberpräsidenten ist damit erloschen. Aug. 23

Regierungsbezirk Detmold

Schwierigkeiten ergeben sich aus der Frage: Was soll mit
L i p p e geschehen? Mit der stolzen Eigenstaatlichkeit ist
es unter den gegebenen Verhältnissen vorbei. Das wissen
die Lipper. Sie müssen sich nun entscheiden, ob sie Niedersachsen oder Westfalen sein wollen. Es ist nicht ganz
einfach; denn ihr Landespräsident H e i n r i c h D r a k e,
der sich auf seine vermeintlichen Geschichtskenntnisse etwas
zugute tut, pflegt zu betonen, er sei nicht „Westfale", sondern „Lipper". Er stellt Bedingungen und entscheidet sich
für den Meistbietenden: Nordrhein-Westfalen, weil es seine,
die lippischen, „P u n k t a t i o n e n" Punkt für Punkt zu
erfüllen verspricht. Obendrein wird von dort sein persönli-
ches Anliegen respektiert. Er will noch nicht „in Rente
gehen", er will auch nicht degradiert werden. Landespräsident kann er nicht bleiben. Warum nicht „Präsident"? Alle
Welt schüttelt den Kopf über eine p o l i t i s c h e D o n q u i -
c h o t e r i e. Es regnet Proteste; sie helfen nichts. Der
Regierungsbezirk Minden wird unter Einbeziehung Lip-
pes zum R e g i e r u n g s b e z i r k D e t m o l d gemacht, der 1947,
Sitz der Regierung wird nach Detmold verlegt, Heinrich Jan. 21
Drake wird Regierungspräsident, die „Morgengabe"
(Kittel) seiner Ehe mit Nordrhein-Westfalen.

Landschaftsverband Westfalen-Lippe

Schwierigkeiten legen sich auch der Konstituierung und
verfassungsmäßigen Verankerung der nach dem Zuhorn-
Nauninschen Gutachten vorgesehenen Körperschaften der
Selbstverwaltung in den Weg. Den Provinziallandtag und
seinen ständigen Ausschuß als Weisung gebende Stellen,

297

sozusagen die Legislative, gibt es nicht mehr. Der im Amt gebliebene, unentbehrliche und tätige Landeshauptmann Bernhard Salzmann hat seinen ganzen, im Kriege auf die Dörfer verteilten Behördenapparat im Handumdrehen in das völlig zerstörte Münster zurück- und untergebracht; aber nun schwebt er in der Luft. Sein Widerpart Menzel, zum Innenminister Nordrhein-Westfalens aufgerückt, macht erneut den Versuch, die gesamte Selbstverwaltung sich und seinem Ministerium einzuverleiben. In Ermangelung eines Provinziallandtages hatte Salzmann von sich aus einen ständigen Ausschuß aus Vertretern der Stadt- und Landkreise des westfälischen Bereiches einberufen. Mit ihm als Weisungsinstanz führt er die Geschäfte seiner Verwaltung weiter. Um den Ausschuß als solchen zu legitimieren und die Ernennung seiner Mitglieder nicht mehr von ihm persönlich, sondern durch einen Wahlakt geschehen zu lassen, richtet er an den Präsidenten des inzwischen gewählten und zusammengetretenen Landtages von Nordrhein-Westfalen und an den Ministerpräsidenten des neuen Landes den Antrag, aus westfälischen Abgeordneten des Landtages NRW einen Ausschuß zu bilden und diesem die Wahrnehmung der Rechte und Pflichten des früheren Provinziallandtages und dessen ständigen Ausschusses zu übertragen. Der Antrag wird, wie zu erwarten, von Menzel abgelehnt. Da konstituiert 1948, der Ausschuß sich selbst und tagt erstmalig als „Vorläu-
März 2 figer Provinzialausschuß" auf der Hohensyburg, nachdem Salzmann ihm in rechtsverbindlicher Form erklärt hatte, daß er den Ausschuß mit allen Zuständigkeiten des früheren Provinzialausschusses befassen und dessen Beschlüsse als weisungsgebend und bindend ansehen und ausführen würde.

Angesichts der „demokratischen Legitimierung" findet
1949, Menzel sich mit der Existenz des Ausschusses ab; er ver-
Juli 21 langt lediglich, daß ihm die Nennung „Beratender

298

Ausschuß" gegeben werde. Damit ist der entscheidende Schritt für die Schaffung einer neuen Rechtsgrundlage der landschaftlichen Selbstverwaltung getan.

Geschaffen wird diese Grundlage in der Landschaftsverbandsordnung für das Land Nordrhein-Westfalen. Der Landtag NRW verabschiedet sie als Gesetz. Es sieht für die Landesteile Rheinland und Westfalen je einen aus den Landkreisen und den kreisfreien Städten gebildeten „Landschaftsverband" vor. Dessen Vertretungskörperschaft ist die „Landschaftsversammlung", die mindestens einmal im Jahr zusammentreten muß. Die Mitglieder der Landschaftsversammlung werden von den Vertretungskörperschaften der Stadt- und Landkreise gewählt. Als Hauptbeschlußorgan wählt die Landschaftsversammlung einen „Landschaftsausschuß". Dessen Entscheidungen werden durch die ebenfalls von der Landschaftsversammlung gewählten „Fachausschüsse" vorbereitet. Die Vorbereitung der Ausschußbeschlüsse, die Wahrnehmung der laufenden Geschäfte der Verwaltung und die Vertretung des Verbandes in Rechts- und Verwaltungsgeschäften obliegt dem „Direktor des Landschaftsverbandes", dem früheren „Landeshauptmann". Er wird von Wahlbeamten und Dienstkräften unterstützt. Seine Wahl durch die Landschaftsversammlung bedarf der Bestätigung durch die Landesregierung NRW.

1953, Mai 6

Im Hinblick auf die Eingliederung Lippes in das Land Nordrhein-Westfalen und seine Einbeziehung in die Bereiche der Selbstverwaltung wird der Landschaftsverband des Bereiches Westfalen nunmehr „Landschaftsverband Westfalen-Lippe" benannt. In dessen Parlament, der „Landschaftsversammlung", lebt Westfalen als umgreifender kommunalpolitischer Begriff weiter.

Die hypertrophen Benennungen „Westfalen-Lippe",

„westfälisch-lippisch", von Institutionen und Gesellschaften übernommen, sind eine selbstgefällige geschichtliche Blasphemie. Ihr Erfinder ist ein Lipper, der nicht glaubte, Westfale zu sein.

Wenn vor einigen Jahrzehnten die Frage „Was und wo ist heute noch Westfalen?" geringschätzig beantwortet wurde: „Ein Verwaltungsbezirk", so war das in der Form richtig, wurde aber der Wirklichkeit nicht gerecht. Diese Verwaltung umschließt einen Volkskörper in seinen Eigenarten, Sonderheiten und Bedürfnissen, in seiner Kultur, in Sprache und Sitte, Fürsorge und Hilfe, Pflege und Wartung, in Wirtschaft und Verkehr, in allen seinen Willensäußerungen. Man könnte die Quintessenz des Aufgabenkataloges, der solcher Verwaltung gestellt ist, umkehren: Ein aus heterogenen Elementen gefügter Volkskörper gäbe keine Voraussetzungen für ein Wirken dieser Verwaltung in der Praxis. Mit anderen Worten: Hier allein ist noch Westfalen.

Sachwörter

301

303